LUMINAIRE
光启

守望思想　逐光启航

第一辑

亚洲文明

刘峰——主编

Journal of
Asian Civilizations

上海人民出版社　光启书局
LUMINAIRE BOOKS

目 录

特稿：创刊寄语/Features

3　沈志华　努力做好中国与周边国家关系研究

6　王建平　从瑞典文献资料着手研究中亚和新疆地区的历史和
　　　　　文化——寄语《亚洲文明》创刊

10　孙 歌　命名的意义——《亚洲文明》创刊寄语

13　苏智良　亚洲研究的再出发

18　徐静波　每一个具体地域的文明相貌，最终才能组合成全球
　　　　　的立体景观——《亚洲文明》寄语

23　郭连友　建立和完善具有中国特色的"亚洲学"研究——
　　　　　《亚洲文明》创刊寄语

26　韩东育　《亚洲文明》创刊寄语

27　沐 涛　搭建平等对话、研究亚洲文明的新平台——《亚洲
　　　　　文明》创刊寄语

30　孙来臣　以高质取胜，以争鸣著称——《亚洲文明》创刊寄语

32　江 静　《亚洲文明》创刊寄语

33　韩志斌　推动文明交流互鉴——《亚洲文明》创刊寄语

36　佐藤弘夫　用亚洲构建的学术方法来审视西欧的精神世界——
　　　　　《亚洲文明》寄语

39　白永瑞　替代文明之路上的东亚学探问

46　井上章一　发型与假发的风俗史——从眼睛可见的形态入手

50　李塔娜　开创学术的新局面——贺《亚洲文明》创刊

光启论坛/Guangqi Forum

53　　慕唯仁　　在错误中寻找抗争：奇伯尔、查克拉巴蒂和两个历史传说

学术专论/Articles

95　　平雅行　　日本中世社会与显密佛教

117　　桃木至朗　海域亚洲中"扶南国"地位的重新审视：基于中华世界

　　　　　　　　和汉籍史料的新途径

129　　徐荣彩　　罪恶感的伦理：夏目漱石与李光洙

163　　黄达远　宋其然

　　　　　　　　陆海之间：欧亚十字路口上的中亚

168　　瞿　亮　　鸦片战争与日本江户幕府末期海外史地知识的变革

190　　陈博翼　　海上丝绸之路与东南亚华人

199　　英文摘要

202　　征稿启事

特稿：创刊寄语 | Features

努力做好中国与周边国家关系研究

沈志华

祝贺《亚洲文明》创刊，这是上海师范大学为中国学术发展开辟的一个新的园地。

亚洲曾经开创了辉煌的古代文明，近代以来亚洲的发展落后于欧洲，这是事实。不过，第二次世界大战结束以后，在殖民体系瓦解和世界一体化的历史进程中，亚洲也有自己对世界文明的贡献。20世纪50年代亚洲两个最大的国家共同提倡的"和平共处五项原则"，已经成为世界大多数国家认可的处理国际关系的准则；20世纪七八十年代"亚洲四小龙"的腾飞给世界经济发展和一体化注入了活力；八九十年代中国的改革开放更是为发展中国家的崛起带来了希望。正如编辑部在征稿启事中所说，究竟应该如何阐释亚洲在世界中的定位、如何去除"中心—边缘"的固定思考范式、如何从学理角度论述亚洲文明的价值及其意义、如何分析亚洲各国各地区之间的多元共生关系等，是中国学者在新时代需要进一步研讨的重要课题。

编辑部要我写寄语，我想借此机会就加强中国与周边国家关系的研究谈一点想法。

中国已经崛起，但仍然是一个发展中国家，在政治、经济、外交上还有很多根本性问题需要解决，其中与周边国家的关系就是一个长期困扰和阻碍中国发展的重要问题。中国是陆地边界最长、接壤邻国最多、边疆省区面积最大的亚洲国家，其周边地缘政治和人文环境错综复杂。与周边国家的关系解决不好，中国不得安宁，亚洲不得安宁，甚至世界也不得安宁。所以，中国的核心利益与周边密切相关，如何处理好与周边国家的关系是中国国家发展战略的要求，也是中国学者责无旁贷的使命。

一、要大力加强理论研究，特别是对马克思主义和列宁主义的研究——这里说的是真正的学术研究。中国与周边国家关系研究涉及的许多问题，如国家认同、人口流动、华侨华人等，都与马克思列宁主义的基本理论有关，而中国方针政策的基础就是马克思列宁主义。马列主义的基本理论，不可不研究。既然我们把马列主义作为行动的指南，那就必须了解其真实的含义，这里包括马克思主义和列宁主义的本意、发展、变异、东方化、中国化等一系列问题。这是一个政治问题，但也是一个学术问题，甚至首先是一个学术问题。在这方面，我们现在的状况是，研究队伍十分庞大，研究成果不足。问题就在于有没有真正把马列主义作为一门科学来进行学术研究，而不是停留在口号上。所以，研究中国与周边国家关系，打好理论基础很重要。

二、要特别强调基础研究，首先是历史研究，特别是区域国别史研究。人文科学或许也可以分为应用研究与基础研究，其目标不同，方法不同，功能也不同。我们现在非常强调学者发挥智库作用，须知这在学术分工方面是有层次的：应用研究（主要是国际关系学、政治学、经济学、法学等）为国家决策提供直接的学术支撑，基础研究（主要是历史学、民族学、地理学等）则为应用研究，同时间接地也为国家决策提供学术支撑。基础研究不能有任何功利性，必须坚守其真实性、客观性，否则后患无穷。历史研究的基础则在于档案文献和数据的发掘和运用，舍此别无他途。因此，基础研究不能搞"短、平、快"，更不能搞"一阵风"。"基础"不牢，"上层"不稳。基础研究应抓住两个关键问题：学者层面要端正学风，国家层面应调整制度设计。

三、特别应该注重培养青年学者，为新一代学人创造条件和机会。目前学界普遍存在的现象是研究成果发表难、出版难，但最难的是青年学者，特别是在读的研究生。不知道从何时起，发表文章也讲起论资排辈了，有很多学术刊物甚至拒绝刊登学生的论文。须知，未来属于年轻人，世界是他们的。学术的发展需要积淀和继承，学术刊物也应该为青年学子的成长开辟园地，提供机会和条件。只要文章够水平、有创见，又何必在乎作者的年龄和身份？

希望《亚洲文明》能在这些方面起到示范作用。

（沈志华，华东师范大学周边国家研究院教授）

从瑞典文献资料着手研究中亚和新疆地区的历史和文化

——寄语《亚洲文明》创刊

王建平

1904年，英国地理学家与地缘政治学家哈尔福德·麦金德（Halford John Mackinder）在英国皇家地理学会（RGS）作题为《历史的地理枢纽》的讲演，提出了"陆心说"（即心脏陆地说）和世界岛的理论。根据这一地缘政治学理论，后来他说出了震惊世界的名言："谁统治东欧，谁就能主宰心脏地带；谁统治心脏地带，谁就能主宰世界岛；谁统治世界岛，谁就能主宰全世界。"这一地缘战略的名言对于后来的世界地缘政治战略影响至深。而麦金德的"陆心说"中"心脏地带"的核心位置就是地处欧亚大陆腹地的中亚地区。麦金德的理论因诞生于第一次世界大战前的大国激烈博弈时期而有一定的前瞻性，虽然也有一定的局限性，但无论如何，中亚地区在世界地缘政治中的战略地位是一个不争的事实。

中亚具有独特的地缘政治地位。它位于欧亚大陆的腹地，也是世界最大的大陆——欧亚大陆的接合部和中心地区。历史上它是古代丝绸之路的枢纽通道。在文化交流和交融的历史长河中，它一直处于草原文明和农耕文明的冲突和交流之中，也是佛教文明、伊斯兰教文明、基督教文明、儒教文明、道教文明、伊朗宗教文明和萨满教等文明的汇合和接触地区。历史上它一直是帝国争霸的战场和帝国大军铁蹄疾驰行军的走道。第二次世界大战之后，中亚地区是建立世界新秩序的中国和苏联两大国的交界地区。它与临近的阿富汗和伊朗高原再加上北高加索地区和南亚北部地区形成了世界欧亚板块的内陆中心，成为大国博弈的广阔战略前沿和后方，还是贯通东西方的战略通道地带。

涵盖中国新疆地区的亚洲内陆研究一向是学术界研究中相对比较薄弱的领域。但它因为地域辽阔，资源异常丰富，地理、地形以及气候等外在物理条件差异非常大，包括民族、宗教、语言和文化习俗的人文环境非常复杂，再加上难于很快出成绩，非十多年的积累和苦功很难实现研究的突破及取得显著的成果，因此研究中亚的难度常常使许多学者望而生畏。

笔者早在2016年退休，但在学校的鼓励和支持下于2018年底成功地申报了国家社科基金重大项目"北欧收藏有关中国新疆历史资料的收集、整理和研究"（项目编号：18ZDA189）。笔者全力以赴，得益于项目申报前数年的资料收集及阅读，加之此前学术人生中积累了大多数所需历史档案和资料，翻译了数本瑞典文的书籍和一系列的文章，目前正在逐渐深入研究清末和民国早期新疆喀什地区和周边邻近地区相关的历史、文化、社会、民族、政治、经济、宗教和军事等领域的文献、图像、实情和历史事件，研究瑞典和中亚包括我国新疆的历史联系以及西方基督教和维吾尔社会的伊斯兰教的关系等课题。希望通过整理、翻译和研究笔者收集到的保存于北欧各国档案馆和图书馆的瑞典文、挪威文和英文等历史档案资料，填补我国学术研究领域方面的某些空白。

在过去近10年中，笔者和各课题组团队在这个科研项目方面做了以下工作：

（1）已复制了瑞典国家档案馆有关塞缪尔·法兰尼收藏（Samuel Franne Collection，即新疆收藏）中160多卷档案卷宗的绝大多数资料。

（2）已复制了瑞典隆德大学珍稀收藏中前瑞典外交官古纳·雅林（Gunnar Jarring）大使捐赠的560多种察合台文手抄本文献中的400多种。

（3）已在很大程度上完成了雅林大使捐赠的400多种察合台文手抄本文献的影印图像资料数据库和文献索引。

（4）已对雅林大使收藏的察合台文手抄本文献的十多种察合台文、阿拉伯文、波斯文的历史典籍进行了整理、翻译和研究。

（5）已基本上复制了在喀什地区生活过的50多名瑞典传教士留下的

8 000多幅有关新疆和中亚地区的历史老照片。

（6）已复制了隆德大学图书馆珍稀收藏中古斯塔夫·拉奎特（Gustav Raquette）教授有关我国新疆的档案和传教士夫妇约翰·安德森（John Andersson）、朱迪·安德森（Judy Andersson）的新疆档案中的大多数材料。

（7）已翻拍了瑞典斯德哥尔摩民俗博物馆中瑞典传教士荣通贵（John Tornquist）在我国新疆喀什拍摄的600多幅历史照片中的绝大多数。

（8）已收集了芬兰前总统和探险家马达汉（Carl Gustaf Emil Mannerheim）保存于芬兰和瑞典的有关我国新疆的零星资料和照片。

（9）已翻拍了瑞典国家档案馆中奥斯卡·赫曼森（Oskar Hanmensson）生前拍摄和制作的有关我国新疆地区的数百幅幻灯片照片。

（10）已在国内外学术杂志上发表了近10篇中英文学术论文。

（11）已在国内举行了三次学术专题研讨会，分别编辑和印刷了三本论文集，共计论文或译文20多篇。

（12）已复印了数本有关瑞典传教士在喀什地区的回忆录和相关著述。

（13）已主编和出版了《中国伊斯兰教典籍选》（第三编，共11卷），上海古籍出版社2021年出版。

我们在未来两年里打算做的工作如下：

（1）继续对所收集的各种档案资料和手抄本典籍进行研究，准备再发表学术论文6篇至10篇。

（2）继续翻译各文本的外文资料和典籍两种左右。

（3）完成察合台文手抄本影印资料数据库的建设。

（4）争取出版译著一至两本。

（5）争取编辑有关清末民初新疆地区的历史老照片一册，配以文字解释。

（6）计划再召开一次专题学术会议，编辑会议论文集一册。

（7）争取出版相关的学术著作一本。

我们希望新出版的《亚洲文明》为我们课题的研究提供一个支持的平台，能够刊载我们课题的一些相关科研成果。

我们相信新生的《亚洲文明》在广大学者的支持下，能够让更多的年轻学者投入到亚洲学的研究中，特别是东亚研究、南亚研究、东南亚研究、中亚研究和西亚研究等领域的学术研究，繁荣学术。我们相信，《亚洲文明》一定会成为青年学者和俊秀的大好学术平台。在学术新秀的参与下，《亚洲文明》必将成为学术刊物中的新星，刊载许多优秀的学术论文，大力促进亚洲学的发展和壮大。我们对此充满憧憬和希望。特此祝贺《亚洲文明》的创刊。

（王建平，上海师范大学哲学与法政学院教授）

命名的意义

——《亚洲文明》创刊寄语

孙　歌

亚洲指称的这个地理空间一直都在，在它尚未被希腊探险家称为"亚细亚"（虽然最初的亚细亚只不过意指西亚部分地区并且包含了北非）的时候，它已经"就在那里"了，就如同一个呱呱坠地的婴儿有没有名字都照样会长大一样；但是名字却象征着这个婴儿将来要进入社会，因此命名这件事，其实是自然人成为社会人的起点。同理，自古就在那里的空间被人为地划分出界限之后，成为"亚洲"。

纠结亚洲被谁命名也许没有太大的必要，我们只需了解一个基本事实就可以了：在漫长的历史过程中，亚洲人原本没有感觉到"作为亚洲人"的必要性，反倒是欧洲老牌帝国伴随着探险和侵略扩张，强烈需要亚洲作为非我族类的"他者"来反衬自我。可以说，最早推动亚洲一体化的，其实是欧洲。

反过来说，亚洲中部的草原民族，也曾经是推动欧洲一体化的强大力量。英国的历史地理学家麦金德曾经说，欧洲文明是反抗亚洲人入侵的长期斗争的结果。不过他说的这个亚洲，其实并不包括中国和日本等东亚国家，因为麦金德还同时使用欧亚大陆的视野，在这个视野里，他断言东亚沿海农耕地区也同样受到草原民族的威胁。

亚洲成为亚洲人主体性的认同对象，在自己的内部也经历了曲折紧张的过程。在麦金德作出上述断言的几乎同一时期，日本的冈仓天心用英文写作了《东洋的理想》等多部作品。他的本意是写给欧洲人看的，希望西欧的野心家们了解，在霸道的逻辑之外还有美与爱的逻辑，虽然冈仓的美与爱经由了佛教的中介而不再单纯，但总体来说，冈仓的亚洲作为文明符号，仍然具有强大的伦理整合性。

冈仓对亚洲一体化的想象基于爱与美。他的《东洋的理想》开篇就说：亚洲是一体的。在他那个年代，这几乎是痴人说梦；而更麻烦的是，明治之后的日本政治，完全与冈仓的浪漫想象背道而驰，它试图按照西欧帝国主义的逻辑推进这个一体化，这就是20世纪前半期的"大东亚共荣圈"。两次世界大战，日本的对外侵略战争，无情地毁掉了冈仓的亚洲梦；而在中国动荡的20世纪上半叶，孙中山的大亚洲主义、李大钊的新亚细亚主义，都不能不在警惕日本称霸的前提下展开论述。中国现代涌现出的各种亚洲主义论述，只要离开了这条底线，就面临着与侵略者共谋的危险，这是不言而喻的。

然而冈仓天心的梦想却并未因为早熟而被历史抛弃。它在二战之后一度成为现实：1955年的万隆会议把亚非作为认同的单位提上了日程，这标志着亚洲正式成为亚洲人自我确认的一体化符号。只不过，这个短暂的"一体化想象"与冷战格局交错龃龉，万隆会议之后兴起的不结盟运动也使得亚洲认同不可能独占鳌头。但是正因为如此，"亚洲"这个名称登上了世界舞台，恰恰是它的开放性与动态性，为它提供了生命的能量。

亚洲在当代中国一直没有成为主流的认知单位，这有它的历史逻辑。姑且不论清末开始的内忧外患，不论日本"大东亚共荣圈"激起的反弹，仅就新中国成立之后的状况而言，亚洲论述也很难找到自己的定位。无论是早年的第三世界理论，还是后来的南方国家视野，无论是全球化的宏愿，还是地域研究的设计——主导认知的知识界，一直没有给亚洲腾出一个不可取代的位置，亚洲这个范畴只好见缝插针，被实用主义地应用于各种场合。大约正因为如此，人们从来不去质疑一个在逻辑上很可疑的操作方式——通常，论者在论述亚洲的某一个地区或者某一个国家的时候，往往没有任何媒介转换地将其指称为"亚洲"。最明显的一个例子是东亚。东亚和亚洲的混用，使得它们之间产生了一种毫无过渡的替代关系；近年来西亚进入学界视野之后，这种替代的范围也更加扩展——这使得原本就有些含混的亚洲概念越发无法找到只属于它的定位；而受到美国学界这些年积累起来的亚洲研究的影响，亚洲更多地被视为全球论述的"中间项"，亚洲研究作为拥有丰富材料的领域，它的功能在很大程度上仅仅是对欧美当代理论的实践乃至修正。

今天，冷战结构发生了重组，当年曾经作为"中间地带"的亚洲大多数国家面临着重新选择阵营的艰难局面。在现实国际政治场域，亚洲遭遇到新一轮的分裂与重构。含混地想象"亚洲是一体的"，几乎没有任何现实意义和理论价值。退而求其次，对亚洲范围内某一些国家或地区的了解，假如能帮助我们从仰视欧美的知识困局中摆脱出来，倒是值得成为真实的课题。不过，仍然还有一个问题悬而未决——亚洲这个范畴，在今天越发无法"一体化"的国际政治格局中，是否只能作为亚洲内部各个国家和地区的模糊背景？它究竟有没有独立作为论述单位的可能性？

很多年以前，这个困扰着我的问题就促使我不断摸索思考的可能性进路，"寻找亚洲"最终成为我的课题意识。时至今日，我高兴地看到，越来越多的思考者开始关注亚洲，不仅关注那些亚洲区域内某一个对象的内在逻辑，而且也开始思考亚洲作为一个整体的论述单位，它所具有的内涵和可能推进的理论前景。

在我个人的研究中，亚洲作为一个多元化无法统合的地区，作为一个不能单纯以边界划线、包括了例如地中海东岸那样与南欧和北非密切相关地带的开放性地区，它的这些特征构成了对既有的单一普遍性理论感觉的极大挑战。亚洲的这些特性，非但没有使它丧失存在的价值，反而使它获得了独立构成论述单位的充足理由。是的，恰恰是亚洲的非整合性与非封闭性，让它可以承载人类生存处境最真实也最复杂的面向，由此成为创造新的普遍性原理的载体——这也正是"亚洲"被命名的意义。

在《亚洲文明》问世的时刻，我发自内心地向贵刊表示祝贺。我期待着这份刊物能够为亚洲研究开拓新的视野，能够培养更多亚洲研究的生力军，能够创造另一种观察世界、理解人类的思维方式。我相信，只要我们愿意更自由地思考，那么，亚洲文明展现给我们的，就不仅仅是一个区域的历史记录，它将为我们提供全新的思考能量，勾勒多样的世界图景。因此，亚洲叙事不仅指向过去，更指向现在，指向未来。

（孙歌，中国社会科学院文学研究所研究员、北京第二外国语学院特聘教授）

亚洲研究的再出发

苏智良

亚洲是地球上陆地面积最大的大洲，拥有广阔的平原、多姿的山地，面向无垠的海洋。富饶的亚洲孕育了众多文明，印度文明和中华文明便是古代亚洲的两座高峰。

秦统一以后，中国与亚洲各民族相互交流并不断融合。延续千年的海上丝绸之路，沟通了漳州、泉州、扬州、宁波以及朝鲜、日本和东南亚诸港，中国的丝绸和陶瓷走向世界；指南针传到各方，促进人类开启全球海洋的远航；早在一千多年前，中国的汉籍就传播到了欧洲。到中古时期，由于陆地和海上的交通和贸易，亚洲内部的交流日益兴盛，在丝绸、香料、瓷器等商品流动的同时，儒家、佛教、祆教、摩尼教、印度教等宗教文化也在互相渗透。从玄奘西天取经，到鉴真东渡日本，佛教改变了亚洲的宗教格局和亚洲人的精神世界。

古代亚洲出访外部世界的最大壮举，无疑是郑和下西洋。

15世纪，伟大的航海家郑和七次下西洋，沿途到达苏门答腊、满剌加、锡兰、古里等国家，远及红海沿岸和非洲东海岸今赞比亚、坦桑尼亚一带，船队满载着优质丝绸、精美瓷器、上等茶叶和漆器等各类特产，代表着亚洲与世界的对话。郑和教导满剌加（马六甲）人经商，这里不久便成了商业重镇；郑和亲自传授掘井技术，让当地人喝上了甘甜的井水；数百年来，郑和在马六甲人心目中已成为神灵和福星。郑和曾专程到锡兰，"以金银织金、纺丝宝幡、香炉花瓶、表里灯烛等物"布施于锡兰山佛寺，并立碑为文，"惟世尊鉴之"。1433年，郑和在印度西海岸古里国去世。郑和不远万里传播着文明与和平，这与大航海之后，欧洲殖民带来火与剑，形成了鲜明的对照。

17—18世纪，欧洲兴起"中国热"，这是中国文化与文艺复兴之后欧洲社会的第一次对话与碰撞。以利玛窦为代表的耶稣会传教士在"合儒易佛"的同时，译介中华典籍，传播福音的来华传教士变成了中国文化西传的生力军。杜赫德（Jean-Baptiste du Halde）编辑的《中华帝国全志》，推介儒家文化，勾画了中国文化精神的世界蓝图。同样，日本的漆器、浮世绘也深刻地影响了欧洲的工艺与绘画。

进入19世纪后，欧洲殖民者为了获取财富，大肆侵占、抢劫与搜刮，给亚洲带来了灾难。印度成为英国最大的殖民地，英美法等强国在亚洲各地建立殖民地和"国中之国"的租界，在西方强国的瓜分与共治下，近代中国走向半殖民地半封建社会。马克思在分析英国在印度的殖民统治时指出，英国在印度的统治，造成了印度的社会革命，虽然这是被极卑鄙的利益驱使的，方式也很愚钝，但是从历史发展的角度看，"英国不管是干出了多大的罪行，它在造成这个革命的时候毕竟是充当了历史的不自觉的工具"。[1]

近代日本是东西方相遇时的亚洲优等生，对先进文明保持着谦卑好学的态度。但日本在迅速近代化的同时，也走上了社会达尔文主义的歧路。当欧洲爆发第一次世界大战时，亚洲基本置身事外，遗憾的是，亚洲并没有从战争与杀戮中获取教训，随着日本演化为战争策源地，整个亚洲也被深深地卷入了第二次世界大战。在"亚洲是黄种人的亚洲""大东亚共荣圈"的口号下，日本却穿上了践踏亚洲兄弟的铁靴。"十五年战争"之后的亚洲，已是赤野千里，满目疮痍。战后的亚洲，席卷起革命的风暴，中国、朝鲜、越南、蒙古等成为社会主义国家；亚洲还未疗愈战争的创伤，便已摆出了两个阵营对垒的冷战架势，而冷战中的两场热战——朝鲜战争与越南战争，也在亚洲爆发，吞噬了万千人的生命。

幸运的是，20世纪70年代起亚洲各国先后摆脱各种干扰，而相继专注于国内经济发展与科技进步。日本率先走上现代化之路，并通过ODA（日本

---

[1] 马克思：《不列颠在印度的统治》，《马克思恩格斯选集》第2卷，人民出版社，1972年，第68页。

政府开发援助）项目助力亚洲各国的现代化。新加坡、韩国、中国的香港地区和台湾地区率先成为亚洲先锋的"四小龙"。中国1978年的改革开放，越南的变革，印度迈出的现代化步伐，还有印尼、马来西亚等国日新月异的发展，这些亚洲的高速发展正在改变着世界经济的版图。

今天，我们正在经历一场百年未有之大变局。当欧洲和中东陷入俄乌冲突和巴以冲突泥淖之时，北约已露出咄咄逼人的东扩端倪；俄朝刚刚签订《全面战略伙伴关系条约》，在美国的拱火之下，朝韩对立加剧，台海、南海的风波频仍，战争还是和平，亚洲将往何处去？

我想起了百年前孙中山先生关于"王道"与"霸道"的忠告。

1924年，在日本神户，中山先生发表了著名的"大亚洲主义"演讲。他站在亚洲命运共同体的高度，盛赞明治维新以来日本人民"便发奋为雄，同欧洲人奋斗"，亚洲的解放事业需要亚洲的联合，其中"在亚洲东部最大的民族，是中国与日本，中国同日本，这是这种运动的原动力"。

中山先生指出，亚洲联合的基础，最终在于文化的选择："东方的文化是王道，西方的文化是霸道。讲王道是主张仁义道德，讲霸道是主张功利强权；讲仁义道德，是由正义公理来感化人；讲功利强权，是用洋枪大炮来压迫人……我们讲大亚洲主义，以王道为基础，是为打不平。"在国际关系领域，中华文化所谓王道，是以人为本，和平共处；所谓霸道，是弱肉强食，零和博弈。可惜历史正确的一面，"我们中国人此刻不知道，你们日本人此刻也是不知道"。最终孙中山先生只能把问题交给日本人民自己去作答："你们日本民族既得到了欧美的霸道的文化，又有亚洲王道文化的本质，从今以后对于世界文化的前途，究竟是做西方霸道的鹰犬，或是做东方王道的干城，就在你们日本国民去详审慎择。"[①]孙先生这篇洞察历史航向的讲话，热情而冷静，委婉而严厉。

如今，一百年过去了，究竟是做西方霸道主义的鹰犬，还是做东方王道主义的干城？这仍是摆在日本面前的选择题。

亚洲应成为人类命运共同体的东方样本。但恕笔者直言，今日之亚洲离

---

① 《对神户商业会议所等团体的演说》，《孙中山全集》第11卷，人民出版社，1981年，第409页。

此目标甚远，因此，我们迫切需要研究亚洲。

回顾这三十多年，我到过不少亚洲的国家和地区。在印度，我瞻仰过斋浦尔的皇宫和琥珀堡、阿格拉的红堡和泰姬陵、德里的库杜布塔和贾玛清真寺、蓝毗尼的释迦牟尼佛诞生地。我观光过高山王国尼泊尔，多次去菲律宾参加国际会议。在马来西亚，上海师范大学都市文化研究中心与马来亚大学两次合作主办了城市文明的研讨会，我徜徉于马六甲，探寻郑和的历史印记。我曾多次到香港中文大学、香港大学、香港城市大学、香港理工大学等交流学术。在中国台湾，我与李敖、马英九、吕秀莲、王清峰等畅谈或交锋。我去过三次朝鲜，从2001年入关时要被暂时没收护照、机票和单反相机，到2017年看到平壤街区的高楼、大型超市。我很多次到韩国济州岛、釜山、首尔切磋学术。当然，我最熟悉的当数日本。自1991年担任东京大学外国人研究员以来，在记不清次数的访日中，我在东京、大阪、名古屋、冈山、神户、京都、奈良、广岛、长崎、熊本和冲绳等地作过演讲，内容有"上海与东京的比较""日军慰安妇""南京大屠杀""左尔格与尾崎秀实""中日关系的现状与未来"等。我至今仍深深怀念三十多年前的中日友好年代，记得那时，日本游客占敦煌外国游客的绝大多数———一年超过6万人；而在2023年，参观敦煌的日本游客只有600人，平均一天不到2人。

关于如何推进亚洲研究，其实我并没有什么锦囊妙计。由于日本近代与侵略战争相关的从"亚洲主义""东洋学""大东亚共荣圈"到"亚细亚史观"的传统，中国学界对提倡"亚洲研究"多少保持着一种警惕，因此，在中国，亚洲研究从来不是一门显学。但是汉字文化圈、儒家文化圈和现代化的经验表明，在多样性的亚洲，各国之间也有共同性和相似性。我们常说，君子"和而不同"，亚洲的传统文化可以提供共赢思路的文化，学术研究不仅可以"和而不同"，亚洲各国也可以走"和而不同"的道路。

寄语各位青年才俊，广交友朋，理性交流，多换位思考。我相信青年一代学者能超越前人，但你们面对的亚洲和世界形势并不乐观，甚至还会更加严峻。希望通过你们的思想、你们的方案，总结过往，引领亚洲地区规划自己的未来道路。

最后，寄语编者，《亚洲文明》是诞生在上海的杂志。从开埠到开放，上海的城市性格就是开放、创新、包容。希望各位编者联络四方,展示亚洲各地学人的观点、主张与风采,力争将《亚洲文明》建设成为具有全球影响力的学术平台。

（苏智良，教育部人文社科重点研究基地上海师范大学都市文化研究中心主任、教授）

每一个具体地域的文明相貌，最终才能组合成全球的立体景观

——《亚洲文明》寄语

徐静波

      成立才一年的上海师范大学亚洲文明研究中心，就推出了新创刊的纯然的学术集刊《亚洲文明》，并且计划一年出版两期，我在稍稍有些惊讶的同时，更多的感觉是欣悦、感动和敬佩。说实话，一个研究机构最让人有存在感的，一是一定数量的高质量论文，二是一批有影响力的研究著作（包括译著），三是在学界受人瞩目的研究刊物，当然还包括学术研讨会和学术讲座等。让人心生敬意的是，上海师大亚洲文明研究中心在前两个方面已经展示了相当的成果，如今又推出了《亚洲文明》，向打造一个高水准研究机构的目标，迈出了坚实的一大步，可喜可贺！

      耶稣会传教士利玛窦（Matteo Ricci，1550—1610）在1602年印制的《坤舆万国全图》（之前的1585年前后他曾在广东肇庆绘制过《山海舆地全图》，但未传世）中，第一次将亚洲的地域概念推展给东亚世界之前，中国人应该并无亚洲和世界的知识和概念。明代罗洪先大约在1541年绘制完成《广舆图》，在明十五省之外，增加了"四夷图""西域图""朔漠图""九边图"，加入了日本列岛、琉球群岛，但范围并未越出中国的周边，这大概就是当时中国人对于天下的理解了。利玛窦虽然传来了亚洲这一概念和词语，但其渐渐为中国人普遍接受和使用，大概要迟至19世纪中期及以后吧。事实上，在16世纪上半叶麦哲伦的团队完成了全球航行并创制了全球概念的时候，在文明的意义上真正能与欧洲人心目中的世界文明核心区域欧洲相对应或相媲美的，就只有亚洲了。非洲的撒哈拉沙漠以北，古代曾有埃及文明以及作为罗

马帝国一部分的地中海南岸文明，后来又有阿拉伯文明的崛起，但大沙漠以南，大航海时代之前，欧洲人几乎很少涉足（郑和的航海团队倒是在15世纪前期抵达过东非），南美和北美则是在15世纪末16世纪初才为欧洲人所发现（当然本来就已存在），已处于尾声的玛雅文明和印加文明，在西班牙人的征服下迅速湮没，几乎还没有来得及与重新崛起的欧洲文明展开对话。世界上，唯一能与欧洲对峙并与欧洲对话的，大概就只有亚洲了。在西方人的眼中，对近代欧洲的形成，亚洲的存在是不可或缺的，已故的芝加哥大学教授唐纳德·拉赫几乎毕其一生的精力，写作并出版了近五千页的皇皇三卷九大册（加尔文学院教授埃德温·克雷又增补续写了两大册，总共十一册）的《欧洲形成中的亚洲》（*Asia in the Making of Europe*），它就说明了亚洲在世界文明意义上的重要性。

不过，也毋庸讳言，与相对具有同一性质的欧洲相比，亚洲无论在地域的广度、历史的跨度和民族人种上，都更具有多样性和复杂性，甚至可以说，它除了与欧洲相对应之外，几乎没有内在的统一性。所以，近代的欧洲人，也从欧洲的视角出发，将欧洲以东的广大区域（其实也就是亚洲）分成近东（the Near East）、中东（the Middle East）、远东（the Far East）三大块，这三大块，都有各自不同的内涵。当冈仓天心在1903年出版的英文版 *The Ideals of the East with Special Reference to the Art of Japan*（日译本为《東邦の理想》或《東洋の理想》，中文可以译为《东方的理想》）中写出"亚洲乃一体"（英文是Asia is one。早期的日文本译为"亜細亜は一つなり"［1943年的村冈博译本］；现在一般译为"アジアは一つである"［1986年讲谈社文本］）时，实际上是比较空洞苍白的。他注意到了亚洲存在着中国和印度两大不同的文明体，实际上，亚洲的多元还远不止于此，在距今六千多年前，就在后来被列入亚洲或中东地区的两河流域，产生了农耕畜牧并存以及有城池出现的辉煌的美索不达米亚文明及稍后的亚述文明，这些文明向西扩展到了地中海沿岸，影响到了后来古埃及和古希腊罗马文明的形成，它们向东断断续续地、或强或弱地一直蔓延到了亚洲的最东部，甚至在地域上，亚洲最东部成了后来伊斯兰文明的诞生地。它后来的消亡，并不意味着它的不存在。由此看来，亚洲在地理上也许容易界定，但在文明上，却很难抽象出一种很明晰的、具有内在统一性的特质来。

将亚洲作为一个整体来进行研究，不知始于何时。但西方较早就有所谓的"东方学"（Oriental Studies，也写作Eastern Studies），大约发轫于18世纪后半期，形成于19世纪。1916年，英国在伦敦建立了东方研究学院（the School of Oriental Studies），归属于伦敦大学，1938年，学院研究的对象加入了非洲，改称东方和非洲研究学院（the School of Oriental and African Studies），在中文世界里，也称为亚非研究院，我曾去造访过。这可谓全世界研究欧美文明以外地区的较为权威的机构之一了。在亨廷顿的《文明的冲突与世界秩序的重建》一书中，北美地区和大洋洲自然是被列在西方文明的范畴里，连拉丁美洲也被贴上了次西方文明的标签，那么不同于西方文明的，也就是亚非地区了。

在大航海时代开启之前，中国人持有坚定的天下意识，并无世界（佛教中虽有世界一词，与今人的一般理解不同）的概念，这一意识差不多一直持续到了19世纪中叶，利玛窦带来的世界知识，只是让中国人从地图上接触到了世界或全球，并不意味着中国人已经普遍接受了这些概念和事实。

而在日本，所谓海外，原先大抵也只是中国大陆、朝鲜半岛和琉球群岛。从16世纪下半期开始，逐渐有了改变。江户时代中期的新井白石（1657—1725）完成于1713年的《采览异言》，主要也是参照了利玛窦的《坤舆万国全图》，地名的标注基本上都沿袭了利玛窦的汉译名，同时又参考了由荷兰商人传入的其他各类世界地图。全书分为五卷，分别是欧罗巴、利未亚（非洲）、亚细亚、南亚墨利加（南美）、北亚墨利加（北美）。这里已明确建立了"亚细亚"的地域概念。1708年意大利传教士乔瓦尼·西多契（Giovanni Battista Sidotti）潜入已实行锁国政策的日本，被逮捕囚禁在江户，新井白石得悉后去访问他，从他那里获得"万国之图"以及有关世界地理的诸多知识，1715年完成了访谈笔记《西洋纪闻》，该书虽无法公开出版，但以抄本的形式广为流传。书里详细记述了从乔万尼那里获得的世界地理知识，屡次提到了与欧罗巴相对应的亚细亚（笔者参考的是《西洋纪闻》，岩波书店1936年第1版，1976年第12次印刷）。

从19世纪中期开始，日本人已形成了明确的世界或万国的概念，欧洲人创制的东方和亚洲的观念，也被日本人普遍接受。相对于西文的 the Orient 或 the East 的词语和概念，日本人创制了一个汉字词语"东洋"，同时也用这个词语和概念与 the West、the Occident（西洋）来对应。日本人早期的海外研究，主要只是基于汉文文献的中国研究。19世纪末，日本人有了"东亚"的概念，重点仍是在日本与中国。1900年在南京创建（翌年移往上海）的东亚同文书院，虽冠以"东亚"，落脚点仍在中日，且强调"同文"，还是不脱汉字文化圈。1929年成立的隶属于外务省的东方文化学院及其东京研究所和京都研究所，重点仍是在中国。后来受西洋人东方学的影响，逐渐向西域拓展，在欧洲游学多年的羽田亨（1882—1955）撰写的《西域文明史概论》（1931）和《西域文化史》（1948）是这一领域的代表性成果。1941年11月，在东京大学内成立了"东洋文化研究所"，不久，太平洋战争爆发，研究大概也未能有效地展开，当时对"东洋"的理解，有些不详，但战后的英文名称，则是 Institute for Advanced Studies on Asia, The University of Tokyo，东洋=Asia。这是一个非常重大的观念上的转变。事实上，该研究所后来的研究领域，早就拓展到了西亚，包括小亚细亚半岛，曾经担任过所长的羽田正（羽田亨的嫡孙），曾在巴黎第三大学获得过伊朗学的博士学位，《伊斯兰世界的创造》是他的代表作之一，由此可知，如今的日本人，确实已经把"东洋"的领域拓展到了整个亚洲。

而亚洲，无论是它在地域上的广阔性还是文明史上的悠久性，以及它在当今世界上的重要地位，都决定了它作为研究对象的无限丰富性，实际上，这也决定了上海师范大学亚洲文明研究中心和《亚洲文明》的研究对象的广度和深度。

我注意到《亚洲文明》征稿启事上的表述，新创刊的"《亚洲文明》将重视新时代、新技术、新视角、新资料等方面的学术研究，征稿范围广泛覆盖亚洲政治、经济、历史、文化、社会等各领域，致力于深入思考亚洲文明的交流互鉴和多元共生……"一方面强调了"新"，希望要有新技术、新视角、新资料等，另一方面体现了它涉及的领域广度，几乎涵盖了人文社科的所有分野。确实，亚洲文明，是一个非常庞杂的对象和概念，在每一个分野里都可以作出深入的开掘和探究。我们不仅要注意它与欧洲为主体的西方文明的对应性，也要充分关注彼此之间的关联性和互动性，既要有高屋建瓴的、宏观性的审察，更多地，恐怕还要有全球文明视野下的微观个案的深入探研。在这里，学科的分割不应成为彼此的障碍，恰恰相反，跨学科、跨文化的多元复式的视角以及新的研究方法，庶几可以助力我们获得更为精湛的研究成果。在当今的时代，地域与世界始终是连在一起的，实际上，历史与现实也一定存在着内在的脉络，每一个具体地域的文明相貌，最终才能组合成全球的立体景观。

我为刚刚问世的《亚洲文明》击鼓鸣锣，对它的前景充满了热切的期待。

（徐静波，复旦大学日本研究中心教授）

建立和完善具有中国特色的"亚洲学"研究

——《亚洲文明》创刊寄语

郭连友

首先我谨代表《日本学研究》编辑部全体成员，对《亚洲文明》的创刊表示衷心的祝贺！

人们常说，21世纪是亚洲的世纪。作为一个区域，亚洲无论在政治、经济、外交方面还是在人文社会发展方面均在全球有着举足轻重的地位。随着中国的崛起，亚洲更加受到世人瞩目。

国内也涌现出不少以亚洲为研究对象的学术刊物。据不完全统计，相关刊物就有十数种之多，如：《亚洲研究集刊》（复旦大学亚洲研究中心，年刊）、《亚洲研究专刊》（复旦大学亚洲研究中心，不定期）、《亚洲与世界》（北京外国语大学，年刊）、《亚太经济》（福建社会科学院亚太经济研究所，双月刊）、《亚太安全与海洋研究》（国务院发展研究中心亚非发展研究所、南京大学中国南海研究协同创新中心，双月刊）等。上述刊物定位不同，关注的问题也不尽相同，但大体涵盖了亚洲的政治、经济、社会、历史、文化、语言等诸多研究领域，刊登了大量学术研究成果，为构建和深化"亚洲学"研究提供了必要的学术交流和沟通的平台。

习近平主席在2019年5月15日召开的"亚洲文明对话大会"开幕式上的主旨演讲中指出："璀璨的亚洲文明，为世界文明发展史书写了浓墨重彩的篇章，人类文明因亚洲而更加绚烂多姿。从宗教到哲学、从道德到法律、从文学到绘画、从戏剧到音乐、从城市到乡村，亚洲形成了覆盖广泛的世俗礼仪，写下了传承千年的不朽巨著、留下了精湛深邃的艺术瑰宝、形成了种类多样的制度成果，为世界提供了丰富的文明选择。……文明因多样而交流，因交流而互鉴，因互鉴而发展。我们要加强世界上不同国家、不同民族、不同文化的交流互鉴，夯实共建亚洲命运共同体、人类命运共同体的人文基础。"习主席的讲话，为亚洲今后开展文化交流、文明互鉴指明了方向。

近年，随着我国对区域国别研究的需要愈加迫切，区域国别学正式成为一级学科，这一举措为"亚洲学"研究领域获得更充足的人才和进一步发展提供了机遇。而《亚洲文明》的问世，及时顺应了我国加强区域国别学研究的时代需求，必将在推进"亚洲学"研究，尤其是促进亚洲各国之间的文明互鉴、多元共生，构建亚洲学术共同体等方面发挥积极作用。

《日本学研究》创刊于1991年，是一本综合研究日本的学术集刊，办刊三十多年来，在日本学研究领域发挥着十分重要的作用。2019年以来多次荣获社会科学文献出版社CNI名录集刊、优秀集刊称号，并于2021年首次入选中文社会科学引文索引（CSSCI）收录集刊（南京大学中国社会科学研究评价中心），2023年再度入选中文社会科学引文索引（CSSCI）收录集刊。

在办刊过程中，我们努力做到反映基础研究和课题导向的应用研究的最新成果。刊物本着约稿和投稿并重的方针，不仅刊登日本学基础研究方面的论文，还密切关注日本研究的热点问题，及时组织学术研讨会并邀请专家撰写稿件，刊登最新的学术研究成果。

《日本学研究》作为国内区域国别研究的代表性集刊，还十分关注海外的区域国别（日本学）研究的发展。近年来，尽管我国高校在区域国别研究方面也取得了不少可喜的成果，但不可否认的是，由于我国大规模开展区域国别研究起步较晚，积累不够丰厚，尚存在不少短板和问题。为此，我们认为有必要了解其他国家在区域国别研究，尤其是在日本学研究方面的最新动态、研究成果、发展趋势乃至面临的问题。出于这一目的，《日本学研究》（第34辑）特别开设了"海外日本学研究专栏"，刊登了九篇学术论文，作者分别来自中国、日本、韩国、加拿大、澳大利亚、法国、荷兰、俄罗斯等。论文从不同侧面介绍、阐述和分析了包括日本在内的各国关于日本学研究的学科建设、教学、科研、已有成果、未来的发展趋势以及面临的问题，展现了当下海外多姿多彩的日本学研究图景。

如果我们在办刊过程中摸索和积累的上述不成熟的经验能对《亚洲文明》的工作有所启发和帮助,我们将感到十分荣幸。

《亚洲文明》定位准确,方向清晰,起点高,相信不久的将来定能在众多相关刊物中异军突起,成为该领域的领军刊物。

作为兄弟刊物,我们也真诚希望今后能和《亚洲文明》在选题、学术活动、稿件等方面相互提携、加强合作、共享资源,搭建学术交流平台,共同为建立和完善具有中国特色的"亚洲学"研究、提升学术研究领域的中国话语权作出积极贡献。

（郭连友,《日本学研究》主编、北京外国语大学教授）

《亚洲文明》创刊寄语

韩东育

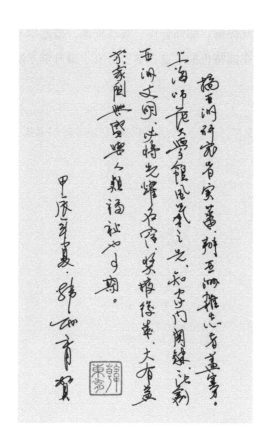

　　搞亚洲研究者实蕃，办亚洲杂志者盖寡。上海师范大学领风气之先，知家门关键。此创《亚洲文明》，必将光耀名宿，奖掖后辈，大有益于家国兴盛与人类福祉也可期。

甲辰年夏　韩东育贺

（韩东育，中国日本史学会会长、东北师范大学历史文化学院教授）

搭建平等对话、研究亚洲文明的新平台

——《亚洲文明》创刊寄语

沐　涛

　　在世界各大洲文明中，亚洲文明以其悠久的历史、多样的形态、对世界文明发展作出的独特贡献而著称，值得人们深入研究。

　　早在公元前3500年左右，苏美尔人就在西亚的幼发拉底河与底格里斯河流域创建了人类最早的文明——苏美尔文明，发展了已知最早的城邦、楔形文字、灌溉系统和行政体系，该地区被誉为"人类文明的摇篮"。之后西亚地区又陆续出现了巴比伦文明、亚述文明、赫梯文明、波斯文明、希伯来文明等，成为多种文明的汇集地。在东亚，则出现了源远流长的中华文明；在南亚次大陆，则出现了充满异域风情的印度文明。人们俗称的四大文明古国（古代埃及、巴比伦、印度和中国）中有三个就诞生于亚洲。

　　被法国著名史学家布罗代尔称为"文明中最强有力的特征"[①]的宗教也主要诞生于亚洲：犹太教、基督教、伊斯兰教、印度教、琐罗亚斯德教、佛教、道教、巴哈伊教[②]等，它们既是所在地域传统文化的一部分，又通过对外传播，产生了许多亚文明，对世界其他地区文明的发展产生了重要影响。

　　"文明因交流而多彩，文明因互鉴而丰富。"文明要想发展壮大，必须打破古代的孤立、隔绝状态，它需要在同其他文明的对话、接触和交流中

---

① ［法］费尔南·布罗代尔：《文明史纲》，肖昶等译，广西师范大学出版社，2003年，第42页。
② 别称大同教，一种出现较晚，但传播很快的宗教，世界各地的信徒近千万。源自19世纪中叶伊朗伊斯兰教中分化出来的独立宗教，其最高宗旨是创建一种新的世界文明，实现人类大同。总部设在以色列的海滨城市海法。

焕发新的活力和生机。古代西亚地区之所以能诞生出多种文明形态，其中一个重要原因就是其处于亚、非、欧三洲的交界处，与古代埃及文明、希腊罗马文明相互交融、共同发展，还直接促成了古代东北非文明圈（主要有埃及文明、努比亚文明和阿克苏姆文明）的形成。两千多年前，古老的丝绸之路将东亚与中亚、西亚连接在一起，还成为连接欧亚大陆的桥梁，将古代世界几大文明连接了起来。中西交通日渐繁盛，在促进了边关贸易和物种、技术交流的同时，也传入了西方的生活方式，特别是佛教的东传，使中华文明更加多元化，内容更加丰富。15世纪初，明朝郑和船队七下西洋巩固和发展了海上丝绸之路，将太平洋与印度洋无形中连为一体，使中华文明与东南亚、南亚和西亚地区文明的交流日益紧密，并将影响扩展到东非地区。

文明的发展不进则退。进入16世纪以后，随着欧洲殖民者的到来和西方文明的侵蚀，亚洲地区的各个文明形态和载体都受到不同程度的影响，但凭借强大的韧性和包容性，亚洲文明在吸收现代工业文明的基础上获得新的发展。进入20世纪80年代后，亚洲文明开始复兴，在日本、韩国、新加坡等国经济迅速发展的基础上，马来西亚、泰国、菲律宾、中国、印度等国紧随其后，亚洲的崛起日益受到人们的关注。

在经济全球化的今天，随着人们的沟通方式越来越便捷和商贸交流日益频繁，可以说世界上已没有纯粹的单一文明，或多或少地显示出混合文明的特征。亚洲各个文明体之间不仅要加强交流，多些理解和包容，更要与世界其他地区的文明加强联系和交流。文明没有高低、优劣之分，文明交流互鉴是推动人类文明进步和世界和平发展的重要动力。从历史发展来看，不同文明间的冲突虽然时有发生，但相互促进与发展更是主流。

学界有关亚洲文明的研究已有很多，但亚洲文明是多种文明并存的集合体，内部充满了复杂性。关于文明形态的划分和文明要素的构成，怎样看待文明交往中的冲突问题，亚洲文明对世界的影响及其在世界文明发展中究竟占有怎样的地位和作用，如何运用跨国史、全球史、移民史等史学研究的新方法、新视角，以及如何与科技手段相结合，对亚洲文明形成跨学科的研究等，这些都有待学界同仁携手共同探索。

祝愿《亚洲文明》为不同学科学者搭建一个平等对话、研究亚洲文明的新平台，促进亚洲文明的研究在深度和广度上有更大的拓展。

（沐涛，上海市世界史学会会长、华东师范大学历史学系教授）

以高质取胜，以争鸣著称

——《亚洲文明》创刊寄语

孙来臣

热烈祝贺《亚洲文明》在上海师范大学创刊，这是该校对学术界的又一重大贡献！现谨提几点希望和建议。

第一，本刊征稿启事强调"积极鼓励学术争鸣和学术讨论"，这一点在当前的环境下尤其重要、特别珍贵！学术乏民主、研究少争鸣、著作无书评，会大大限制学术的发展。真诚希望本刊开设"学术争鸣"专栏，就亚洲文明和历史研究的重要问题展开争论，让争鸣成为常态，让学术民主生根、开花、结果，培养平等、公平、不为尊（长）者讳的风气。与此相关，在可能会有的"书评"一栏（建议取名为"深度书评"），力戒蜻蜓点水、不痛不痒、四平八稳、"你好我好"的书评，着重发表鞭辟入里、深刻尖锐、"鸡蛋里挑骨头"式的分析性、争鸣性书评，鞭挞平庸，褒扬创新。

第二，除了刊登原著文章外，也翻译一些国际上有重大影响的文章，以翻译带动国内的有关研究。这种做法在国内一些杂志的创办和经营上已经被证明卓有成效，值得效仿。

第三，建议在每篇文章后列出"参考文献"，这样就可以大大方便读者了解、查找该文中引用的资料，否则，只在注释中寻找资料比较困难。其实，日本及我国台湾地区等地一直都是这么做的，也值得效仿。

第四，这一点涉及国内引用体例，即书籍和文章名称不加区别，都用双书名号《》，往往造成很多不必要的困扰。其实，比起用"（J）"标明是杂志文章和论文，以单书名号〈 〉来标明，简单干脆，一目了然，而且日本、韩国及中国台湾多年来都是这么用的。在美国的《芝加哥手册》里，斜体标明书籍和杂志名称，双引号标明文章和论文题目，也是不用添加任何其他标志的。我深深知道这一点非常难执行，电脑上甚至都无法直接打出单书名号，但我仍然希望借此机会提出这一困扰我多年的问题，引起学者们的重视，期待将来学术体例更加合理化。

最后，衷心希望《亚洲文明》以高质取胜，以争鸣著称，精益求精，宁缺毋滥，办成高品位、高门槛的刊物，这样就能在国内（甚至国际）众多的亚洲研究刊物中脱颖而出、鹤立鸡群，成为夜空中一颗耀眼的明星。

（孙来臣，上海师范大学人文学院世界史系特聘教授、美国加州州立大学富勒敦分校历史学教授）

《亚洲文明》创刊寄语

江 静

亚洲是人类文明的摇篮，是亚洲人民共同谱写的文明史诗，是世界文明发展史上的璀璨篇章。

值此《亚洲文明》创刊之际，萦绕我心的是许多充满学术趣味的研究课题，诸如亚洲文明交流互鉴的历史经验，东亚文明在亚洲文明中的特殊作用，东西文明的相遇、冲突与融合，亚洲宗教的谱系等，乃至更为具体的问题，诸如活跃在东亚文化交流史上的各类人物及其事迹、域外汉籍的流布与影响、中国僧人墨迹在日本文化史上的特殊地位，如此等等，不一而足，顿感学无涯而路远兮！

道莫盛于趋时，德莫贵于日新！期待上海师范大学亚洲文明研究中心主办的《亚洲文明》成为学术之光，持续照亮学者研究亚洲学术之路，并成为我们这个学术共同体的精神家园。

（江静，浙江工商大学东方语言与哲学学院院长，东亚研究院院长、教授）

推动文明交流互鉴

——《亚洲文明》创刊寄语

韩志斌

欣闻《亚洲文明》创刊，倍感兴奋。在世界文明大系中，亚洲文明一直被划分为不同的板块，如阿拉伯文明、印度文明、中华文明等，很少整体呈现。2014年3月27日，习近平主席在联合国教科文组织总部的讲演中说："要了解各种文明的真谛，必须秉持平等、谦虚的态度。如果居高临下对待一种文明，不仅不能参透这种文明的奥妙，而且会与之格格不入。历史和现实都表明，傲慢和偏见是文明交流互鉴的最大障碍。"上述讲话为《亚洲文明》办刊指明了基本原则和新的方向。

建议《亚洲文明》从以下层面重点发力。

第一，从文明史的视角对亚洲这个文明汇聚之地进行深入细致的研究。亚洲是人类最早的定居地之一，也是人类文明的重要发祥地。在亚洲不仅产生了中华文明、印度文明、波斯文明、两河文明这些闻名遐迩的古代文明，就连欧洲最早的古代希腊文明也和亚洲有重要关联。正如2019年5月15日习近平主席在"亚洲文明对话大会"开幕式上说："璀璨的亚洲文明，为世界文明发展史书写了浓墨重彩的篇章，人类文明因亚洲而更加绚烂多姿。"在数千年的历史进程中，各种文明在亚洲孕育生长、交相辉映，镌刻成悠久的历史，积淀成深厚的文明，这既是人类文明多样性交流互鉴的生动写照，也是推动亚洲文明对话、构建亚洲命运共同体、构建人类命运共同体的力量源泉。

但进入近代史发展阶段后，面对西方文明的冲击，亚洲文明逐渐失去了往日的辉煌。西方文明利用"战争资本主义"，打造出新的资本主义世界体系。在此过程中，大部分亚洲文明中心遭受了殖民和半殖民的掠夺。反映到知识认知领域，是亚洲文明史研究的他者化、边缘化与分裂化。从18世纪末开始，关于亚洲文明知识的产出，主要集中在欧洲的东方学、日本的东洋学以及美国的亚洲区域研究。这些知识分别为欧洲、日本的殖民主义扩张、掠夺以及美国的冷战意识形态对立而服务，可以说，现阶段对亚洲文明的认识，在话语范式、认识深度等方面都存在较大不足。

第二，在亚洲古老文明重获新生的背景下，以亚洲本体为叙事视角进行亚洲文明史知识产出。今天，亚洲文明在世界格局中的地位不断上升，亚洲是全球经济发展速度最快、潜力最大、合作最为活跃的地区。经过长期的努力，亚洲的古老文明重获新生，西方中心语境下亚洲文明与西方文明的不对等关系需要被重新看待。在此背景下，以亚洲本体为叙事视角的亚洲文明史知识产出尤为重要。

遵循马克思主义的指导，以历史文献和古史传说为参考，中华文明探源工程开展，并提出了中华文明起源认定的新标准：一是生产发展，人口增加，出现城市；二是社会分工，阶层分化，出现阶级；三是出现王权和国家。如果放眼整个亚洲，这个标准是否适用？亚洲各地区其他文明的起源有何异同？这两个问题对于开展亚洲地区文明交流互鉴研究意义重大。当前国内学界对包括南亚、中亚、西亚、东南亚文明史的研究力量，相较于欧美研究、日本研究而言相对薄弱，尤其缺少对整个亚洲文明起源的整体研究。《国家"十四五"时期哲学社会科学发展规划》将"亚洲文明溯源研究"列为"哲学社会科学重大学术和文化工程项目"，可见在考古学与历史学视域下，对东亚、西亚、南亚和中亚的文明起源进行比较研究，有着重要的学术价值和现实意义。这些将是《亚洲文明》刊发选题的重点。

第三，主张"从亚洲看亚洲"的原则，区别于西方中心论的研究视角。从中国的视角，在考古学与历史学视域下重新审视亚洲文明问题，提出文明定义的中国方案，这对从"追本溯源"到"正本清源"的学术追求来说有着重要意义。从中国的视角重新审视亚洲文明，有助于客观性、真实性的知识产出，可以为中国社会科学话语体系的构建贡献力量。对亚洲诸文明起源、形成、发展、特征等问题的梳理，将为亚洲的再次崛起与发展提供文化自信和学理支撑。

第四，在考古学与历史学视域下重新审视亚洲文明问题。相关选题注重历史与现实之间的双向考察与反思，从现实出发，追溯历史，以考古学、历史学为基础，综合运用人类学、社会学、民族学、政治学、艺术学等多学科的方法，以宏观、中观和微观相结合，纵向的历史脉络梳理与横向的专题研究相呼应的思路，全面阐释东亚文明、西亚文明、南亚文明、中亚文明的起源、形成、早期发展和特征等问题，比较研究各地区文明起源的相同点和不同点，从而总体概览亚洲文明起源的统一性和多样性，中华文明与亚洲文明演进的互动关系，以及与这些地区文明溯源相关的民族、宗教、国家、部落等重大问题的逻辑互动与内在关系。同时在研究方法上强调理论与实践、局部与整体之间的有机互动。习近平总书记在主持中共中央政治局第三十九次集体学习时强调："要加强统筹规划和科学布局，坚持多学科、多角度、多层次、全方位，密切考古学和历史学、人文科学和自然科学的联合攻关，拓宽研究时空范围和覆盖领域，进一步回答好中华文明起源、形成、发展的基本图景、内在机制以及各区域文明演进路径等重大问题。"研究亚洲不同文明有助于从大历史的视角阐释人类文明史的离散与聚合，进而推进考古学、历史学的融合发展，也为促进亚洲文明对话、构建人类命运共同体提供了学理参考。

总之，《亚洲文明》创刊将推动"人类命运共同体"和"全球文明倡议"的建设，以及"亚洲文明对话"的深入。习近平主席在联合国教科文组织总部的讲演中说，"每一种文明都延续着一个国家和民族的精神血脉"，"我们应该从不同文明中寻求智慧、汲取营养，为人们提供精神支撑和心灵慰藉，携手解决人类共同面临的各种挑战"。对亚洲文明的研究，有助于凝练亚洲地区间"美人之美、美美与共"的文明认同与命运认同，迈向"亚洲命运共同体"的建设，从而为整合亚洲力量、推动亚洲崛起、促进中国发展赋予战略性、规范性和合理性。

（韩志斌，西北大学中东研究所所长、教授）

用亚洲构建的学术方法来审视西欧的精神世界

——《亚洲文明》寄语

佐藤弘夫

在世界步入所谓"近代"这一纪元的过程中，其主宰者是欧美列强。这些国家在经历工业革命后，率先获得了压倒性的工业生产力，并以此为基础掌握了强大的军事力量。它们根据自身的利害考量，肆意分割世界上的国家和地区，开始了对它们的支配。

欧美列强不仅推动了军事和政治上的支配，并且坚信它们能率先跻身发达国家的行列，是由于其背后有着先进的思想和文化，因此在文明方面也自诩优越。它们在自认拥有优越文明的欧美列强与所谓未开化的世界之间，划定了一条不可逾越的鸿沟，并设立了一道明确的界限。包括中国和日本在内的"亚洲"这一概念，正是在这些列强对世界进行支配的过程中，被欧美人所创造并固化的。在欧美发达国家看来，亚洲不过是其版图周边未开化的地域之一。

引领近代文明开化的，正是西欧盛行的人本主义哲学。理性取代了到中世纪为止的神，被供奉在祭坛上供人崇拜。人类被视为唯一拥有理性的特殊存在，这种理性被赋予了无限进化的可能。人类社会也被认为会持续无限地发展，最终实现能解决一切社会问题的乌托邦。面向未来不断前进，曾是近代哲学和历史学的共识。

近代西欧的人本主义思想，无疑在促进人权和改善生存环境方面发挥了举足轻重的作用。特别是在扩展基本人权意识方面，其意义之深远，无法用言语尽述。然而，如今在近代成熟的尽头，在我们眼前所展现的，却是与曾经对未来的想象大相径庭的一幅图景。我们面临的，是严重的环境污染，是正在经历

"全球沸腾"的剧烈气候变化，是足以导致人类多次灭亡的大量核武器，还有在2011年3月11日日本东部遭受的大地震后，化为废墟的核电站残骸。

对科技进步的疑虑也深刻影响了我们对人类的看法。目前，世界各地基于民族、宗教和信仰差异的冲突仍在无休无止地继续。我们对与文明发展同步的理性进化的期待与信任，在极端且自负的歧视主义和民族主义兴起的现实面前，遭受了严重挫折。

无论是环境问题、核电问题，还是民族主义问题，我们今天所面临的社会课题之所以如此困难，原因在于它们并非源于文明的不发达，而是伴随着文明的成熟而浮现的。那种通过近代化进程就能解决所有问题的叙事，如今已不再成立，这正是我们所面临的问题的严重性所在。

如果说这些问题是在文明化逐渐深入的过程中膨胀起来的，那么在诊断病症和思考对策时，仍在近代的框架内进行会存在局限性。相反，我们需要在超越近代的广阔而深远的视野中寻求新的方法，以揭示出产生这些问题的近代这一时期在整个人类历史上所显现出的异形性。

西欧式文明化的进程，同时也是人类逐渐丧失自己与这个地球上无数其他非人类存在共享世界这一感知的过程。现代的人类观念认为，人是地球上唯一的特权存在，这使得人类行为肆无忌惮，毫无约束。自然、大地和大海都不过是人类可以随意利用和剥削的对象。当务之急是建立一种全新的视角，能够将这种西欧式近代观相对化。而在这个问题上，如果说曾被视作落后文明的亚洲有发言权，那么其根源就在于此。

在近代化开始之前，亚洲长期以来一直走在世界知识领域的前沿，中国和印度更是古代文明的发源地和摇篮之一。在此产生的诸子百家教义、佛教思想等，至今仍跨越国界，对全世界产生着巨大的影响。此外，被称作亚洲的这片土地还孕育了无数独特的文化和思想，这些丰硕的成果被传承下来，成为智慧的宝藏，延续至今。

亚洲文化深刻体现了一种共通的感受：人与世界上无数其他存在共享着这个世界。动物和植物也是重要的共生者。因此，我们必须摒弃人类中心主义的傲慢，谦虚地倾听自然的信息。亚洲文化强调在所有存在中发现神圣生命之光辉的态度，警惕人类的独占地位，尊重万物的和谐，这种立场成为一种共同的思想背景。

在西欧近代思想中，亚洲的这种立场曾被归类为多神教或泛神论，并在与以基督教一神教为背景的西欧思想进行比较时，被视作一种落后的思想。然而，随着西欧近代的人类中心主义日益凸显并引发一系列严重的社会问题，我们有必要重新审视亚洲所孕育的思想和文化，其中潜藏着能将近代文明抱持的种种问题相对化的视角。我们需要摒弃被国境束缚的狭隘民族主义，携手从自身脚下的土地开始挖掘，并将成果与世界共享。

现代社会似乎已经步入了一个无法传达声音的时代。今天，人们不仅不倾听自然，甚至对邻居和邻国人民的话语也置若罔闻。言语无法跨越国界、民族和宗教的藩篱而得到传达。如今支配着我们周围空间的，不是追求团结和共鸣的心，而是排斥和仇恨的情绪。而亚洲的智慧倡导探求万物中的神圣存在，聆听无声者的声音。这不仅揭示了由欧美主导的近代人类中心主义的问题，也必将成为超越东西方文明，将其提升到更高境界的原动力。对于即将出版的《亚洲文明》，我满怀期待，希望它能成为融合集结古今中外文明精华、创造新价值的平台。

在当今的人文学和社会科学领域，通行于全球的研究方法几乎都起源于欧美世界。虽然来自中东、亚洲等地域的学者已开始崭露头角，但欧美依然是知识传播的中心，这一情况未曾改变。我们亚洲人仍遵循着由欧美制定的规则来进行研究。我期待通过《亚洲文明》所构建的学术平台，培养出具有宏大视野的年轻一代学者，使他们能够在国际层面参与制定新的学术规则。

我梦想看到亚洲各国的学者们汇聚各自的研究成果，深入探讨，从中产出能够相对化欧美学术体系的成果。用亚洲构建的学术方法来审视西欧的精神世界，会展现出怎样的新视角？这正是我最为关心的课题。即使可能不会直接在论文中提及，但我们关于当前局势的强烈危机感和深刻洞察，必将赋予这些研究以推动社会变革的规模与力量。我期待在《亚洲文明》读到那些因多样化关注点而充满力量的深刻论述。

（佐藤弘夫，日本东北大学名誉教授；译者吴佩遥，上海师范大学人文学院世界史系特聘副教授）

替代文明之路上的东亚学探问

白永瑞

成立于2023年的亚洲文明研究中心这次正式发行学术集刊《亚洲文明》，借此机会，我送上由衷的祝贺。

一、当下为什么需要东亚学？

得知《亚洲文明》创刊的喜讯，我不禁感慨万千。这让我回想起二十多年前的经历。1999年，我曾向广大中国读者提出"在中国有亚洲吗"这个问题，对中国是否真正具有对周边邻国的横向认知提出了质疑。[①]从那时起，我便不断向华语圈传播东亚话语，并在此过程中结识了志同道合的同仁，开展了一系列合作活动。如今中国学术界的面貌已然今非昔比。或许可以说，中国已经进入了一个新阶段，开始"将（东）亚洲作为相对化中国的方法"。[②]

20世纪90年代以来，韩国学术界盛行的东亚话语体系有着其特定的社会历史背景。当时，冷战秩序刚刚解体，在一片乐观的氛围中，学术界对新的国际秩序和替代文明的研究兴趣大增。三十多年后的今天，我们却面临着截然不同的时代背景。在日常生活中我们已经能切身地感受到，当前人类正面

[①] 白永瑞：《世纪之交再思东亚》，《读书》1999年8月号；白永瑞：《在中国有亚洲吗？：韩国人的视角》，《东方文化》第20卷第4期。

[②] 在本文中提到"东亚"时，往往既指东亚也指亚洲。

临着复合危机（polycrisis），这是由多个层面的因素相互叠加造成的，包括冷战与新冷战交错的国际秩序的流动性（包括局部战争）、全球范围的资本主义危机、环境污染与气候生态变化、大流行病以及数字科技的扩散等。

我们能否把这场危机作为机遇，创造新的文明？而对东亚的学术关注能否为此作出贡献？本文将着眼于这一重大课题，回顾现有的东亚知识生产体系，并尝试展望新的前景。我期待这样的努力能够在知识生产和传播方面获得一定的影响力，因为它可以促使我们去构建对资本主义世界体系局限性的根本性认识，并以此为基础去稳步摸索文明转型的道路。

这里所说的东亚学，与其说是又一个需要纳入现有学科体系之内的学科制度，不如说是一种对待东亚研究的新的（或批判性的）学术态度——这一点将在下文详细说明。为了更具体地勾画其轮廓，我们有必要首先审视东亚学与现有的东亚研究范式有何不同。

二、什么是东亚学？

我们先来探讨一下为人熟知的"东方学"概念。

众所周知，东方学（orientalogy）是19世纪末至20世纪初建立的西方学术体系的一部分。西方现代世界分为三个领域：公共权力领域、半公共生产领域和私人日常生活领域。对应于此，政治学、经济学和社会学分别成立。同时，为了解释现代世界的历史发展进程，现代历史学应运而生。此外，为了研究（相对于西方）停滞的非西方世界，人类学和东方学也应运而生。人类学以没有古代文明的非西方地区为研究对象，而东方学则以拥有古代文明的印度、中国等地为研究对象。东方学采用欧洲古典研究中所使用的文献学方法，因此主要在人文领域受到重视。东方学的基础理念可以说是将东方他者化、客体化的东方主义（orientalism）。

后来，日本引进了这种东方学，并把它改造为"东洋学"，使其成为现代学术体系的一部分。它吸收了欧洲东方学，因此十分注重科学的文献方法论。但与欧洲不同的是，东洋学更接近于涵盖各种个别分科领域的集合名词。如果照搬欧洲东方学的理念，作为东方一部分的日本也会被他者化和客体化，为了摆脱这种困境，日本建立了所谓"国学"（即日本学），并在此基础上构想出除去日本以外的东洋学——因此有学者评价它植根于内部东方主义（inner orientalism）或亚洲东方主义（Asian orientalism）。

除了东方学之外，我们熟悉的另一个术语是作为区域学的亚洲研究（Asian Studies）。与以人文学为主的欧洲东方学不同，区域学旨在为冷战时期的美国决策者提供综合认识，因此它倾向于共同研究（跨学科研究），而亚洲研究就是其中一部分。无须赘言，其思想基础是现代化理论（及其作为意识形态支柱的欧洲中心主义和东方主义）。这一体系在后冷战时期遭遇了挑战，因为它无法有效解释加速的全球化在不同区域背景下以何种方式形成、折射和变形。因此，文化研究（cultural studies）取而代之，逐渐兴起。

这种学术体系的演变在东亚普遍存在，但由于每个地方的社会历史背景也表现出各自的特殊性。例如，韩国在沦为日本殖民地的状态下深受东洋学影响，摆脱殖民地统治后在冷战时期又引入了美国的区域学，这两者共同影响了韩国的学术界。区域学与其说是由学术界的内在需求提出和主导的，不如说是由政府的政策考虑自上而下推动的。尤其是在后冷战时期的20世纪90年代，区域学在"国际化"热潮中，因获得政府支持变得极为活跃，因此区域学是一门政策色彩很浓的学科。然而，最近在全球主义的压倒性影响下，文化研究兴起，在研究和教育领域，文化研究与区域学形成了时而互相竞争、时而互相融合的局面。

相比之下，中国的东方学学术史渊源可以追溯到19世纪末，它既是传统国学的延续，也受到西方东方学和日本东洋学的刺激和启发。这一趋势延续了相当长的时间，但自21世纪以来，随着东亚各国的交流日益频繁，学术界以东亚儒学和东亚共同体作为切入点，提高了对亚洲的关注度。2022年9月，区域国别学成为交叉学科类一级学科后，东亚学或亚洲学受到前所未有的关注。王向远教授提出的"区域国别东方学"就是一个例子。

然而，在我看来，除了东亚儒学和东亚共同体这两个中国东亚学发展的契机之外，21世纪出现的新的知识潮流，即通过相对化 / 历史化中国走向世界（或普遍性）的思维方式，也是一个重要的契机（我对这一思潮的重新关注得益于与周晓蕾教授的通信交流）。通常，以竹内好和沟口雄三的"作为方法的中国／亚洲"为媒介，"作为方法的×××"这种思维方式在中国学术界广泛渗透。虽然它不像东亚儒学或东亚共同体那样以具体的对象／事物为讨论对象，因此不便于形象化，但我暂且将这一思潮称为"相对化／历史化中国"。

那么，我所提议的东亚学的学术范式与上述学术范式有何不同？首先，东亚学是把东亚作为一个分析单位的学术体系。这与起源于美国的区域学不同，后者倾向于依赖国家中心主义的方法，将区域（region）视为多个国家的总和。其次，东亚学与本国学关联紧密，而不像日本那样将本国学和东洋学两者分开。再次，东亚学是追求以人文学为中心，与社会科学等领域沟通的综合学科。它不像传统区域学那样仅侧重于对短期问题的分析和政策建议，而是同时思考短期、中期和长期的课题，并将其纳入连贯的实践中。换句话说，东亚学旨在从社会现象分析入手，从中引出思想课题，从而培养对生活（或人类的各种可能性）的总体理解和感知。最后，为了克服现有的区域学因缺乏自身学科的独特方法和理论而被其他学科的学术霸权所吞并的局限，东亚学以个别学术议题为中心，战略性地寻求方法论的选择和融合。

三、如何开展东亚学？

新的东亚学要在当今的学术体系中确立自己的独立地位，首先需要有专门的研究对象。

在此，有必要明确指出，东亚这个地区概念并不是指固定的地域范围，而（用我的术语来说）是"作为实践课题的东亚"。这表明无论认知这个地区的主体是个人还是群体，都应根据其现实中的实践课题来（重新）构建东亚概念。研究者可以根据不同课题的需要，在广义上将东亚概念扩大到东南亚和东北亚，甚至是印太地区的一些国家（如东盟加"六国"）；而在狭义上则可以将东北亚作为主要研究对象。不论是哪种情况，东亚学的研究对象是相互连动的东亚，并将东亚视为一个重要的分析单位。这意味着，对个别国家的研究总和或它们之间的比较研究并不直接等同于东亚学的研究对象。

当我们把东亚作为研究对象时，可能会简单地认为只要是研究东亚的某个素材，就都属于东亚学。然而，这里的研究对象只是作为个别研究素材的东亚，而不是相互联动的东亚或作为分析单位的东亚。不容忽视的是，东亚的联动并不仅仅表现在空间维度上，也表现在时间维度上，因为从古典时期的东亚到现代东亚，人们的生活是持续流动的。因此，时间上和空间上均相互关联的东亚才是我们的研究对象。正是由于这一特点，我们需要将更重视古典时期东亚的人文科学与更重视现代东亚的社会科学结合起来。当然，更能体现地区联动性的特定主题——尤其是跨越边界的（跨境／跨界的）人物、事件、事物、知识信息和思想——无疑更符合东亚学的宗旨。但这并不意味着只有这些主题才是东亚学的研究对象。我们通常研究的东亚各国或各民族内部的素材，表面上看似孤立，但从东亚学的视角重新审视，就会发现它们实际上是相互联动的。

其次，在东亚学中，除研究对象外，方法论也是重要的一环。东亚学通常会从实用和实践的角度，在现有学科体系已开发的方法论中进行选择或结合。但需要注意的原则是，必须在符合问题设定的范围内战略性地选择和使用方法论。特别是在进行跨学科研究时，必须在问题设定的要求和它允许的范围内，寻求不同学科之间的结合。因此，问题设定至关重要。我想特别强调，研究主体应基于各自所处的场所性（positionality），将社会议题转化为学术议题，进行真正能解决社会问题的研究，我认为这种实践态度非常重要。

接下来，我想谈谈研究者的视角，这对研究对象和方法论的选择有着深刻的影响。在这里，我想再次强调我一直倡导的"双重周边的视角"。这是指需要同时具备在西方中心的世界史进程中，被迫走上非主体化道路的东亚这一周边的视角，以及在东亚内部的等级秩序中，那些被压制的周边的视角。近来，周边的视角这一想法并不陌生。最近有一些学者强调周边的视角，其中的典型代表就是葛兆光教授。他认为，中国已经从一个不需要任何镜子的时代，或仅有西方这一面镜子的时代，走向了"在多面镜中认识自我的时代"。因此，他强调现在重要的是，通过周边各地各类他者的中国认知，重新审视过去和今天的中国。基于这一认知，他还提出了"从周边看中国"的问题意识。最近，为了强调环东海、南海一带的海洋史研究的重要性，他提出了"东部亚洲"的概念。简言之，他认为区域史学作为通向全球史的中间阶段具有重要意义。

相比之下，我最近更强调"变革性全球本土学"（Glocalogy），主张将全球化和本土化视为同时发生且相互关联的现象并进行与此相关的学术研究。但如果只是简单地对这两者加以混合，既无法有效解释现象，也无法产生引领变革的战略推动力。之所以在前面加上"变革性"这一形容词，是因为我们的研究并不止步于全球资本所造成的全球本土化（glocalism），还要分析世界资本主义体系（因其在多重空间发挥作用）所造成的结构性等级秩序，并且非常重视在地区乃至全球层面提供变革动力的本土或国家层面的战略。如果能以这个视角去探寻替代文明的话，全球本土学理论上和实践上的方法论必会发挥作用。毋庸置疑，新的东亚学或亚洲学应该朝着这个方向发展。

最后，我想补充一下关于开展东亚学研究的主体问题。这是东亚学制度化的关键问题。

在大学这一制度内，固然可以通过设立新的学科来生产有关东亚的知识，也可以在现有学科中生产这些知识。但我认为，当前最适合开展东亚学研究的主体是大学内的那些研究机构。要超越现有学科体系的分类，没有比充分调动现有研究机构更有效的方法。这是因为这些研究机构可以在内部起到改革被学科体系和国别研究分割的学术体系的作用。此外，通过研究机构，还可以将在大学这一制度内生产的知识传播到大学内外。特别是如果能与最近广受关注的各类互联网媒体合作的话，将有望极大地提高知识传播的效果。

四、我们期待哪些效果？

我们追求的新东亚学基于场所性，具有将社会问题转化为学术议题的实践态度，并试图从中获得研究动力。因此它首先要忠实于中国现实的需求，同时要能够将其相对化和历史化。对已经处于全球化格局中的某一部分进行探索，或者说对"全球中国"（global China）的现实进行探索，并从中引出议题，这种努力同时也是对联动的东亚乃至全球史课题的回应。简而言之，它有利于基于场所性的普遍话语的传播。而国际竞争力的提升只是随之而来的效果而已。为此，我们不应急于将外国（尤其是欧美）的精炼理论应用于东亚，而应努力培养基于场所性的（对生活的）洞察力，这才是我所提出的通往东亚学的捷径。研究者从所处的现实中获得的对生活的洞察力，无疑是值得精心雕琢的宝石，因为它具有沟通的普遍性（communicative universality），并且有可能发展成为原创性理论。

当然，在通往东亚学的道路上，我们也会遭遇挑战。最大的障碍是19世纪在欧洲确立并于20世纪初传入东亚的学科分类体系所培养出的根深蒂固的研究风气。这一制度已经深深扎根于我们所有研究者的内心。那么，克服它的动力在哪里？关键是要转变研究者开展学术实践的惯例和态度。

在当前的复合危机阶段，即文明大转型的时代，我们必须扪心自问：是否心怀通过研究"亚洲文明"来探索替代文明的宏愿？在中国、韩国等东亚各国走向替代文明的过程中，我们应该相互尊重对方逐渐积累起来的思想资源和历史实践经验，并根据各自所处场所的实际情况，以批判的态度对这些"资源"进行审视和质疑。只有在我们不断探索和最大限度利用这些"资源"时，它们才能成为突破资本主义弊端的动力。构思和实践符合大转型这一时代课题的新的生活方式，难道不是学术研究者不可推卸的使命吗？

我衷心祝愿新生的《亚洲文明》能成为引领这一道路的平台。

（白永瑞，韩国延世大学名誉教授；译者安洙英，上海师范大学人文学院世界史系副教授）

发型与假发的风俗史

——从眼睛可见的形态入手

井上章一

我住在京都南郊的宇治。我家就在宇治川河畔，河对岸矗立着日本著名的寺庙——平等院。因此，我经常见到游客如织，从国外来的游客也不在少数。

但是，来自中华圈和朝鲜半岛的游客很难辨认。单看他们的面孔、发型和服装，很难将他们与日本人区分开来。东亚人看起来都一样。当然，如果你遇到他们相互交谈，情况会有所不同。如果他们用中文交流，那么我猜想他们可能来自中华圈。我经常这样想象。当然，从韩语的发音来猜测也有同样的效果。此外，他们的肢体动作有时也会暴露他们的民族身份。从远处看，人们可能会因为他们的某种动作而断定他们是典型的半岛人。然而，当你近距离聆听他们的语言时，你可能会意识到自己的判断有误。看来，语言比动作更适合作为识别族群的手段。

即便如此，人们的站姿和举止依旧比他们的面部特征或着装习惯更能说明民族差异。说到底，形态动作还是在一定程度上反映了不同民族之间的差异。另外，东亚人的国际聚会也很常见。我就职的国际日本文化研究中心经常组织此类活动。每次在这样的活动中，我们都会拍纪念照。所有聚集在一起的人合影留念。

当然，这些照片都是静态的。看不到参与者的言语和肢体动作。与他们的面孔一起被留下影像的是他们的发型、服装和体型。他们没有表现出任何种族差异。现在我们看到，我们已经克服了差异，生活在一个共同的习俗环境中。然而，这些习俗在东亚并没有自然而然地标准化。东亚方面只是追随西方形成的国际风格。所谓的全球标准已经席卷全球。如今，只有阿拉伯世界等少数群体在国际会议上没有受到这些标准的影响。

如果追溯历史，情况就会截然不同。直到19世纪中叶，中国、日本和朝鲜的风俗习惯都截然不同。以男性发型为例。日本男子哪怕在身份上存在差异，其发型皆为发髻式。在清朝，中国男子留鬓角。在朝鲜李氏王朝，被称为椎结的发型是普遍通用发型。这些差异显而易见。然而，直到19世纪上半叶，东亚还没有国际会议。聚集在一个地方比较彼此风格的机会非常有限。

不过，也有朝鲜使节访问日本时的画像留存。从这些图像中也可看出他们与日本人的外形差异。先不论脸型，他们不仅发型不同，服装也不一样。就经常出入长崎中国官邸的中国人来看，情况也是如此，19世纪晚期绘画中描绘的清朝人也是如此。他们的发型和服饰明显有别于日本人。他们实际上也确实存在着这种差异。在女性方面，民族差异也很明显。不仅是服装和发型，她们的化妆习惯也可能不同。中日朝三国之间，涂黑牙的习俗肯定只存在于日本，不过越南人也有这种习俗。

无论如何，东亚各民族之间存在着巨大的差异，而西方习俗最终解决了这一差异。以西方的服装和发型为榜样，东亚地区放弃了自己的传统习俗，这就造成了今天仅凭外形很难区分民族的局面。

日本可能是第一个走向所谓西化的国家。在中国和朝鲜，西化开始的时间比日本稍晚。然而，这是仅从男性角度看所出现的历史图景。如果我们关注女性，就会看到一幅不同的图景。事实上，日本女性的西化落后于男性，甚至有将近半个世纪的时间差距。然而，在中国和朝鲜，性别差距较小，男性和女性的西化进程没有太大的时间差。它达到了西方标准的国际风格。东亚各国在这一过程中出现的不同发展可以作为比较研究的主题。将它们与中亚、南亚和中东进行比较也会很有意思。关于这些我不再赘述，但我期待着跨国联合研究的出现。

现在让我们看看欧洲。与东亚一样，我们先从男性发型入手。幸运的是，欧洲留下了很多肖像画。而且，以现实主义的态度绘制的肖像画占了大多数。这为研究发型和习俗的历史提供了极大的便利。观察18世纪以前的画作，我们会发现一个特点，那就是欧洲男性的头发是卷曲的，耳朵被头发遮住。他们中的很多人都戴着假发，卷发一直盖到耳朵，例如巴赫、海顿和莫扎特等音乐家。

巴赫是德国作曲家。他出生和去世都在德国。海顿出生在奥地利，然而他受英国王室的资助，也在那里从事音乐活动。莫扎特也是奥地利人，但他在欧洲各国的宫廷中谋生。我不想谈论他们的人生轨迹。我想强调的是，即使跨越国界，他们也戴着同样的假发。他们所到之处，发型和假发都被接受。我想强调的是，这是一种常见的欧洲模式。不仅音乐家如此。大多数想要画肖像的人都戴着这种假发。法国哲学家伏尔泰在德国宫廷里也戴着同样的假发，邀请伏尔泰来到德国的德国国王腓特烈二世也是如此。

这样的例子列举到这里，也差不多了。不过关于法国大革命前后的风俗史，还有一点需要说明。在大革命中被处死的路易十六，也是这种假发的爱好者。他的弟弟普罗旺斯伯爵（后来登基为路易十八）也是如此。还有他们二人的弟弟阿图瓦伯爵。阿图瓦伯爵是他哥哥的妻子玛丽·安托瓦内特的玩伴。玛丽爱上了一位常在宫廷做客的瑞典贵族——菲尔森伯爵，他们坠入情网。事实上，菲尔森伯爵也是一个戴着假发应酬的宫廷人士。但他并没有选择以这种形式进入法国宫廷。在他的祖国，情况也是如此。假发在瑞典宫廷中也很常见。菲尔森所效忠的瑞典国王古斯塔夫三世，同样常年佩戴假发。

欧洲王室经常跨国通婚。这可能就是他们的礼仪和习俗如此相似的原因。在宫廷中，无论在哪里，假发都是一种类似制服的统一打扮。我们也可以认为这就是为什么进入宫廷的音乐家和哲学家也会以同样的方式着装。但假发也有宫廷之外的用途。例如，法国大革命时期的激进分子也经常戴假发，比如丹东和罗伯斯庇尔。那些将路易十六和其他人送上断头台的人也是按照同样的习俗生活的。

即便如此，假发习俗在19世纪还是日薄西山。然而，在保守的英国法律界，这种习俗依然存在。法官仍然穿着同样的服装出庭。而在长期受英国控制的中国香港，这个习俗也被保留了下来。请允许我再次重复一遍：直到19世纪下半叶，东亚地区一直沿袭着不同的发型。东亚并不容易形成通用的头饰。然而在欧洲，很早以前就有了，例如男士惯常佩戴的假发。

我不想详细介绍假发的历史。我想写的是欧亚大陆两端习俗历史的差异。在西方，很早就形成了一种各国共享的模式。但在东方，这并不容易。直到20世纪，这种模式才最终形成，而且是在西方全球主义的压倒性影响下。我的目的就是要指出这种对比。我之所以提出假发和发型这个话题，就是希望给大家留下这样的印象。

上海师范大学在2023年成立了亚洲文明研究中心，如今它还出版自己的刊物。我为此感到高兴。我是一名风俗历史学家，我写这篇文章是希望读者也能思考我刚才描述的那段历史。

（井上章一，国际日本文化研究中心所长、教授；译者叶晓瑶，上海师范大学人文学院讲师）

开创学术的新局面

——贺《亚洲文明》创刊

李塔娜

　　《亚洲文明》创刊真是可喜可贺。如此一份学术集刊早就应该出现在中国这样一个辐射亚洲和世界的文明古国里，而她终于在上海师范大学诞生了。她将致力于"深入思考亚洲文明的交流互鉴和多元共生，积极鼓励学术争鸣和学术讨论"，开宗明义，带来学术领域的一股清风。

　　可以说，在几乎整个20世纪里，亚洲史研究和教学都是在欧美史和本国史的边缘讨生活。它们的如此命运不仅在中国如是，在亚洲其他国家也大致如是。东南亚各前殖民地国家的学者对其欧美宗主国的了解和历史研究远远超过对自己邻国的兴趣和基本把握。《亚洲文明》的创刊标志着我们确实要从这些历史的桎梏中解放出来，开创一个学术的新局面，给新人一个新平台。希望她关注和讨论亚洲研究的前沿问题和方法，以亚洲史研究带动本国史研究，与全球史研究直接接轨，平等地把亚洲各个地区创造出来的精神财富作为人类的共同财富，与全球共享！

（李塔娜，澳大利亚国立大学荣誉高级研究员）

光启论坛 | Guangqi Forum

在错误中寻找抗争：奇伯尔、查克拉巴蒂和两个历史传说

慕唯仁

摘　要：本文重新审视了查克拉巴蒂对马克思和奇伯尔关于后殖民主义的批评，尝试以此作为对后殖民研究现状的新解读。文章探索了查克拉巴蒂《将欧洲省籍化》中的黑格尔维度，并将奇伯尔对后殖民主义的批判解读为拯救启蒙思想免受资本主义侵蚀的一种尝试。笔者参考了马克思主义理论家的相关观点，将不同立场加以综合，并最终提出了一种超越资本主义且以阶级为导向的政治观点。通过考察资本产生的不均等性（unevenness），文章讨论了一种历史政治的可能性。可以说，其导向并非指向过去，而是未来，特别是一个关于超越资本主义的未来。

关键词：奇伯尔　查克拉巴蒂　马克思　后殖民主义

在后殖民主义者和马克思主义者之间的辩论陷入僵局时，奇伯尔（Vivek Chibber）于2013年出版了他的新作《后殖民主义与资本的幽灵》（*Postcolonialism and the Specter of Capital*），试图重新思考后殖民主义和马克思主义之间的辩论的重要意义。这本著作延续了艾贾兹·艾哈迈德（Aijaz Ahmad）和阿里夫·迪尔克（Arif Dirlik）此前的相关论点，但也通过更为详细的分析以及对后殖民主义和底层群体研究（subaltern studies）理论家的

批判，将辩论推向了一个新的高度。[①]他的著作，揭示了后殖民主义者和马克思主义者之间的冲突，认为其不仅仅关乎身份或西方霸权的问题，更涉及如何理解全球资本主义及其抵抗的根本命题。该著作所涉及的议题广泛，学者们对其反应不一而足。但作为一种普遍的批判形式，克里斯·泰勒（Chris Taylor）认为奇伯尔并没有意识到，或者说掩盖了后殖民主义和马克思主义之间的相似之处，最终产生了"启蒙派的胡言乱语"。[②]尽管泰勒的评论大有进一步挑起论战的倾向，但其确实发现了奇伯尔和后殖民主义之间的两个关键面向，即后殖民主义与马克思主义之间的关系以及启蒙普世价值在当代政治实践中的作用。在所有这些问题的背后，可以说都潜藏着马克思主义的一个永恒问题，即如何思考世界各个地区（尤其是处于全球资本主义体系边缘的国家）之间的资本主义、思想和文化的关系。

在著作的开头，奇伯尔告诉读者，他"在书中的关注焦点，在于审视后殖民主义研究为历史分析特别是曾经被称为第三世界的分析所构建的框架"。[③]奇伯尔对后殖民理论的分析并非简单的理论探讨，因为后殖民理论的研究对象和他本身的研究领域是相互交叠的。因此，他的研究更加关注如何思考后殖民世界中的资本主义发展和政治。他受到了包括毛泽东、阿米尔卡尔·卡布拉尔（Amílcar Cabral）和克瓦梅·恩克鲁马（Kwame Nkrumah）等反殖民主义、马克思主义者和政治活动家的启发。这场辩论所关乎的，正是

---

① 在对奇伯尔这一著作进行评论时，盖亚特丽·斯皮瓦克（Gayatri Spivak）指责奇伯尔未全面考察后殖民主义的诸多文献资料："在这本长达306页的著作中，充斥着对英国和法国革命的重复和概括性描述，以及关于资本主义运作的陈词滥调，还有多次出现的幼稚时刻——'我已经驳斥了论点1、2、3，在此意义上，瓜哈（Guha）（或查克拉巴蒂，或帕尔塔·查特吉 /Partha Chatterjee）是错误的。因此，后殖民研究似是一种瘟疫和诱惑且必须予以根除，尽管困难重重，如加以放纵则会毁掉人们的事业等。'在这本著作中，本应预留些许余地来描述后殖民研究的范围、根源和影响，以便这本著作所选择的关注点能够在 Verso 出版社对'小不列颠马克思主义'的保护姿态中找到适当位置，这种姿态在某种程度上与《种族与阶级》（Race and Class）期刊所持相同观点。艾贾兹·艾哈迈德（Aijaz Ahmad）的《在理论中》（In Theory, 1992）正是这样一种尝试。后殖民理论似乎变为一种钝化的工具，它试图无视后殖民研究的广泛范围，将仅限于三个文本的'后殖民研究'作为其代表，这种做法更容易误导广大读者。"参见 Gayatri Spivak, "Review of Postcolonial Theory and the Specter of Capital, by Vivek Chibber," *Cambridge Review of International Affairs* 27, no. 1 [2014], pp.184–203, 185. 斯皮瓦克正确地指出，奇伯尔只关注了这三位作者，却忽视了非洲和拉丁美洲的后殖民主义者。参见 Subaltern Stakes, *New Left Review* 89 (September/ October), pp.67–87. 蒂莫西·布伦南（Timothy Brennan）承认奇伯尔的许多论点具有说服力，但他认为奇伯尔没有认真处理文化的问题。

② Chris Taylor, "Not Even Marxist: On Vivek Chibber's Polemic against Postcolonial Theory," http://clrjames.blogspot.com/2013/04/not-even-marxist-on-vivek-chibbers.html (accessed January 22, 2014).

③ Vivek Chibber, *Postcolonial Theory and the Specter of Capital*, London: Verso, 2013, p.5.

反殖民主义、马克思主义和第三世界运动的遗产。那么，在考虑它们创造后资本主义未来的潜力时，我们应该如何理解这些抵抗形式呢？

后殖民主义者和马克思主义者之间的辩论，涉及全球资本主义现代性的本质以及抵抗全球资本主义和帝国主义时可能或应该采取的形式等问题。后殖民主义理论家声称，马克思主义的范畴和许多反殖民主义的概念无法阐明殖民地之间的差异。他们指责反殖民运动把以欧洲社会为模式的启蒙运动拿来用作独立斗争的框架。后殖民主义者认为，随着资本主义从大城市转移到殖民地，其形式也随之发生了变化（因此，无论是马克思主义、自由主义还是启蒙运动，这些从欧洲语境中诞生的理论范畴都不能够用来阐释世界体系边缘地区的资本主义现实）。此外，后殖民主义理论家还认为，马克思主义者和反殖民主义的思想家都强调西方价值和民族国家，这实际上只是用"自我殖民"来代替"外来殖民"而已。在后殖民主义的话语体系中，一个潜在的前提是，资本主义从欧洲向边缘地区的转移不仅意味着变革，也意味着其他可能性的未来。因此，"自我殖民"阻碍了这种可能性的发生并使之陷入了模仿和匮乏的恶性循环之中。奇伯尔认为，后殖民主义者在资本主义中寻找到了变革，是因为他们对资本主义有着过于宽泛的理解，而且也正是因为如此，他们不知道应该从何处寻找资本主义或与之相对抗的形式。在这一层意义上，奇伯尔的论点主要是理论性的，他认为如果后殖民主义者对资本主义有着不同的理解，那么就会得出不同的结论。

实际上这些辩论常常忽略了对资本主义现代性不同的理解。它往往涉及对"黑格尔幽灵"的不同反应。起初，后殖民主义者讨论了欧洲和印度资产阶级之间的差异，字里行间表现出对黑格尔的敌视。事实上，和后结构主义者一样，黑格尔的整体性是他们攻击的主要对象之一。一方面，他们反对资本主义的整体性，声称当资本主义传播到边缘地区时就会发生根本性的变化。另一方面，当后殖民主义者批评反殖民主义和马克思主义知识分子、活动家重演"欧洲中心论"时，他们又在言辞上假定了某种类似整体性的存在。后殖民主义者认为，以启蒙运动和唯心主义、资本主义表征为代表的欧洲中心主义意识形态结构，并不能完全映射到一个分裂的现实之上。这种意识形态结构，就是后殖民主义者所憎恨的"黑格尔式整体性"。

　　起初，后殖民主义理论家把建构这种欧洲中心主义的整体话语归咎于帝国主义的影响、当地精英阶层以及殖民地反殖民主义者和马克思主义思想家的努力。然而，查克拉巴蒂（Dipesh Chakrabarty）的研究却在此基础上更进一步，试图将欧洲中心主义的话语及其在世界各地的复制冲动归结为资本本身。在这一背景之下，我们就必须对查克拉巴蒂"历史1"和"历史2"的理论展开进一步的分析。所谓的历史1，代表和资本相关的抽象概念，包括启蒙理念；而历史2，则代表过去的残留以及唯象生活的情感直接性，这些永远都无法被历史1所完全吸纳。查克拉巴蒂把这两种历史与资本的逻辑相联系时，借鉴了诸多黑格尔式马克思主义者的立场，比如莫伊舍·普殊同（Moishe Postone）。

　　尽管存在着诸多差异，查克拉巴蒂和普殊同的立场似乎是有重叠之处的，特别是与奇伯尔相比。比如，普殊同进一步主张对资本进行整体化的分析，认为历史1和历史2是资本的一体两面，这在很多方面回应了查克拉巴蒂将欧洲中心主义意识形态根植于资本的尝试，同时也严格限定了查克拉巴蒂现象学的替代方案。

　　从这个角度来看，后殖民理论家与奇伯尔之间的辩论关键，在于两个极其重要的命题：（1）在全球资本主义世界中，我们应该如何思考差异，特别是人类境况的普遍性问题；（2）我们能否使用资本的概念去支撑启蒙和反启蒙等话语。这些问题，不仅对于社会人文科学的大多数研究者来说极为重要，而且对于那些旨在改造全球资本主义世界理论的学者来说，也是至关重要的。

　　奇伯尔和诸多后殖民主义研究者特别是查克拉巴蒂，虽然围绕如何回答上述问题存在着分歧。但总之都是通过内在批判（immanent critique）的方式来阐述自身立场的。近年来，尼尔·拉森（Neil Larsen）曾将"内在批判"定义为"不仅仅只是应用于，而应是贯穿于"其对象的过程。① 后殖民主义者将自身视为马克思主义者，因此他们自身立场的构建是通过对马克思主义

---

① Neil Larsen, "Literature, Immanent Critique and the Problem of Standpoint," *Mediations* 24 (Spring 2009), pp.48–65, p.57.

的"内在批判"而形成的。查克拉巴蒂通过阅读马克思的《资本论》，在资本主义社会里发现了其想要找寻的潜力，进而据此总结出了他的理论框架。而奇伯尔的批判方式，则试图强调后殖民主义者的分析实际上是指向了不同的方向。譬如奇伯尔会争辩说，查克拉巴蒂和查特吉实际上通过提供证据证明了工人和农民的行动动机是出于利益，而非共同感情或宗教信仰。奇伯尔还指出，后殖民主义者对于他们批判的对象，即启蒙运动和资本主义的认识存在着误解。

接下来，笔者将基于上述分析，尝试进一步通过对查克拉巴蒂和奇伯尔的内在批判，来阐述他们对批判对象即资本主义的理解仅是局部的掌握。不过在此之前，笔者还想先强调另一个问题，奇伯尔和查克拉巴蒂都未能深入涉及对资本的内在批判，或者用普殊同的话来说，所谓的内在批判"'应该'作为其自身语境的一部分，是一种作为现存社会的内在可能性"。①假设我们讨论的是资本主义社会，这将意味着要阐述一种关于资本主义的理论，展示后资本主义社会既具有规范性又具有可能性的路径。

笔者将首先对奇伯尔提出的问题及他通过阅读拉纳吉特·古哈（Ranajit Guha）而对帕塔·查特吉（Partha Chatterjee）所进行的内在批判展开一般性讨论。然后，在转向探讨查克拉巴蒂与后殖民研究以及与马克思的对话之前，还将重点关注他对历史1和历史2的区分。这种方式，将会凸显查克拉巴蒂文本中内在黑格尔思想的可能性。随后，亦将简要讨论奇伯尔针对后殖民主义者整体性解读资本所进行的批判，并提及他自身的替代方案。该方案借鉴了马克思主义从资本主义中拯救启蒙运动的尝试。最后，会参考一部分马克思主义理论家的观点，致力于把历史1和历史2扎根在一个能够解释不均衡性的资本理论中，并试图阐明资本是如何通过超越自身来证明在其资本主义社会中的内在性和可能性的。在此背景下，笔者将探索历史2的政治潜力，这种政治不是以过去为导向，而是以未来为导向，尤其是一个超越资本主义的未来。

---

① Moishe Postone, *Time, Labor and Social Domination: A Reinterpretation of Marx's Critical Theory*, Cambridge: Cambridge University Press, 1993, p.87.

一、奇伯尔：文化、利益与拉纳吉特·古哈

奇伯尔在致力于批评后殖民理论之前，曾对处于边缘地位的国家如何回应全球资本主义世界十分感兴趣。然而，他对文化的转向却持怀疑态度，这从他对后殖民主义的批判中也可窥见一二。在对奇伯尔的第一本著作进行评论时，伊丽莎白·克莱门斯（Elizabeth Clemens）曾指出："在奇伯尔的比较政治世界中，似乎发生了除文化转向之外的一切事情。"[1]奇伯尔同意克莱门斯的评论，并补充说道：他的著作源于一个"替代世界"，不仅因为他不愿采纳文化转向，还因为他更专注于阶级分析。[2]基于这些评论，我们可以为奇伯尔的著作添加一个副标题，即：如何规避文化转向。换句话说，当文化转向模糊了阶级和资本的动态时，就会出现问题。在这些情况下，文化转向及其近亲——语言转向——往往最终可能会沦为意识形态，且常常涉及虚假的二分对立，比如东方和西方之间的对立。事实上，奇伯尔《后殖民理论》（*Postcolonial Theory*）一书的结尾部分常被称为"作为意识形态的底层研究/庶民研究"，他提出了一个双重观点，即后殖民理论掩盖了资本的动态，并产生了"对东方文化深刻的东方主义建构"。[3]

这并不意味着奇伯尔对地区差异漠不关心。他的研究更多涉及后殖民主义者解释差异的方式。例如，古哈和那些追随他的人曾认为印度现代化的失败是由于资产阶级缺乏霸权。奇伯尔在《后殖民理论》的早前章节里对此提出了异议，认为即使在欧洲，现代性和启蒙理念的推广也是由劳工运动来推动进行的，并非资本家。事实上，他的第一本著作也曾指出，印度资产阶级的成功部分解释了为什么在20世纪70年代之后，韩国这样的发展型国家能够取得成功而印度却以失败告终。在关于他第一本著作的比较历史社会学研讨会上，他向读者总结了自己的观点："韩国是一个典型案例，国内资本支持国

[1] Elizabeth Clemens, "The Lessons of Failure," *Comparative and Historical Sociology* 18 (Spring 2007), p.6.

[2] Vivek Chibber, "Response to Clemens, Paige and Panitch," *Comparitive and Historical Sociology* 18 (2007), p.9.

[3] Chibber, *Postcolonial Theory and the Specter of Capital*, p.286.

家建设，从而使其成功。相比之下，印度的商业阶级对国家进行了大规模的限制，迫使国家管理者在他们的议程上退缩，由此导致国家规划机构变得相对薄弱。"①

奇伯尔的这一关切，与底层群体研究小组（subaltern studies group）和后殖民主义者的关注是重叠的。因为他们都对全球资本主义世界的不平衡发展感兴趣。此外，像后殖民主义者一样，他强调政治相对于资本的自主性。然而奇伯尔并不认为政治的自主性是文化性的，而应该从资产阶级管理阶层的相对自主性角度来看。②简而言之，奇伯尔和后殖民主义理论家在解释文化转向方面存在着差异，这种不同的分析框架，导致对印度历史的解释也产生了诸多的分歧。

尤其通过淡化文化在解释历史差异方面的重要性，奇伯尔将重点放在人类行为追求利益的角度上，他认为这一特性适用于所有的人类社会，包括农民社群（或者说共同体）。简单地说，奇伯尔认为文化并不意味着根本的不可比较性，我们可以利用一些人类经验的普遍特征来理解印度的农民。另外，查特吉认为，农民的行动，特别是参与反抗行动时，其本质上来看是源于根本的共同动机。查特吉如此写道：

> 农民意识的统一特征是社区原则，它是直接将资产阶级意识安置在其对立面。后者是从个人和其利益观念（或用更时髦的术语：个人偏好）出发的。资产阶级政治中的团结，是通过聚合过程得以建立的，即个人基于共同利益（或共同偏好）组成联盟。而在反抗的农民意识中，这个过程却恰恰相反。他们的团结，并非因为个人基于共同个人利益与

---

① Chibber, "Response to Clemens, Paige and Panitch," p.9. 在对帝国主义进行分析时，奇伯尔将资本与地缘政治区分开来。"在二战后的十年里，美国支持了一些竞争对手，尽管美国资本家可以将它们推到一边，尤其中东地区，这些政策有时甚至违背了美国资本家的意愿。这是因为他们看到了一个可以介入其中的黄金时机。这个现象很难解释，除非从一个比列宁和卢森堡所认为的框架中给予政策规划者更大的自主权进行解读。"参见Vivek Chibber, "The Return of Imperialism to Social Science," *Archives de Europeenes de Sociologie/ European Journal of Sociology* 45 (December 2004), p.430。

② 可对比雅克·比代（Jacques Bidet）对国家与资本的功能的区分，参见Jacques Bidet, *Explication et reconstruction du Capital*, Paris: Presses Universitaires de France, 2004, p.228; Jacques Bidet, *État-Monde: Libéralisme, socialisme et communisme à l'échelle globale*, Paris: Presses Universitaires de France, 2011, p.10。

他人联合，相反，个人通常是被命令在一个集体中行动的，因为人们普遍相信，已经存在着一个将他们联系在一起的纽带。集体行动并非源于个体之间的接触。相反，个人身份本身是源于对一个社群或共同体成员的归属感。①

查特吉提到了资产阶级意识和农民意识之间的对立。在印度农民社会中，前者完全从属于个体主义，而后者则多体现社群主义。因此，在资产阶级社会里，团结只会是事后出现的；而在印度农民社会里，先验的纽带构成了行动的条件。查特吉通过个人和社群的对立，进一步描绘了一个超越地理分区（如东方和西方）的更大话语范畴。社群主义哲学家迈克尔·桑德尔（Michael Sandel）等人，曾在更为宏观的层面上提出了类似的论点，他们批评自由主义者过分关注孤立个体的论断，并呼吁回到一个美国价值没有被工业化玷污的时代。②值得注意的是，日本保守派思想家和辻哲郎在20世纪30年代也曾发表过类似的观点，以图批评当时日本正在发生的快速城市化和商品化的现象。③如果我们再把目光转向中国，可以看到，在20世纪三四十年代，毛泽东和更为保守的梁漱溟就中国农民的普遍性和特殊性展开过论争。毛泽东的论述启发了与底层研究相关的学者，他自己的言论也似乎支持了奇伯尔的观点。毛泽东曾认为：中国社会有其自身的特点、文化传统和伦理道德，强调这一点并不是错误的。中国社会也具有与西方社会共通的特质，包括阶级对立、矛盾和斗争。这些都是最基本的属性，能够决定社会的进步。不能够过分强调特殊性而忽视其普遍性。④尽管毛泽东在其观察中并未强调个人利益，但他认为社会中存在的分歧对于农民生活而言至关重要。他在中国语

① Partha Chatterjee, Nation and Its Fragments: Colonial and Postcolonial Histories, Princeton, NJ: Princeton University Press, 1993, p.163. Cited in Chibber, *Postcolonial Theory and the Specter of Capital*, p.158.

② Michael Sandel, *Liberalism and the Limits of Justice*, Cambridge, MA: Cambridge University Press, 1998; Michael Sandel, *Democracy's Discontents: America's Search for a Public Philosophy*, New York: Bellknap Press, 1998.

③ Watsuji Tetsur, "Gendai nihon to Chonin Konj" [Contemporary Japan and the nature of the Cities] , in *Keizoku nihon seishin shi* [A continuation of a history of the Japanese spirit] , in *Watsuji Tetsurō zenshū*, vol. 4, Tokyo: Iwanami shoten, 1976, pp.435–505.

④ Mao Zedong, cited in Yan Hairong and Chen Yiyuan, "Debating the Rural Competative Movement in China, the Past and the Present," *Journal of Peasant Studies* 40, no. 6 (2013), pp.955–981, p.963.

境下使用的马克思主义理论和阶级分析，皆基于这种冲突的普遍性。有趣的是，印度后殖民主义者与温铁军等诸多中国"新左派"代表人物都表现出与梁漱溟类似的立场。他们不仅强调农民生活的特殊性，还强调中国和印度农民的独特之处。①查特吉也认为自己的立场深化了古哈在《殖民时期印度农民起义的基本方面》（*Elementary Aspects of Peasant Insurgency in Colonial India*）一书中提出的观点，并声称这能够为印度农民的行动提供证据。

然而通过重读古哈的作品，奇伯尔认为《基本要素》实际上支持了他自身以及毛泽东的观点。这不足为奇，因为该著作最早出版于1983年，相较今天，当时许多底层群体更倾向于毛泽东思想。奇伯尔指出，古哈描述了农民之间的协商和讨论，这意味着需要说服农民认识到反抗之于他们利益的必要性。此外，古哈强调，拒绝合作将导致与同村的合作也被拒绝，这将在经济和社会上对潜在的参与者产生影响。②

奇伯尔提供了足够的证据让我们得出结论，古哈可能比查特吉更认真地考虑了个人利益的问题，但是从古哈的文本中，还冒出了与后殖民主义者和马克思主义者之辩论相关的其他一些更为紧迫的问题。具体而言，古哈的文本主要涉及农民起义中的政治、时间性和行动问题，而非对农民利益问题的理论化。这些问题，意味着我们需要从简要描述"奇伯尔-查特吉"对话转向讨论两者各自研究的差异性。

二、奇伯尔、查克拉巴蒂与现代政治问题

（一）利益、农民起义与现代性

奇伯尔在古哈的观点中找到了支持其主张的相关证据，即农民并不天然地与他们所处的社群团结一致，他们有能力思考自己的利益。然而奇伯尔

---

① 温铁军对中国农民研究颇为深入，尤其因为其对现代性的批判而备受关注。参见温铁军：《解构现代性：温铁军讲演录》，广东人民出版社，2004年。相似讨论参见 Alex Day, "The End of the Peasant? The New Rural Reconstruction in China," *Boundary* 2 (Summer 2008), pp.49–73。

② Chibber, *Postcolonial Theory and the Specter of Capital*, p.165. 可对比 Ranajit Guha, *Elementary Aspects of Peasant Insurgency in Colonial India*, Durham, NC: Duke University Press, 1999, p.190。

却解释道，古哈的主要观点是为了强调农民起义并非政治上的预设，而是借助非正式渠道制定自身模糊的政治主张，这与埃里克·哈布斯鲍姆（Eric Hobsbawm）等人的观点形成了对立。[1]在这里，我们能够窥见古哈论点的复杂性。一方面，农民起义涉及深思熟虑，另一方面，也存在着某种集体的自发性，这些特点应当被视为一种政治行为。如古哈所写："正是农村大众受制于共同的剥削和压迫，导致他们在通过农民结社实现联合之前就开始了反抗。"[2]这段引文，再次暗示了农民在某种程度上对自身的个人利益有所意识。但古哈也强调了农民群体行动的自发性、偶然性和短暂性，他不希望将这些反抗归类为"前政治性行为"。实际上，古哈在《基本要素》中的分析大部分都涉及了仪式、宗教和其他富有强烈情感的活动是如何促使反抗行动发生的。

查克拉巴蒂对古哈的阐释，始于其将殖民时期印度农民的非正统、自发的集体政治行动与现代性之间进行联系。查克拉巴蒂认为，古哈观察到的农民政治意识是现代资本主义和殖民主义的一部分，它并非某种不完整的东西。用他的话来说："古哈坚持认为农民并非在现代化殖民世界中落伍，相反，他们是殖民统治下现代性的真正同代人，是印度殖民主义时代的基本组成部分。他们并非拥有'落后'的意识，即一种从过去遗留下来的心态，一种对于现代政治和经济制度既感到困惑又始终保持着抗拒它们的意识。"[3]

查克拉巴蒂和古哈并不完全否认分析农民起义中的利益的重要性。然而，他们强调这些起义中还存在着其他一些更加具有情感性和经验性的因素。不能简单地把这些面向都归结为利益。事实上，利益的意义受到了嵌入其中的各种语言符号系统的制约。古哈曾详细阐述了在印度北部传统语言符号系统与殖民主义引入的新语言符号系统之间的冲突，及其如何成为起义的条件。简而言之，当殖民政权利用现有语言符号系统并同时发明新的语言符号装置时，底层 / 庶民阶级的农民起义便作为对殖民者和地方精英及其语言

---

[1] Eric Hobsbawm, *Primitive Rebels: Studies in Archaic Forms of Social Movement in the 19th and 20th Centuries*, New York: Norton Library, 1959. 奇伯尔认为古哈误读了这篇文章，但笔者在此不展开论述。

[2] Guha, *Elementary Aspects of Peasant Insurgency in Colonial India*, p.225.

[3] Dipesh Chakrabarty, *Provincializing Europe: Postcolonial Thought and Historical Difference*, Princeton, NJ: Princeton University Press, 2007, p.13.

符号系统的一种消极抵抗意识而出现了。[①]

查克拉巴蒂希望将殖民精英、地方精英和被压迫阶级的抵抗理解为现代性的一部分，而非与全球资本主义世界相隔离。他认为这一观点超越了对农民起义的分析，因为即使到了今天，在大众媒体中，印度也被描述为"生活在不同时代的人们所组成的国家"。作为反面的例证，他当时引用了一篇《华尔街日报》的文章，其中声称："印度人能够同时生活在多个世纪之中。"[②]以上观点，暗示了印度仍然存在着过去的痕迹，而这在欧洲现代性中是并不成立的。在查克拉巴蒂看来，其原因在于没有发现这些明显的痕迹实际上是由资本主义现代性所重新构建起来的。

这是查克拉巴蒂的一种黑格尔式策略。因为他不再将传统痕迹与现代资本主义视为冲突，而是提出了更加整体的印度资本主义现代性的概念。其包括四个方面：与殖民主义一同出现的启蒙运动和相关法律制度、直接统治、宗教实践以及不同形式的农民观念和起义。若从这个视角来看，那么我们不能仅仅指责以启蒙思维为导向的知识分子将印度农民视为落后的符号，甚至不能仅仅基于他们的阶级立场来解释这种观点。相反，这是在全球资本帝国主义世界中占主导地位的话语，而那些落在这个话语之外的东西，比如庶民/底层群体的经历，就往往会变得不易察觉。简而言之，许多马克思主义者所采纳的发展叙事实际上支持了资本主义，因为他们采取了资本的立场，且未能观察到运作在不同逻辑之上潜在反抗的可能性。在这里，我们可以窥见查克拉巴蒂希望底层农民既处于资本主义现代性之内又超越其之外的愿景。他们并非过时的存在，因此处于现代性的内部。不过他们在逻辑上超越了资本，因而也处于现代性的外部。这种内外关系对于理解查克拉巴蒂的历史理论和对"进步的批判"至关重要。

在对进步历史进行批判的背景下，查克拉巴蒂把汤普森（E. P. Thompson）视为一种马克思主义的变体，类似于《华尔街日报》记者声称印度人生活在不同时代那样。汤普森通过理论的推测，阐述了边缘国家如何克服其自身的

---

① Guha, *Elementary Aspects of Peasant Insurgency in Colonial India*, p.99.

② Chakrabarty, *Provincializing Europe: Postcolonial Thought and Historical Difference*, p.49.

非同步性的过程。查克拉巴蒂引用了汤普森的这一观点，声称："如果没有时间纪律，我们就无法拥有工人的坚持力量。无论这种纪律是来自卫理公会（Methodism）、斯大林主义还是民族主义，它都将来到发展中国家。"[1]在查克拉巴蒂的观点中，这是一个突出线性历史进程叙事的绝佳例证，尽管其并未考虑到多种时间性或可能性的存在。他甚至进一步认为，诸如从形式上的吸纳（formal subsumption）到实质吸纳（real subsumption）以及不均衡发展（uneven development）等概念，都是汤普森上述论点中的不同版本而已，因为它们都将印度和其他国家置于全球资本主义体系的边缘，形成了一种"历史等候室"的状态。它们必须从形式上的吸纳转向实质上的吸纳，或者从等待不均衡发展转变为均衡发展。从基本的层面上来说，查克拉巴蒂并不否认上述观点所蕴含的基本洞察力：资本主义的发展逻辑要求其超越边界，因此时间管理和实质吸纳将普及全球。任何审视今天印度和中国的观察者都无法否认这一点。然而，他的观点却涉及这一过程中所暗示的异质性。实质吸纳和时间管理的传播，并不意味着生活形式和经历的同质性，或是对过去残余物（residues）的根除。而这正是历史2的起点所在。

（二）现代性、抽象和残余物：历史1和历史2

在前面的内容中，我们看到了查克拉巴蒂批判的立场，这与奇伯尔归纳古哈和其他底层群体的立场——印度沦陷在两个时间之间（一个前现代，一个现代），并同时生活在许多时代——是相似的。尽管如此，查克拉巴蒂仍试图在资本主义及其所产生的外部性基础之上建立他对不同历史的论述。一方面，我们有资本或历史1，"在其之中历史愿景具有全球性，构成具有普遍性"，其"范畴结构"是"以启蒙思想中司法平等和公民抽象政治权利为基础的"。[2]另一方面，查克拉巴蒂希望表明，资本在被转化为外部事物的过程中，出现了一些超越资本和启蒙思想的东西，这便是历史2。

---

[1] Chakrabarty, *Provincializing Europe: Postcolonial Thought and Historical Difference*, p.48; E. P. Thompson, "Time, Work-Discipline and Industrial Capitalism," in *Essays in Social History*, ed. M. W. Flinn and T. C. Smout, Oxford: Clarendon, 1974, p.66, p.61.

[2] Chakrabarty, *Provincializing Europe: Postcolonial Thought and Historical Difference*, p.50.

查克拉巴蒂面临着一项艰巨的任务：必须将启蒙思想与资本中逃离启蒙的东西联系起来。这就是我们所说的查克拉巴蒂对资本的内在批判。因为抵抗资本的历史2只存在于资本主义社会中。我们可以参考马克思主义学者雅克·比代（Jacques Bidet）最近所提到的"资本的元结构"（meta-structure of capital）①来理解查克拉巴蒂将启蒙运动和资本联系起来的努力。从《资本论》开始，当马克思谈及商品交换时，他预设了一种特定的法律结构，即人类平等的前提，人们可以自由地在市场上出售他们的劳动力。这种抽象结构可以挑战资本主义本质性再生产中的不平等性，并可能由此产生出一种超越资本主义世界的希望。通过引用类似元结构，查克拉巴蒂将资本的逻辑和启蒙运动的某些基本思想联系在了一起。②

查克拉巴蒂以资本主义和商品的抽象性为基础，把启蒙运动置于这一基础之上，这必然会引发对抽象劳动的讨论。其中，他借鉴了鲁宾（I. Rubin）和普殊同的观点并指出，虽然在某种程度上所有社会都存在着抽象劳动，但它在资本主义社会更为普遍，这使得抽象劳动作为一种分析范畴得以存在："在资本主义社会中……抽象化的特定工作本身将成为大多数或所有其他种类具体劳动的一个要素，并因此更容易被观察者所看到。"③从这个角度看，我们可以发现抽象劳动是如何与启蒙运动中其他抽象概念相连接的。在查克拉巴蒂对马克思的解读里，抽象劳动是"资本要求我们用来阅读世界的'解释学网格'"。④而解释学网格的社会基础是以调节和加强劳动力，从而提高生产力的方式而存在的。我们也将看到，这种抽象化的分析遭遇了各种形式的抵抗。

1. 作为对资本主义抵抗的具体生活

如果查克拉巴蒂止步于此，那么可以说，他暗示了资本不允许差异和生命的存在。但实际上他是在试图表明：马克思的理论可以有多种方式来识

---

① Jacques Bidet, *Explication et reconstruction du Capital*, p.165.
② 此外，查克拉巴蒂还提供了一种将个体利益问题历史化的方法，因为资本主义假设个体出售自己的劳动力，并因此追求自身利益。既然殖民地印度已融入资本主义，我们不应对印度农民追求个体利益感到惊讶。通过这种方式，查克拉巴蒂回避了奇伯尔提出的有关前资本主义社会的人们是否追求个体利益的问题。
③ Chakrabarty, *Provincializing Europe: Postcolonial Thought and Historical Difference*, p.54.
④ Ibid., p.55.

别资本主义中的差异和矛盾。他利用抽象劳动和具体劳动的区别讨论了马克思如何将生命设定为不断抵抗资本的状态。生命指的是"抽象活劳动（the abstract living labor）——由肌肉、神经、意识/意志组成——根据马克思的理论，资本将之设定为自身相互矛盾的起点"。[1]这个起点是矛盾的，因为活劳动体现了对抗资本的可能性。查克拉巴蒂引用马克思的观点做了如下解释："劳动力作为'商品存在于他（劳动者）的生命力中……为了维持生命力的持续……他必须消耗一定数量的食物，替换被用掉的血液……资本已经支付了包含在他生命力中物化的劳动量。'这些生命力，是对抗资本的持续基础。"[2]

换言之，根据马克思的理论，活劳动和一般生命（life in general）是资本不断创造价值但同时又永远无法完全驯服的东西。[3]意即，尽管在资本控制下存在着各种纪律机制，但总会有一种生命的过剩对资本主义是必要的，且无法被资本完全消耗。

针对这一点，查克拉巴蒂曾通过以下方式比较了黑格尔和马克思在生命问题上的立场："用黑格尔的话来说，生命是一场与死亡威胁着生命体统一性之解体运动进行的持续斗争。在马克思对资本的分析中，生命同样是一场对抗抽象过程的'持久战'，这个抽象过程是'劳动'这一范畴的构成要素。"[4]资本在其再生产过程中既创造了生命和活劳动力，又对其产生了威胁。查克拉巴蒂将劳动理解为具有两面性的既抽象又具体的东西，因此他认为马克思的辩护是为了保护生命免受抽象过程的侵害。

2. 超越具体生活：作为归属的生活

查克拉巴蒂似乎已把生命的抽象和具体两个方面根植于资本主义的动态之中，因此，他兼顾了个别性和普遍性、差异性和同质性的关系。但他也认为，抽象劳动和生命之间的上述对立并不能完全解释现代资本主义中存在的

---

[1] Chakrabarty, *Provincializing Europe: Postcolonial Thought and Historical Difference*, p.60.

[2] Ibid.

[3] 查克拉巴蒂的观点与日本马克思主义学家宇野弘藏的观点相似。加文·沃克（Gavin Walker）写道："这就是宇野所称《资本论》中的'念佛'（*Shihonron no 'nembutsu'*）：劳动力商品化的'无理'（*rōdōryoku shōhinka no 'muri'*）的'不可能性'。"Gavin Walker, "The World of Principle, or Pure Capitalism: Exteriority and Suspension in UnoKōzō," *Journal of International Economic Studies* 26 (2012), pp.15-37, p.17.

[4] Chakrabarty, *Provincializing Europe: Postcolonial Thought and Historical Difference*, pp.60-61.

多种方式。仿佛每当采用黑格尔式策略来将两种对立物结合在一起时，总会出现另一个无法逾越的外部存在。

查克拉巴蒂在这一点上引入了马克思文本中的两个不同的过去，正如我们上面提到的历史1和历史2。历史1被视为"资本本身作为前提设定的过去"，描述了"有助于资本的自我再生"的各个方面。① 从历史1的角度来看，时间和历史本身都是由资本产生的，资本从根本上中介了我们看待世界的方式。查克拉巴蒂引用《格兰德纲要》（*Grundrisse*）中的一段话来解释了他的观点："马克思写道，'资本形成和产生的条件和前提'正是假定资本尚未实际存在而仅仅处于生成的过程。因此，当真正的资本产生时，它们作为现实资本的条件就会消失，资本在其自身现实的基础上为其实现提供了条件。"②

一旦资本主义出现，过去的本质便不再是它曾经的样子了。因为随着这种新的生产方式的发展，一种新的时间性和历史观念也将形成。在这一章中，查克拉巴蒂一直按照黑格尔的模式来思考对立矛盾的两个方面，但是历史2并不是历史1的辩证他者，也不是由资本逻辑所假设的历史。

历史2是一种"先于资本"的过去，但不能完全归结为资本的逻辑。用雅克·德里达（Jacques Derrida）的隐喻来说，历史2是资本主义体系无法完全消化的东西，因此必须排斥出去。③ 在这个意义上，它是生命，但不仅仅是与抽象劳动相对立的生命。查克拉巴蒂对其解释文本的基础有些混淆，他曾参考了马克思《剩余价值理论》（*Theories of Surplus Value*）中的以下内容："在其演进过程中，工业资本必须征服这些形式，并将其转化为自身的派生或特殊功能。它在自身形成和发展时代遇到这些旧形式。它将其视为前身，但并非自身建立的前身，也不是其自身生命过程的形式。就像最初发现商品已经存在一样，但这并非作为其自身的商品。同样，它发现货币流通的存在，但并非作为其再生产的一个元素。"④ 在这段文字中，马克思讨论了商

---

① Chakrabarty, *Provincializing Europe: Postcolonial Thought and Historical Difference*, pp.63–64.

② Ibid., p.63.

③ Jacques Derrida and R. Klein, "Economimesis," in *The Ghost of Theology: Readings of Kant and Hegel*, special issue, Diacritics 11, no. 2 (Summer 1981), pp.2–25, p.21.

④ Karl Marx, *Theories of Surplus Value*, Moscow: Progress Publishers, 1978, 3: 468. 可对比 Chakrabarty, *Provincializing Europe: Postcolonial Thought and Historical Difference*, pp.63–64.

品生产和货币使用等各种实践在资本主义之前存在的情况。简而言之，查克拉巴蒂认为工业资本主义将这些现有实践纳入到了自身的体系之中，我们也通常认为这些元素已经相当融洽地嵌入进了资本主义。在这里，查克拉巴蒂展开了一种类似于对马克思的内在批判。他认为上述段落暗示了两种历史：资本自身的生命周期和在它此前的历史。此外，他还得出结论称，资本主义将不得不重复这个过程。但这些残余物被纳入资本的过程，是永远不可能完全完成的。通过关注以往的历史，查克拉巴蒂强调了资本的时间性断裂。这些残余物存在于资本之中，却属于早期的时间范畴。与使用价值和交换价值之间的对立不同，历史1和历史2之间存在着一种吊诡的异步共时性。①

　　尽管马克思在上述分析中谈及了作为资本核心概念的商品和货币等残余物，但查克拉巴蒂的阐释却显得更具创造性。他把包括情感和生活方式（如古哈的农民）在内的因素视为可能抵抗资本的残余物，进而引用《大纲》中的文字深化了这一解读："资产阶级社会是生产力最发达和最复杂的历史生产组织形式。表达其关系的范畴、对其结构的理解，揭示了所有消逝的社会形态的生产结构和关系，这些社会形态在它的废墟和要素中构建了起来，其中部分尚未被征服的残余物被带入其中，而里面的微妙差别又发展出了明确的意义。"②查克拉巴蒂专注于残余物的概念，并强调这些残余物只能部分被征服。对于上述段落的大多数解读，通常都会得出这样的结论：马克思所讨论的是资本主义的早期阶段，此时存在未被征服的残余物，并且这些残余物最终会被转化。事实上，原文所写的"noch unübergewundene Reste"，亦可翻译为"尚未被征服的残余物"，这无疑表明残余物将被纳入资本的轨迹，但不能被其完全吸收。查克拉巴蒂并不确定这种不完整性究竟是一个简单的过渡还是资本主义的基本结构特征。在前一种情况下，"尚未"只是"等待室"理论的另一个版本，在这一理论中，资本主义历史之外的国家只能等待，直至完全融入资本的逻辑。相反，他更偏向于后者，并将这些不可归约为资本逻辑的元素称为历史2。用他的话来说，即："历史2并不是与资本分离的过

---

① 当然，人们可以将使用价值解读为具有不同时间性质的东西，但笔者并不打算深入探讨这个论点。

② Karl Marx, *Grundrisse der Kritik der Politischen Ökonomie*, Berlin: Dietz Berlin, 1953, pp.25-26;Grundrisse, trans., *Martin Nicolaus*, London: Penguin, 1993, p.105.

去，它存在于资本之中，但又中断并打破了资本逻辑的运行。"①

查克拉巴蒂把后来成为资本重要组成部分的货币和商品等要素，跃迁到了前现代的残余物和各种生活形式。历史2代表着人们在日常生活中所体现的各种感受、态度和行为方式，但这些无法直接和资本的再生产发生联系。于是，查克拉巴蒂通过以下方式解释了两个历史之间的关系："其中一个是通过资本的抽象范畴进行分析的历史，最终使得所有地方都能通过第三个等价物（例如抽象）与另一个进行交换。历史1就是此种分析性的历史。但历史2的概念，却呼唤我们更多地关注人类的情感叙述。生命形式虽然彼此渗透，却无法通过第三个等价物（例如抽象劳动）进行交换。"②

查克拉巴蒂超越了马克思的政治经济叙事，后者多关注商品和货币，转向了现象学形式，如归属感和身份等。他解释了工厂工人是如何体现这两种历史类型的。即工人当然是为资本家创造了剩余价值，但另一方面，他们也有着许多其他的历史，或者说历史2。这些历史或叙事具有不可简化的独特性，不能像市场上的商品那样互相交换。正因为存在着这种独特性，它们成为对抗资本的潜在抵抗力量。

3. 超越劳动的现象学

然而，这种抵抗并非基于生活或劳动的野蛮力量。历史2似乎恰恰是非劳动性的。查克拉巴蒂指出，只要工人们坚定地确认自己是工人或劳动力的承担者，他们就是历史1的一部分，特别是当他们联合起来与资本斗争时："只要工人的过去，包括工会化和工人对公民身份的追求使其成为资本所设想的矛盾，那么这些过去将构成历史1。"③这和普殊同是呼应的，即工人们通过肯定自己是劳动者来深化资本主义的逻辑。④

查克拉巴蒂展示了资本如何希望工人不断变为纯粹劳动力，并使其成为自身一部分的趋势。当工人以工人的身份进行实践时，他们就在这种逻辑中扮演了角色。但是，这种整体化却是永远无法完全实现的，因为总会存在着

---

① Chakrabarty, *Provincializing Europe: Postcolonial Thought and Historical Difference*, p.64.
② Ibid., p.71.
③ Ibid., p.67.
④ Postone, *Time, Labor and Social Domination: A Reinterpretation of Marx's Critical Theory*.

一种过剩且无法被抽象化的东西，一种无法简化为劳动的现象学残余物。因此，查克拉巴蒂强调，历史2关注的是："即使在资本创造的极端抽象化工厂空间里，人类的存在方式也会以不利于资本逻辑再生产的方式得到体现。"①这就为重新思考与工人阶级之外身份形式相关的各种对立政治形式打开了空间。

查克拉巴蒂的论述，和近年来一些马克思主义学者试图理论化劳动的尝试有一定重叠。例如布鲁诺·古利（Bruno Gullì）曾提出，马克思主义存在第三种劳动范畴，即"既非生产又非非生产的劳动"。他写道，这种中性劳动"有能力（具有能力）成为它自身和它想成为的东西，而不是被资本作为资本的伪装所设定的东西"。②与查克拉巴蒂类似，古利区分了资本所设定的东西和部分逃脱其逻辑的东西。他和更正统的马克思主义者一样，认为中性的创造性劳动"无论在任何生产方式下，都始终存在于生产之中"。③

如果查克拉巴蒂遵循古利的进路，他可能会陷入普殊同所批判的"从超历史劳动概念的立场批判资本主义"的问题。查克拉巴蒂希望避免这种对劳动力的误读，他致力于将历史2作为一种打断资本的因素，而不是一种产生普遍历史的因素。

相反，他将历史2的中断与现象学和全球不均衡联系到了一起，并写道：

> 在我的分析中，这些过去将会被归类为历史2，它们可能处在资本逻辑制度的统治之下，且与之有着密切的关联。但是，它们并不属于资本的"生命过程"。它们使劳动力的承载者能够在世界上以其他方式存在——除了作为劳动力的承载者之外。我们永远无法概括出对这些过去的完整或全面的描述。它们在个体的身体习惯中得到了部分体现，也体现在无意识的集体实践之中。

查克拉巴蒂在这里提出了两个相关的观点。首先，关于人类作为世界上

---

① Chakrabarty, *Provincializing Europe: Postcolonial Thought and Historical Difference*, p.67.
② Bruno Gullì, *Labor of Fire: The Ontology of Labor between Culture and Economy*, Philadelphia: Temple University Press, 2005, p.63.
③ Ibid., p.12.

无法简化为劳动力或工人的不可还原性，这里面有着多层含义；[①]其次，通过强调身体和先反思的习惯，查克拉巴蒂将自身的叙述与现象学联系了起来。但问题在于：这里存在两个部分重叠的针对历史2的叙述，一个源自古哈对农民社会的分析，另一个源自现象学家如马丁·海德格尔（Martin Heidegger）等人。前者是针对先前各种生产方式和宗教实践的残余物的描述；后者则是更加难以捉摸的现象学描述，但也具有潜在的普遍性。如果它指的是过去，那就像莫里斯·梅洛-庞蒂（Maurice Merleau-Ponty）所说的"从未存在的过去"（"past that was never present"）那样，是一种并非在普通时间里出现，却根本性地渗透到了个体主体性中的经验。梅洛-庞蒂写道："反思并不能在其完整的意义上把握自身，除非反思涵盖其所预设的非反思基础并从中获益，构成一个原初的过去（*un passé originel*），即从未存在的过去（*un passé qui n'a jamais été présent*）。"[②]

这个原初的过去，如同历史2一样，可能指向一个人意识到现在或时间之前，预先反思和完成的无意识身体习惯。显然，这种现象学会受到不同残余物的影响，但历史2并不在结构上依赖于前资本主义生产方式的残余物。工人的身体习惯，可能继承其家庭成员，或许还有可能最终追溯到前资本主义时期。但我们并不会在这些行为方式中发现对资本主义必然的敌意。这和农民是不同的，若农民感到自己的生计受到了各种形式的土著和殖民统治的威胁，他们必然会发动起义。

在现象学的观点和不均衡话语里，关键的问题在于资本整体化的不完整性。由于整体性无法完全涵盖人类的经验和价值，查克拉巴蒂在此章的最后部分区分了全球化和普遍化的概念，再次把我们带回到了不均衡的议题上："但是，资本的全球化并不等同于资本的普遍化。全球化并不意味着历史1已经实现。即对马克思批判中至关重要的资本普遍和必然逻辑已经实现。阻碍和推迟资本自我实现的，应是各种历史2，它们总是改变历史1并成为我们声

---

① 正如古利所写："即使工人在工作，他或她也不是一个'工人'。具体而言，在劳动过程中，工人可以选择花时间幻想，组织下一次斗争，对生产本身进行破坏行为。" Gulli, *Labor of Fire*, p.18.

② Maurice Merleau-Ponty, *Phénoménologie de la perception*, Paris: Gallimard, 1967, p.280; *Phenomenology of Perception*, trans. Colin Smith, London: Routledge, 1989, p.242. Translation amended by the author.

称的历史差异的基础。"①

在这里，我们可以重新回到与瓜哈《无霸权统治》(*Domination without Hegemony*) 思考相近的范式，这也是查克拉巴蒂时常会引用的观点。在另一篇文章里，查克拉巴蒂曾对瓜哈进行了解读并声称，资本和权力应被视为独立的变量，尽管印度已经融入了全球资本的潮流，但仍存在不同类型的政治空间，正如农民起义所证明的那样。简而言之，"资本的全球历史并不必然在每个地方重现相同的权力历史"。②与此同时，在《将欧洲省籍化》一书中，他还提出了更加普遍的理论来把握这种差异的结构。毕竟将历史1和历史2作为与资本相关的普遍性来分析的情况并非仅仅局限于印度。

怀揣着这种普遍性，基于上述段落分析，我们可以说，全球化的作用在某种程度上类似于资本的形式吸纳。虽然原本的生产方式现在被用于为资本获取利润，但其并没有发生实质性的变化。资本的普遍化可能相当于实质吸纳，其中的劳动结构发生变化，技术创新和时间纪律成为资本主义生产的基本组成部分。这是对查克拉巴蒂的一种解读。历史2似乎意味着被形式吸纳的生活形态，例如古哈的农民。事实上，这或许是一种不依赖于资产阶级而思考资本统治和霸权的方式。这种解读的问题在于，如果实质吸纳得以发生，那么历史2就会消失。③然而我们可以看到，即使在工厂中也存在着历史2，但工厂似乎也是实质吸纳的领域之一。

因此，差异与超越，或者说历史2与资本的关系是矛盾的。它是一个非均衡的资本主义和殖民体系中日常生活残余或现象学的体验，但这些残余或体验如何动摇资本主义尚不清楚。用查克拉巴蒂的话来说："在这种情况下，差异并非资本之外的东西，也不是被资本吞并的东西。它与资本有着亲密而多样化的关系，从对立到中立。"④

---

① Chakrabarty, *Provincializing Europe: Postcolonial Thought and Historical Difference*, p.71.

② Chakrabarty, *Habitations of Modernity: Essays in the Wake of Subaltern Studies*, Chicago: University of Chicago Press, 2002, p.13; Ranajit Guha, *Dominance without Hegemony: History and Power in Colonial India*, Cambridge, MA: Harvard University Press, 1998.

③ 当然，绝对的总体包含永远不完全，就像哈里·哈鲁图尼恩（Harry Harootunian）所说的那样："因此，历史2永远存在。"而这与查克拉巴蒂并的观点又是相左的。Harry Harootunian, "Remembering the Historical Present," *Critical Inquiry* 33 (2007), pp.471–494, pp.474–475.

④ Chakrabarty, *Provincializing Europe: Postcolonial Thought and Historical Difference*, p.66.

鉴于历史2和资本主义之间可能存在的广泛关系，我们可能需要一个新的术语来描述历史2内部的区别。奇伯尔曾认为存在着两种形式的历史2，即：历史2(1)对资本主义漠不关心；历史2(2)对资本主义构成威胁。我们或许还可以进一步加入历史2(3)，即实际上有助于资本再生产的残余物。在接下来的讨论中，笔者将更加关注历史2(2)的问题，但我们应该注意到：它与其他两者之间存在着一些耐人寻味的结构差异，它不是朝向过去或现在，而是面向未来。历史2可以被重新描述为一种宗教和美学愿景，并可以动员起来对抗资本主义，以帮助构想出新形式的社群形态和生存方式。

关于这一问题，最好的例证可以在米歇尔·洛维（Michel Löwy）的著作《救赎与乌托邦》（*Redemption and Utopia*）中找到。该书探讨了魏玛时期中欧一些犹太思想家——包括弗朗茨·罗森茨威格（Franz Rosenzweig）、古斯塔夫·兰道尔（Gustav Landauer）和瓦尔特·本雅明（Walter Benjamin）——的作品。根据洛维的分析，我们可以发现正是共同的犹太历史2实现了对资本主义的浪漫抵抗。这些历史2可能包括潜意识的集体实践、关于与人或事物相沟通的共享观念。我们可以把犹太教成为现代宗教的过程描述为一个历史1试图将资本主义之前的历史纳入其中的过程，虽然这种融合与某些现有的实践是相互冲突的。犹太教的历史被融入资本主义之中，但并非没有残余。在资本主义里，这种残余可能会提供一些抗争的可能性。例如，洛维曾认为，许多来自中欧的犹太知识分子动用过其希伯来思想，比如"修正（*Tikkun*）"或者"恢复原始和谐"等，来创造一种浪漫的反资本主义愿景。①

当然，我们在此处理的是对历史二元论高度反思的适应性。至少在相当程度上，反思与继承的一系列实践共同构成了这种特殊形式的浪漫反资本主义。这种反思将一种表面上看似"复古"的东西推动到了超越资本主义的未来，虽然是并非完全开放的未来。我们应该注意到，反思在这里至关重要，因为反思的方式可能会改变运动的性质。譬如我们可以看到在弥赛亚思想家的同期，和辻哲郎曾借鉴包括佛教和武士道在内的各种亚洲传统，来阐释了

---

① Michael Löwy, *Redemption and Utopia: Jewish Libertarian Thought in Central Europe: A Study of Elective Affinity*, trans. Hope Heany, Stanford, CA: Stanford University Press, 1988, p.16.

自己保守浪漫的反资本主义思想。然而，像同时期许多日本现代性批评家一样，他最终选择了支持日本的帝国主义和法西斯主义。

简而言之，鉴于反思对将历史2转化为政治至关重要，单单作为反资本主义的历史2本身就存在不确定性风险。事实上，这或许是黑格尔的"复仇"。因为他对谢林的批评描绘了一幅"在夜晚所有牛都是黑色的"图像，这似乎也适用于历史2。此外，考虑到各种浪漫的反资本主义历史，特别是那些与启蒙运动敌对的历史，比如海德格尔的历史，我们便可以意识到其中的危险所在。因此，也不难理解为什么查克拉巴蒂在他著作的末尾会回归通过历史1和启蒙运动来确定政治方向的必要中介作用。

> 在这段历史（历史1）中蕴含着启蒙普世价值。作为渴望社会正义及其相关制度的现代人，我们，无论是决定论者还是历史主义者，都必须作出共同的承诺……正是通过这种已经融入我们生活的承诺，我们开始与欧洲思想展开较量。"将欧洲省籍化"的项目正是来源于这一承诺。然而，这个开始并不能定义这个项目。这个项目必须与其他过去的经验发生联系，也就是与历史2相关联。——这些过去是"资本所遭遇的前事，但并不属于资本自身的生命过程"。[1]

查克拉巴蒂以他发现在欧洲思想和启蒙运动中存在着一种让我们重新定位和认真对待人类自身在世界中存在的冲动来作为结束。事实上，查克拉巴蒂对于从历史1中实现自主性的历史2的诺许，已经暗示了对启蒙运动的某种承诺。[2]因此，我们必须将历史2视为更大项目的一部分，从而创造性地重新思考启蒙运动的理想。不过，要启动这样一个项目，展示历史2所涉及的或可能涉及的抗争方式是如何抗争的、以何种类型抗争的，就变得尤为重要了。查克拉巴蒂指出，历史2与资本的关系可以从对抗到中立不

---

[1]　Chakrabarty, *Provincializing Europe: Postcolonial Thought and Historical Difference*, p.250.

[2]　在加拿大的语境下，我们可以将如威尔·基姆利卡（Will Kymlicka）等自由派（liberals）所倡导的多元文化主义视为保护魁北克人、土著民族等的历史2的一种方式。如果有人希望将历史2推向自由派的方向，也可以提出"历史2的权利"。Will Kymlicka, *Multicultural Citizenship: A Liberal Theory of Minority Rights*, Oxford: Oxford University Press, 2000.

等，但由于历史2与启蒙运动和资本的联系具有不确定性，我们并没有一个明确的标准来判断历史2究竟如何、何时可以被视为抗争，以及它可能指向哪些未来。奇伯尔认为查克拉巴蒂和其他后殖民主义研究者使用的整个范式存在着问题，因此他开始怀疑资本主义和启蒙运动之间的关系。借由这种批判性的姿态，我们将在本文的最后部分回到历史2及其与资本的关系之上。

三、奇伯尔对查克拉巴蒂后殖民主义的批判

奇伯尔对后殖民主义的批评是多维度的。然而，在本文中，笔者将重点关注他对启蒙运动的辩护以及基于对资本定义的限定以展开对阶级的强调。其次，笔者将进一步研究奇伯尔的讨论之于如何构思全球资本主义的意义。在某种程度上，对资本的限制性定义使他能够毫无问题地肯定查克拉巴蒂的历史1和历史2。他并不认为相对独立的文化和现象学经验足以放弃启蒙价值，并且声称针对资本的批判需要借助启蒙运动的普遍目标，包括自治和平等。

奇伯尔对法国和英国经验的阐释可以看作对古哈针对启蒙运动分析的回应。这一回应在其对查克拉巴蒂两个历史的批判中发挥着重要作用。因为保护启蒙运动不受批评者攻击是奇伯尔的目标之一，所以分析法国对其总体论证极为重要。尽管古哈和查克拉巴蒂之间存在差异，但他们在对资本的整体性和普遍性提出质疑时是一致的，且将这一问题视为启蒙事业的不完整性。正如我们将看到的，奇伯尔将通过削弱他所认为的对资本主义的夸大和对法国和英国历史的误解来驳斥他们的论点。

奇伯尔通过区分启蒙运动和资本主义，分别探讨了法国革命和英国革命，并指出英国革命的推动者，特别是资产阶级的支持者并不关心普世权利和其他启蒙原则的推进。因此，他建议我们重新思考这些革命的历史意义。以下引文，可以说简明扼要地概括了奇伯尔的观点："英国革命并非具有反封建主义的性质，因为它发生在资本主义转型完成之后。而在法国，资本主义到1789年几乎还未发芽。所以，这场革命有可能成为反封建主义的运动。事

实上这也是其显著特征之一。然而问题在于，它并非在任何意义上被认定为由资本家的行动者所领导。"①

可以说，在涉及历史2的概念之前，他想要展示历史1内部存在的一种断裂。换句话说，资本主义和启蒙运动本来应该是历史1的组成部分，但现在却被视为相互分离且相互紧张的因素。在这一点上，奇伯尔借鉴了罗伯特·布伦纳（Robert Brenner）和埃伦·伍德（Ellen Wood）的研究，以展示英国和法国资产阶级存在的差异。②

奇伯尔在这里的态度是值得玩味的。因为他与查克拉巴蒂相类似地创造出了一种外部视角来批判资本主义。事实上，与查克拉巴蒂"既在资本主义内部又在资本主义外部"的历史2相比，奇伯尔的启蒙更加超越资本主义，因为它先于资本主义而存在。奇伯尔借鉴了威廉·H·修尔（William H. Sewell Jr.）和T·C·W·布兰宁（T. C. W. Blanning）的观点，解释了在法国大革命之前"资产阶级"这个术语含义的模糊性。它不仅仅指资本家："在旧制度的历史学著作中，人们很清楚地知道，'资产阶级'这个术语是一个模糊的概念，它指的并不仅仅是资本家本身，而是一类职业的集合，它们之间唯一的共同点就是排除了农民和工人。这些人属于财富阶层，但不属于贵族。他们可以是工业家、商人、店主、城市专业人士。实际上，18世纪法国的典型资产阶级就属于最后一类，而这仅仅是因为他们在政治经济中愈发明显的重要性。"③

在此种情形下，奇伯尔继续沿袭伍德的观点，提出了对法国革命历史学研究马克思主义式的回应，这些研究试图将法国革命理解为一场资产阶级-

---

① Chibber, *Postcolonial Theory and the Specter of Capital*, p.67.

② 奇伯尔在脚注中写道："我对英国的情况，还有截然不同的法国经验的理解，深受布伦纳（Brenner）具有开创性的学术研究的巨大影响。"(Chibber, *Postcolonial Theory and the Specter of Capital*, p.57, n.6).参见 Robert Brenner's essays in T. H. Aston and C. H. E. Philpin, eds., *The Brenner Debate: Agrarian Class Structure and Economic Development in Pre-industrial Europe*, Cambridge: Cambridge University Press, 1985。奇伯尔同时引用了 Ellen Wood, *The Pristine Culture of Capitalism: A Historical Essay on Old Regimes and Modern States*, London: Verso, 1996。

③ Chibber, *Postcolonial Theory and the Specter of Capital*, pp.69-70. 奇伯尔引用了威廉·H·修尔和 T. C. W. 布兰宁的观点，参见 William H. Sewell Jr.'s *A Rhetoric of Bourgeois Revolution: The Abbé Sieyès and What Is the Third Estate?*, Durham, NC: Duke University Press, 1994; T. C. W. Blanning, *The French Revolution: Aristocrats versus Bourgeois?*, London: Macmillan, 1987。

资本主义革命。①资产阶级与资本家的分离，使人们能够区分法国和英国的历史轨迹，从而对其各自的思想史产生重新认识。从伍德的观点来看，启蒙思想家如卢梭（Rousseau）和孔多塞（Condorcet）的思想既受到了这些城市专业人士的影响，又受到了官僚们的影响，他们都与贵族阶级相分离，但并非属于资本家。因此，我们可以构想一个反对资本主义的启蒙运动。启蒙的逻辑包含一种与官僚制度相联系的普遍化，这种普遍化应该被视为与资本主义及其自身意识形态的逻辑相分离的状态。特别是，伍德曾认为，平等的启蒙理念先于资本主义而存在，并与资本主义的框架形成对比，后者将一切都置于生产力和利润之下。乔治·科姆尼内尔（George Comninel）把上述差异应用于马克思，认为马克思能够发展出对资本主义的批判理论，是因为他曾在法国度过了一些时间，这使他具备了与启蒙运动相关且超越资本主义英国的立场。②

从这个角度来看，我们可以说启蒙运动应该和商品、货币一样被视为历史2的一部分。查克拉巴蒂写道："马克思认识到，作为一种关系，货币和商品可以在历史上存在，而不一定引发资本，它们构成了我所称之为历史2的一种过去。"③结合伍德和查克拉巴蒂的观点，我们可以认为启蒙运动是历史2的一部分，且其比商品和货币对资本的敌视更甚。

根据奇伯尔、尔布伦纳和伍德的观点，资本主义在概念上和空间上都被限缩了。资本主义不再是查克拉巴蒂所声称的"黑格尔式的整体化统一"。④相反，奇伯尔则用如下方式解释了他自己更为谨慎的资本主义概念："从底层阶级（理论家）的角度来看，他们对资本主义的普遍化概念进行了过度的扩展。我们已经看到，对于一个较为合理却更狭义的概念来说，资本主义全球化实际上等同于经济生产实践的普遍化。"⑤

---

① 伍德对保守主义学者如弗朗索瓦·福雷（François Furet）的回应，参见 François Furet and Denis Richet, *La Révolution Française*, Paris: Fayard/Pluriel, 2010; first published in 1965. 同时参见 Keith Michael Baker, *Essays on the Political Culture in the Eighteenth Century*, Cambridge: Cambridge University Press, 1990。

② George C. Comninel, "Marx's Context," *History of Political Thought* 21 (2000), pp.467–483;Ellen Meiskins Wood, "Capitalism or Enlightenment?" *History of Political Thought* 21 (2000), pp.405–426.

③ Chakrabarty, *Provincializing Europe: Postcolonial Thought and Historical Difference*, p.64.

④ Ibid., p.47.

⑤ Chibber, *Postcolonial Theory and the Specter of Capital*, p.224.

资本主义现如今仅仅被理解为一种经济形式，不再涉及与启蒙价值或其他文化实践的必然联系。它关乎生产剩余价值，最终关乎相对剩余价值。奇伯尔通过以下方式描述了这一过程：

> 资本主义的普遍化是一种特定的经济再生产策略。它强迫经济单位专注于不断积累更多资本。经济管理者将其内化为自己的目标——这不是资本家必须被说服去做的事情——因为这是作为资本家的结构性位置所固有的。无论资本主义走到哪里，这个要求都会随之而来……根据我提供的新定义，我们可以接受资本的普遍化，即使其政治使命并不致力于赢得劳动阶级的同意。按照我们的标准，如果经济主体的再生产策略转向了市场依赖，那么普遍化过程就已经开始了。①

奇伯尔指出，资本主义的要点在于只为交换和利润而生产，即资本积累，而不仅仅是为了使用。这种逻辑具有普遍性，不指向任何特定的政治结构。这就是为什么当印度成为资本主义社会时，不必在文化或政治上成为英国的复制品。但奇伯尔继续辩称，由于对市场的依赖和市场的竞争，发生了涉及时间的强度变化，最终导致了阶级斗争的出现。简而言之，正如奇伯尔解释的那样，资本家"必须促使他的雇员在同样的时间里生产更多的商品，这意味着他必须坚持要求他的雇员以他们能够承受的最高强度进行工作"。②当资本家转向生产相对剩余价值并采取技术介入时，劳动者会抵制生产率的增加，因为这将"增加失业的可能性，因为每个工人既然能够在更短的时间里生产更多的商品，那么雇主就能够裁减部分的劳动力"。③同时，即使工作不受威胁，工人们也发现"劳动强度的增加是以他们的福祉（well-being）为代价的"。④这个讨论当然涵盖了马克思《工作日》（*Working Day*）一章中工人与资本家之间的著名对话，但福祉的概念并不容易量化，它与使用价值而

---

① Chibber, *Postcolonial Theory and the Specter of Capital*, p.111.
② Ibid., p.116.
③ Ibid.
④ Ibid.

非交换价值有关。同时，奇伯尔也主张，启蒙思想的理想尽管抽象，但可以被群众运动动员起来以获得更大的福祉。

奇伯尔通过强调阶级和利益，尤其是涉及下层阶级的运动，对批判资本主义作出了重要贡献。与古哈不同，他认为启蒙价值在欧洲的传播不应归功于资产阶级，而应归功于迫使上层阶级屈服的劳动阶级及其运动。这便引出了一个问题，即根据查克拉巴蒂的逻辑，工人们在迫使上层阶级屈服的同时，是否也在传播资本主义的逻辑？我们在这里可以看到专注于既定利益的局限性，而没有一个能够重新构建利益以走向不同未来的理论。看起来，抵抗资本主义所需要的只是利益和启蒙理想的结合。

奇伯尔为启蒙运动提供了辩护并支持工人反抗资本主义，因而对查克拉巴蒂抽象阐释资本或历史2是不以为然的，甚至认为这些解释无关紧要，可能还会带来一些危险。他认为资本主义的威胁，应来自历史1。这种对资本的"干扰"源自"工人对保护自身福祉免受资本主义权威和滥用的普遍利益"。[1]在奇伯尔的论述中，福祉的概念是至关重要的，它扮演了与查克拉巴蒂历史2类似的角色。因为它超越了资本的范畴："对福祉的追求，是资本主义产生不稳定因素的根源，这仅仅是因为它的普遍存在——不论文化或地域如何，它都根植于社会主体的心理之中。文化的存在本身就预设了社会主体有保护其基本需求的基本动力。但也正因为这种利益是人性的一部分，它必然会使工人与积累的逻辑发生冲突，无论何时何地。"[2]

奇伯尔关于驱动力的观点呼应了斯宾诺莎（Spinoza）对冲力（conatus）的定义。《伦理学·第三卷》（Ethics, book III）命题6指出："每一事物只要自身存在，就会力求保持其存在。"[3]在奇伯尔看来，文化正是在这种生存斗争中得以崛起的。他虽然提到了人性，但是并未就此展开。其论点只需要一个历史性的具体主张，即工人和资本家在某种程度上具有相互对立的冲力即可。因此，他追随马克思主义者的观点，即人们追求个人利益的观念伴随着

---

① Chibber, *Postcolonial Theory and the Specter of Capital*, p.231.

② Ibid., pp.231-232.

③ Baruch Spinoza, *Ethics, Treatise on the Emendation of the Intellect and Selected Letters,* trans. Samuel Shirley, ed. Seymour Feldman, Indianapolis: Hackett, 1992, p.108.

资本主义而出现，同时这一观点也与另一个观念——个体作为自由平等的劳动能力的承担者，可以在市场上出售自己的劳动力——发生联系。可以说，奇伯尔的贡献在于将阶级斗争引入到历史1和历史2之间的抽象二分法中，这或许能为更积极的历史2另辟蹊径。事实上，如果我们审视查克拉巴蒂的论述就会发现，他没有试图展示历史2是如何通过阶级来进行中介的，比如资本家的历史2与工人的历史2必然有着截然不同的质地。也许，当查克拉巴蒂将古哈关于庶民／底层的论述普遍化到资本的本体论时，他只会对阶级冲突保持沉默。资本家可能也关心自身的福祉，但他们作为资本家的角色所涉及的是为增加剩余价值而斗争，不仅仅是为了获取使用价值来促进个人的福祉。[1]

暂且不谈论利益是否在某种程度上具有普遍性的问题，我们需要认真对待一个观点，即关心自身福祉的工人可能对资本构成重大威胁并使之发生改变。尽管马克思所描述的具体斗争通常发生在维多利亚时代的英国，但"它们在全球范围内上演，在资本建立其统治的任何地方上演。用查克拉巴蒂的话来说，它们是普遍且必然之资本历史的一部分，因此也是历史1的一部分"。[2]他将阶级斗争划归资本主义，和查克拉巴蒂的观点是不谋而合的。换言之，阶级斗争不会超越资本主义，而只是被纳入其中。

作为对这个问题的部分回答，奇伯尔重新定义了"修改"（modify）资本逻辑的含义，并解释了为何以及如何通过无产阶级斗争来修改资本逻辑。他认为，"工人争取缩短工作日"可以被视为对资本主义逻辑的修改，因为这迫使资本家从绝对剩余价值转向了相对剩余价值，即更加关注技术中介而不仅仅是单纯地剥削劳动力。[3]当然，这种转变并不等同于克服资本主义的条件，因此还不构成所谓的威胁，但它确实算作对资本主义的修改。显然，基于相对剩余价值的资本主义与基于绝对剩余价值的资本主义之间，有着明显的区别。通过这种方式，我们能够看到奇伯尔如何运用新的启蒙观念，提出

---

① 通过强调普遍的福祉利益，奇伯尔借鉴了玛莎·努斯鲍姆（Martha Nussbaum）等人的观点。Martha Nussbaum, "Human Functioning and Social Justice: In Defense of Aristotelian Essentialism," *Political Theory* 20, no. 2 (1992), pp.202-246.

② Chibber, *Postcolonial Theory and the Specter of Capital*, p.232.

③ Ibid., p.32.

对查克拉巴蒂社会普遍性的替代方案。

总之，奇伯尔和查克拉巴蒂都未能构想出超越资本主义的愿景。尽管工人为争取自身利益而斗争可能有助于改变资本主义，但这种逻辑似乎与资本主义社会民主政治完全相容。查克拉巴蒂起初是更进一步的，因为他尝试去寻找了超越资本主义的空间，但由于无法展示这些空间如何对资本主义构成威胁或如何在这些斗争中进行动员，他又在超越资本主义的努力中停滞了下来，并开始在资本主义内部的历史2中寻求安慰。

四、在全球资本主义的背景下重新思考奇伯尔和查克拉巴蒂

在详细审视查克拉巴蒂对马克思和奇伯尔后殖民批判的内在批判后，接下来的两个部分，笔者将对查克拉巴蒂和奇伯尔展开内在批判，以探索后资本主义未来的可能性。笔者将其分为三个板块，（A）确定批判对象的可能性条件，即查克拉巴蒂和奇伯尔各自话语在资本中的地位，从而带出（B）理论化资本与民族国家之间的复杂关系。最后，（C）笔者会对资本逻辑（也是奇伯尔和查克拉巴蒂各自批判的对象）如何指向不同未来提出一些见解。这些任务都并不轻松，因此接下来只能是初步的概述。

（一）历史1和历史2的融合：重新思考资本的逻辑

在讨论历史1和历史2时，奇伯尔对查克拉巴蒂关于资本的观念提出了一个挑衅性的陈述，这指向了他自身的工作和针对查克拉巴蒂分析的内在批判："查克拉巴蒂的论点实际上是一种荒谬的观点，即普遍化要求将所有的实践从属于资本主义的命令，从属于'资本逻辑'。我并不了解在后殖民研究领域以外会有任何理论家为此观点辩护，我也看不到有任何支持它的理由。"①有趣的是，资本作为一种包含了生活所有模式的全体化动力概念不仅与查克拉巴蒂的立场接近，而且也许更准确地描述了普殊同的立场。普殊同对马克思主义的重新解读在这里是具有意义的，因为它代表了奇伯尔在查克拉巴蒂

---

① Chibber, *Postcolonial Theory and the Specter of Capital*, p.224.

那里找到的资本概念并反过来对抗查克拉巴蒂，也因为它为历史1和历史2作为资本的一部分奠定了基础。尽管普殊同的马克思主义项目和"将欧洲省籍化"几乎不存在任何关系，但在这一部分中我们看到马克思主义不仅没有导致欧洲中心主义，反而能够从更根本的意义上让我们将欧洲省籍化，即展示资本逻辑本身如何在欧洲和亚洲之间产生差异。此外，资本与地区、国家的关系还可以随着时间的推移而发生变化，正如自20世纪70年代以来中国和巴西的转变所证明的那样。

首要的概念性转变，是将资本与欧洲分开。前者是一个抽象的动力，逻辑上优先于欧洲和亚洲等地区。换句话说，正如查克拉巴蒂所建议的，欧洲侵略亚洲是因为资本的逻辑以及它所创造的不均衡世界。在这种情境之下，普殊同的框架似乎可以让我们来批判查克拉巴蒂"黑格尔色彩"不够浓厚。根据马克思的分析，与其争论历史2是否超越资本，我们不如建议将启蒙作为历史1，将现象学感受和具体归属方式作为历史2，它们都是商品形态和资本逻辑的产物。这种分析，能够补充查克拉巴蒂关于启蒙的观点，并提供一些如何处理历史2与资本之关系的建议。因此，历史1和历史2的基础关键，在于将这些形式定位于商品逻辑之中。

在《资本论》第一卷第一章中，马克思解释了商品的两个特性：交换价值和使用价值。交换价值将世界上的各种商品归纳为一个共同的度量标准；而使用价值，则代表了人们对商品的特定使用方式。从后者的角度来看，商品是一种可以使用的特定物品。电脑的用途和桌子等物品的用途有所不同。然而，从交换价值的观点来看，各种商品失去了它们特定的具体存在，变成了一个数值，通常被理解为生产一种商品所需要的社会必要劳动时间，并最终以商品的价格形式呈现出来。虽然商品的这两个方面存在于同一个物体上，但一旦交换价值呈现为货币形式，人们就会把商品形式的这两个方面——抽象和具体——当作独立的东西来进行体验。因为商品的价值最终以货币的形式体现在外部的物体上，所以在资本主义社会里，人们会体验到交换价值和使用价值的分离。这种分离，促使人们形成了各种形式的意识。接下来，我们可以尝试使用上述框架来考察我们所能够在资本中建立历史1和历史2的程度。

回顾历史1和启蒙运动时，我们或许可以将这些概念与商品联系起来。人们可能接受商品形式的抽象与启蒙抽象（比如平等的概念）之间的同质性。然而在我们得出平等等相关抽象概念之基础是商品形式的价值交换这一结论之前，我们需要展开更多的工作。此外需要注意的是，伍德曾试图将孔多塞等人的理想与资本联系起来，而不是与国家联系起来。

威廉·休厄尔（William Sewell）最近提出了一个强有力的论点，认为《资本论》第一卷的概念在18世纪的法国是同样适用的。休厄尔则认为法国大革命时期的"公民平等"观念可能是通过市场交换产生的。他指出："18世纪法国商业资本主义的发展促进了抽象社会关系的蓬勃增长，这种对抽象关系日常经验的不断积累使公民平等的概念在18世纪80年代变得既可想象又有吸引力。"[1]他并没有强调阶级问题，而是专注于马克思《资本论》第一章关于市场生产和交换的内容。休厄尔的观点，使得启蒙运动可以从商品和市场交换的角度加以解释，并与雅克·比代关于市场交换预设平等和自由概念的分析相吻合。

比岱声称，资本的概念直到《资本论》第一卷的第四章才真正出现，正如其标题所示，该章节讨论的是货币向资本的转化。[2]在此之前，雇佣劳动的概念还没有被提及。有趣的是，这一点可能与18世纪的法国相关。正如休厄尔解释的那样："尽管纺织品生产者通常是非常贫穷的，并且受到供应原材料和销售产品的商人的层层剥削，但他们实际上并不是雇佣工人。"[3]我们没有发展成熟的资本主义制度，但我们确实存在于《资本论》前三章所概述的那种关系。这种关系预设了平等和自由的理念，并且通过市场的参与，这些元素成为普通人情感结构的一部分。这里的关键问题在于，奇伯尔强调的所谓经济实践包含了文化和思想的层面，其中也包括平等和自由的理念。

将普殊同、休厄尔和比岱联系起来，我们可以更加充分地体悟到伍德的洞察力，就是将平等的概念与国家和官僚主义联系在一起。市场的元结构，

---

① William H. Sewell Jr., "Connecting Capitalism to the French Revolution: The Parisian Promenade and the Origins of Civic Equality in Eighteenth-Century France," *Critical Historical Studies* 1 (Spring 2014), pp.5–47, p.11.

② Jacques Bidet, *Explication et reconstruction du Capital*, esp. chaps, pp.1–3.

③ William H. Sewell Jr., "Connecting Capitalism to the French Revolution: The Parisian Promenade and the Origins of Civic Equality in Eighteenth-Century France," p.10.

即自由和平等个体交换商品的理念必须由某种法律结构来支撑，这就意味着国家的存在。按照休厄尔的观点，人们可以得出这样的结论：18世纪法国的国家体现了一种矛盾，既支持市场平等（至少在某些地方），又再生产了一个等级森严的制度。尽管可能是较低阶层和国家官员而非贵族阶层更多地借鉴了上述理想，但这些理想与任何特定阶级之间并没有逻辑上的联系——它们不仅仅是资产阶级的产物。从某种意义上说，这场讨论将奇伯尔的启蒙理解和查克拉巴蒂的历史1扎根于商品和市场交换的理论之中。上述分析表明，马克思关于资本找到先于其存在的货币和商品的例子远非历史2，实际上往往产生的是历史1。

现在，可以回到将历史2扎根于资本主义的问题上了，这又是一项艰难的任务。

查克拉巴蒂的历史2显然具有多重意义。在上面的讨论中，我们已经看到它可以指向现象学经验，与不均衡性相关的具体的宗教归属感，尤其是"中心—边缘"之间的不均衡性，但也可以更一般地指潜在抗争或提供临时超越资本主义社会的经历。除此之外，历史2还有一个时间维度，既因为它是一部"历史"，也因为它在资本主义中作为一种"始终存在"的东西而出现。因此，虽然可以肯定地说历史2是具体的，但我们仍然需要思考如何处理历史2的时间性、空间性与资本主义及其主导形式政治归属之间的关系。

在处理归属形式的背景下，我们需要探究历史2如何在民族国家和资本之间的界面上被加以理解。在讨论资本主义和民族国家的文本中，奇伯尔引用了曼努·戈斯瓦米（Manu Goswami）关于殖民印度"民族意识的物质基础"的分析，这无疑提供了一些处理历史2不均衡性的方法。[①]特别是，戈斯瓦米认为历史1和历史2都是资本动力所产生的。她写道："全球时空的概念充满着等级和差异化，而不是统一和同质的，它突显了不均衡性（经济和文化、空间和时间）的持续产生，这将作为资本普遍化取向的内在补充。这表明资本的普遍化动力在空间和时间上发展不均匀并积极地产生了新的社会空间和社会文化的不平衡。从这个角度来看，历史2代表了历史1的内在维度，

---

① 参见 Chibber, *Postcolonial Theory and the Specter of Capital*, p.263, n.24。

而不是绝对的外部，它偶尔中断了资本的抽象逻辑以及所谓的同质、线性进展。"①

在这样的框架之下，我们可以认为历史1和历史2发生在一个资本动态和领土化逻辑不断再现的平等理念、现实不平等、不平衡的统治世界之中。戈斯瓦米解释称：在这个时期，"社会经济过程的相互渗透是大不列颠全球霸权得以巩固的一部分，正如乔瓦尼·阿里吉（Giovanni Arrighi）所争辩的那样，通过在历史上前所未有的，全球范围内将'领土主义和资本主义的权力逻辑'巧妙地结合在了一起"。②

尽管两者被"焊接在了一起"，阿里吉在分析中仍明确区分了领土逻辑和资本逻辑。正如我们所见，奇伯尔在讨论印度和韩国时也作出了类似的区分，即帮助再生产资本的组织、社会和政治基础设施绝不是资本主义社会关系的表达。③对于历史2所涉及的叙述和归属感，我们可以将它们与领土性逻辑联系起来。在这一点上，我们可以回到前述的民族主义问题。尼尔·布伦纳（Neil Brenner）在亨利·列斐伏尔（Henri Lefebvre）的基础上简明地总结了民族主义和国家的问题："列斐伏尔认为，民族国家与跨国资本的关系从来都不是预定的，而是持续不断的社会政治争夺、冲突和斗争的对象和表达。如果国家可能受制于全球企业的要求，那么同样地，根据列斐伏尔的说法，一个由反帝国主义、大众民主联盟控制的、以彻底反生产主义目标为导向的国家也同样可能存在。"④尽管奇伯尔并未引用列斐伏尔，但其著作基本关怀的是人民能够在多大程度上动员民族国家对抗资本，尤其是在为社会主义而斗争的初始阶段。

---

① Manu Goswami, *Producing India: From Colonial Economy to National Space*, Chicago: University of Chicago Press, 2004, p.40.

② Manu Goswami, *Producing India: From Colonial Economy to National Space*, p.41. 戈斯瓦米在区分国家和资本方面并未遵循阿里吉的观点，而是将她的论点建立在由资本作为全球形态产生的时空矩阵的双重特性基础上。这将是另一个有趣的研究方向，我将在另一篇论文中进行探讨。

③ David Harvey, *The Limits to Capital*, London: Verso, 2006, p.399. 哈维进一步论证资本的流通支持某些基础设施而非其他（第399页）。然而与此同时，国家作为一个广泛的阶级斗争领域，再次表明它与资本主义社会关系的关联性是不确定的。

④ Neil Brenner, "Henri Lefebvre's Critique of State Productivism," in *Space, Difference and Everyday Life: Reading Henri Lefebvre*, ed. Kanishka Goonewardena, Stefan Kipfer, Richard Milgram, and Christian Schmid, London: Routledge, 2008, pp.231–249, p.239.

（二）民族主义对抗资本主义？

奇伯尔著作第10章名为"国家的漂泊"（*The Nation Unmoored*），明确认为第三世界的民族主义可能会动摇资本主义。这一章的主要目的，看似是批评查特吉在他的一些著作中关于民族主义的论述。然而奇伯尔的主要目标实际上是要将民族主义与资本主义分离开来，这也是他将启蒙/现代性与资本主义分离项目的一部分。在继续探讨后殖民主义研究者与奇伯尔之间的重大分歧之前，我们可以进一步思考资本及其与民族主义中被注定否定的可能性。

奇伯尔提倡一种现代化的反殖民民族主义，与查特吉更具精神色彩的版本形成了鲜明对比。尽管后者没有使用历史2的术语，但仍可以在以下引文中看到类似的主题：

> 根据我的阐释，反殖民的民族主义在与帝国势力展开政治斗争之前，在殖民社会内部就已经创造了自己独立的主权领域。它通过将社会机构和实践分为两个领域——物质和精神，来实现这一目标。物质领域是"外在"的领域，涉及经济、国家治理、科学和技术等方面，西方在这个领域证明了其优势，而东方，则屈服于其之下。……精神领域则是一个"内在"的领域，承载着文化身份的"本质"特征。……我认为，这个公式是反殖民民族主义的一个基本特征。[1]

在这段文字中，与历史1相关的许多事物，比如启蒙运动和资本主义，并没有成为反殖民民族主义的一部分。我们可以将查特吉的观点解读为历史2的一种可能的政治运用。然而，上面描述的问题在于，反殖民民族主义最终变得像黑格尔的"美丽的灵魂"，只有在不涉足现实的情况下才能够保持其美丽。[2]不幸的是，在一个由民族国家组成的全球资本主义世界里，反殖

---

[1] Chatterjee, *Nation and Its Fragments*, 6, cited in Chibber, *Postcolonial Theory*, p.278.

[2] G. W. F. Hegel, *Phänemonologie des Geistes*, Frankfurt am Main: Suhrkamp, 1992, p.491, para. 668.

民民族主义者最终必须自己进入这个现实，并最终混淆查特吉所定义的外部和内部的范畴。因此，他们可能会因为最终成为现代化者而受到批评。查特吉对甘地和其他人的民族主义批评就涉及了这种策略。

然而，奇伯尔仍对这种反殖民民族主义抱有希望，并声称他们不仅没有遵循上述模式，而且也不应该遵循。他提到了毛泽东、阿米卡尔·卡布拉尔（Amical Cabral）和胡志明（Ho Chi Minh）等民族领导人公开接受的现代化模式，并对自身传统持批评态度。但问题是，这样的民族主义在超越资本主义的未来能发挥何种作用？如果我们将领土逻辑与资本积累逻辑（按照阿里吉的观点）或市场逻辑与组织逻辑（按照比代的观点）分开，从逻辑上讲，可以想象一种非资本主义的民族主义。这是对资本和国家关系颇有争议的解释，许多马克思主义者（奇伯尔引用的对象）都持有的观点，让我们可以假设进行这种分析上的区分。但在这种情况之下，我们还需要进一步说明这种非资本主义的民族国家如何在促进更为广泛的动员中发挥作用，不仅反对资本主义，而且朝着社会主义的方向前进。毕竟，受阿尔都塞影响的马克思主义者如比岱和杰拉尔·杜梅尼尔（Gerard Duménil）等都认为，实际存在的社会主义制度会使用组织来克服资本主义市场机制，最终却复制了许多相同的现象，包括统治和异化。①

马克思在给维拉·扎苏利奇（Vera Zasulich）的信中提及了不平衡性的潜力。扎苏利奇问道，俄国是否必须经历与西欧相同的资本主义阶段，并消解其早期的社群生活形式。马克思指出，在某些地区，早期的社群生活形式可能通过与资本主义世界的结合而继续存在。问题是这些生活形式在多大程度上可以被借鉴，从而设想甚至实现超越资本主义的未来。马克思在回信里提出了很多设想，但基本思想可以概括如下：我的回答是，由于俄国独特的环境条件，农村公社在全国范围内仍然存在，并且可能逐渐摆脱其原始特征，直接发展成一个全国性的集体生产元素。正因为它与资本主义生产同时存在，农村公社可以吸取资本主义生产的所有积极成果而不必经历可怕的变

---

① Jacques Bidet and Gérard Duménil, *Altermarxisme: Un autre marxisme pour un autre monde*, Paris: Presses Universitaires de France, 2007, p.161.

迁。俄国并不孤立于现代世界，也没有像东印度群岛那样成为外来势力征服的牺牲品。[①]

对我们而言，这里的一个关键问题是俄罗斯与资本主义生产世界的"同时性"。这使得在讨论国家发展的时候，落后与先进的概念变得无关紧要。这种讨论也暗示了历史2。因为公社与全球资本主义同时存在，但又是有所不同的。哈里·哈鲁图尼恩（Harry Harootunian）最近将上述案例与正式纳入的问题联系了起来。在其看来，马克思的观点，或许是认为全球资本主义体系边缘的国家也可以"利用此前生产方式的残余物，创造出新的正式纳入或绕过资本主义"。[②]这是一个非常诱人的立场，因为其结合了全球资本主义边缘的反帝国主义之民族主义和社会主义的希望。然而，除非最终能够超越民族主义，否则仍旧可能会重复"美丽灵魂"的问题，即必须保持不被资本主义现实污染，但往往这只会加剧试图清除这种污染的组织控制。[③]

（三）资本主义的矛盾：从"本是"到"应然"

虽然从某种意义上说，奇伯尔和哈鲁图尼恩都支持第三世界的民族主义，但奇伯尔并不赞同哈鲁图尼恩对扎苏利奇信件的解读，或者是他对农民公社的支持。此外，奇伯尔认为只有劳动和资本主义之间的冲突才构成了对资本主义的潜在威胁，而资本主义的结构性危机只会导致其空间的扩张。但是奇伯尔忽视了资本主义危机的另一个方面，即时间性的危机，这将成为对资本主义内在批判的重要组成部分。现在，我们可以回到内在批判的问题上了，普殊同称之为在现实存在的资本主义中定位"应然"的问题。如果维拉·扎苏利奇（Vera Zasulich）的叙述强调历史2，那么我们需要一个更具动态性的概念来说明历史1究竟是如何在实际中提供超越自身之可能性的。我

[①] Karl Marx, *Late Marx and the Russian Road: Marx and "The Peripheries of Capitalism,"* ed. Theodor Shanin, New York: Monthly Review Press, 1983, pp.105–106.

[②] Harry Harootunian "Who Needs Postcoloniality: A Reply to Linder," *Radical Philosophy* 164 (November / December 2010), p.43.

[③] 这一观点支持普拉森吉特·杜阿拉的论点，即所有民族主义都暗示了内外之间的某种分隔，而不仅仅是反殖民主义民族主义。因此，对污染的担忧在任何民族主义中都有可能存在。参见 Prasenjit Duara, *Rescuing History from the Nation: Questioning Narratives of Modernity in China and India*, Chicago: University of Chicago Press, 1995。

们也需要展示现存社会是如何超越自身并指向后资本主义社会的。奇伯尔勾勒的空间危机只让我们看到了部分出路。许多马克思主义者指出，资本主义的扩张使资本耗尽了自然资源，最终将威胁到人类。[1]这一点，加上资本主义以各种方式压迫和统治人民的方式，可能给我们一个"应然"——但它确实为我们提供了一种解释，说明这种"应然"是如何可能的。查克拉巴蒂已经触及了这种可能性，但并没有深入探讨其含义。

> 资本本身是一个移动的矛盾体，它迫切地致力于将劳动时间压缩到最低限度，同时又将劳动时间作为财富的唯一度量和源泉。因此，它减少必要形式的劳动时间，以便增加多余形式的劳动时间。所以它基于日益增长的程度将多余之物视为必需条件，乃至生死攸关的问题。一方面，它唤起科学和自然力量的全部潜能，例如社会联合和社会交往的力量，以创造财富。另一方面，它希望将劳动时间作为衡量这些巨大社会力量的唯一标准，将它们限制在维持已经创造的价值作为价值所需的范围内。[2]

这段文字展示了活劳动和死劳动（dead labor）之间的矛盾，实际上，是死劳动使得活劳动不再成为财富的主要创造者。简而言之，虽然包括奇伯尔在内的许多马克思主义者专注于劳动与资本之间的关系，并因此强调活劳动，但他们忽视了这样一个问题：只有死劳动的潜力才能够使一个新的社会成为可能。换句话说，机器和技术的介入增加，导致活劳动在创造实际使用价值方面变得过时了。与此同时，只要社会仍然是资本主义的，资本就将继续剥削劳动来创造价值，无论技术介入的程度如何。其结果将是各种形式的危机和失业，资本主义的历史已经为这一点提供了充分的证据。

这能让我们回到古利和查克拉巴蒂所提出的观点，即工人们除了是劳动力的担当者之外还具有其他历史属性。在上述背景之下，这个问题不仅关乎工人的主体性，也涉及资本主义的逻辑。在先进的资本主义里，工人们不需

---

① 参见 Christopher J. Arthur, *The New Dialectic and Marx's Capital*, Leiden: Brill, 2004, p.77。

② Marx, *Grundrisse*, trans. Nicholaus, p.706.可对比 Chakrabarty, *Provincializing Europe: Postcolonial Thought and Historical Difference*, p.62。

要做太多的工作就能创造财富。但问题在于，他们如何能够将他们的"白日梦"和行动转向一个"雇佣劳动不再主导我们生活"的社会。

这个目标或者对未来的愿景，为我们提供了重新思考工人阶级运动以实现这一目标的工具。[①]这正是普殊同的想法，他写道："如果工人的运动要超越资本主义，它就必须捍卫工人的利益，并参与到工人利益的转型中去——例如，质疑既有的劳动结构，不再以这种结构为依据进行认同，并参与重新思考这些利益。"[②]

和奇伯尔一样，工人运动始于利益，但他们必须重新思考这些利益。在某种程度上，普殊同也预见了查克拉巴蒂和古利的观点，因为上述分析意味着区分工人作为工人的利益和工人作为世界存在的利益之间的区别。问题不在于将工人阶级政治与归属感或其他形式的政治对立起来，而是要尝试将这两种政治联系起来，以实现后资本主义世界的斗争。因此，普殊同不使用"工人阶级运动"这个术语，而是使用"关注工人运动"，其中涉及对命名的政治处理，以避免实体化工人阶级的身份。关注工人与工人作为工人的身份是分开的，这使我们能够构想一个处理工人问题的运动，潜在地超越工人阶级的身份。这就是工人阶级运动和底层运动之间的联结可以发挥作用的地方。

简而言之，一个想要挑战资本主义的严肃政治必须考虑到资本主义的时间动态，同时也关注到利益和历史2的各个维度，并与资本主义边缘的各种运动联系起来。这些运动提供了共同体的各种理想——然而，在没有更大规模的全球转型的情况之下，却又是无法实现的。或许只有在这一语境下，我们才可以重新回到历史2的问题。

五、结论：对纯粹浪漫式反资本主义的批评

通过借鉴历史2或残余物来超越资本主义的愿望，显然是一种浪漫反资

---

① 卡雷尔·科西克（Karel Kosík）指出，对未来的构想会影响当前运动组织的形式。Karel Kosík, *The Crises of Modernity and Other Essays and Observations from the 1968 Era*, ed. James Shatterwhite, Lanham, MD: Rowman & Littlefield, 1995, p.131.

② Postone, *Time, Labor and Social Domination: A Reinterpretation of Marx's Critical Theory*, pp.371-372.

本主义的形式，因为它虽然假定了对抗资本主义的愿望，却没有将这种冲动置于矛盾的社会关系和能动之中。从这个意义上说，笔者提出了对浪漫反资本主义的批判。然而当对浪漫反资本主义的批判走向极端时，我们却又无法想象超越资本主义之外的未来。在这种背景下，浪漫反资本主义尤其是洛维的讨论，可能会给我们一些启发。①

除了上述哲学推理之外，还有结构性的原因促使我们尝试将浪漫反资本主义与更为具体的政治愿景和分析相结合。特别是，资本主义朝着更高生产力水平的时间动态发展并不意味着资本主义世界是均质的。相反，正如亚历克斯·卡利尼科斯（Alex Callinicos）所指出的那样，世界各地的社会必要劳动时间存在着根本性差异，并且这种差异被结构性地复制再现了。②

诸如维杰·普拉沙德（Vijay Prashad）等学者，曾记录了全球资本主义边缘地区（如墨西哥卡帕斯州和拉美、亚洲以及非洲的其他运动）的斗争，这些斗争涉及"地方性对抗跨国公司"。③大卫·麦克纳利（David McNally）研究了资本主义边缘社会中的工人运动，尤其是拉美地区的工人运动。④这些运动的直接目标，通常不会是遥远的未来（比如后资本主义社会），而与生存和土地相关。因此，若声称这些形式的农民和工人抵抗直接指向了资本主义之外，是不准确的。不过，我们或许可以从毛泽东思想中找到启示，即在某种程度上把对抗、遭遇全球资本主义的日常问题和超越资本主义世界的希望与实践联系起来。20世纪的革命显然面临着这样一个问题，大多数社会主义者清楚地意识到，边缘地区的各种运动如果不"关注工人运动"在本地区与其他地区建立联盟的问题，就不会获得成功。

在农民运动领导者与更主流的共产党党派之间存在着相互敌对的情况，就像我们在印度当代毛泽东思想中所看到的那样。⑤这些例子表明，即使在一个国家内部，要将更接近历史1（主流共产党党派）的运动和在不同程度

---

① 参见Löwy, *Redemption and Utopia*。另参见Robert Sayre and Michael Löwy, "Figures of Romantic Anti-Capitalism," *New German Criticism* 32 (1984), pp.42-92。
② Alex Callinicos, *Imperialism and Global Political Economy*, London: Polity, 2009, p.89.
③ Vijay Prashad, *The Poorer Nations: A Possible History of the Global South*, London: Verso, 2012, p.239.
④ David McNally, *The Global Slump*, Oakland, CA: PM Press, 2011, chap. 6.
⑤ Robert Weil, *Is the Torch Passing: Resistance and Revolution in China and India*, Delhi: Setu Prakashani, 2013.

上抵制启蒙运动方面的运动团结起来是非常困难的。在全球层面，资本和国家的空间动态使跨国团结变得更加困难，特别是对于移动性更受限制的底层阶级而言。要实现这样的团结并使之朝超越现有社会民主主义范式的方向发展，我们必须超脱出狭隘的身份和利益认知。我们希望毛泽东在1945年所说的话能够实现："道路曲折，前途光明。"[1]虽然理论也许不能完全勾勒出创造更光明未来的实践，但它可以通过展示资本主义的矛盾如何使更美好的未来成为可能，来启发我们的政治实践。

（慕唯仁，威斯康星麦迪逊大学历史系教授；译者李荣鑫）

---

[1] 《关于重庆谈判》，《毛泽东选集》第四卷，人民出版社，1991年，第1163页。

学术专论 | Articles

日本中世社会与显密佛教[*]

平雅行

　　摘　要：本文旨在通过对世俗与出家相互规定性的关注，阐明显密佛教对中世社会产生的影响。一直以来，显密体制论的探讨总是围绕国家宗教政策展开，而此处将其作为中世社会论展开讨论。在日本中世，世俗世界与出家世界间的相互渗透达到异常深刻之程度，向无边界化不断发展。一般世俗与出家间的相互渗透分为两个过程：一方面是佛教渗透到世俗社会，推进世俗的佛教化；另一方面是世俗社会的原理反向流入出家之世界中，加深寺院的世俗化。本文主要着重于阐明前者，并在最后部分涉及后者以及两者之间的相互规定。

　　关键词：在俗出家　日本中世　显密佛教　净土教

一、问题提起

　　黑田俊雄曾将中世寺院称作"另一个中世社会"，强调要理解中世，必须要先了解寺院世界。^①尽管寺院史研究基于此飞速发展起来，但对于现今

＊　本文原题为《日本中世社会と顕密仏教》，原载《歴史科学》2019年第236号。

①　黑田俊雄：《中世寺社勢力論》，《岩波講座日本歴史》六，岩波書店，1975年；黑田俊雄：《寺社勢力》，岩波新書，1980年。

的我们而言，则必须要先阐明中世社会与"另一个中世社会"的关系，即中世社会与显密佛教、寺院世界之间的相互规定性。

那么，中世社会和显密佛教之间的相互规定性究竟为何？在日本中世，世俗世界与出家世界间的相互渗透达到异常深刻之程度，向无边界化不断发展。一般世俗与出家间的相互渗透分为两个过程：一方面是佛教渗透到世俗社会，推进世俗的佛教化；另一方面是世俗社会的原理反向流入出家之世界中，加深寺院的世俗化。为何在日本中世，世俗与出家间的相互渗透会如此深刻化？

第一个原因，即技术与巫术尚未区分。[1]其实就是生产活动与宗教未分化。这种未分化导致经济与宗教不分、社会与宗教不分，甚至国家、法律、暴力、文化、艺术都离不开宗教，所有人类活动全都蒙上一层宗教的面纱。也就是说，由于技术与巫术不分，日本中世世俗社会带有浓重的宗教性。向神佛发誓遵守世俗社会各种关系的起请文大行其道，即是其典型象征。

显密佛教虽说是巫术性质的，但通过迫切吸纳知识、技术的发展成果，进化成为保持高度合理性的巫术。《溪岚拾叶集》记载，镰仓后期的比睿山学僧除修习显密各宗、禅宗、净土宗之外，还涉猎医方、农学、土木技术、兵法、天文、和歌和儒学。[2]这完全体现了巫术与技术不分导致所有学问都与佛教相融合的事实。因此，显密佛教盘踞中世巫术体系之顶点，位居中世知识体系中心。这两者是显密佛教会对中世社会造成巨大影响的根本原因。

第二个原因，即1052年进入末法的说法，与中世社会成立期偶然在时段上一致重合了。于是，中世成立期社会的混乱，给予末法思想一个现实的基础，使末法思想被广泛接受。但末法思想的本质是一种缓慢下降的历史观，并不是绝望主义或者末世论，而是认为可以通过实施适当举措来克服末法。换句话说，末法思想其实就是尝试通过振兴佛法克服社会混乱（末世）的一种思潮。所以末法思想的盛行，给正在开始形成的中世社会涂上浓厚的宗教色彩。

另外，末法思想盛行的11、12世纪也是佛法中兴观流传的时期。认为佛法衰微世界破灭的末法思想，与相信佛法中兴能使世界重获和平的佛法中兴

---

[1]　平雅行：《中世仏教における呪術性と合理性》，《国立歴史民俗博物館研究報告》2010年第157号。
[2]　《溪嵐拾葉集》，《大正新脩大藏經》76卷，第506頁。

观是并存的。这两种思潮看起来完全相反，实际上却发挥了相同的机能。

寺社势力援引末法思想，向朝廷呼吁佛法兴隆，即为寺院提供财政支援的必要性。朝廷接受并兴建寺院、寄进庄园之后，寺社便宣扬佛法中兴观，赞扬英明之君主推动佛法中兴，使世界重归安定。也就是说，呼吁为寺院提供财政支持的必要性，其根据就是末法思想；称赞为寺院提供财政支援的举措，其思潮就是佛法中兴观。末法思想与佛法中兴观表里一体，二者的盛行使得佛教浸透到中世社会的各个领域。[①]

第三个原因，也是起决定性作用的原因，即僧人装束的当权者成为常态。在中世，白河、鸟羽、后白河法皇，以及平清盛、北条时赖、足利义满等公武政权的当权者们，以出家的身份大行世俗权力。即居于权力制高点之人是僧俗融合的体现者。由此一来，世俗与出家间的无边界化不断加深是必然的。关于此，后文将详细展开论述。并且，僧人装束的当权者出现之背景是自9世纪后半期以来净土教的盛行。净土教开始渗透进贵族社会，心向极乐往生而出家十分流行，院政时期僧人装束的当权者相继产生。如此，以净土教为背景的、僧人装束的当权者常态化，这极大地促进了中世世俗与出家的相互渗透。

而且，我对一直以来的镰仓新佛教史观持批判态度。其体现出的问题有以下五点：（1）将中世旧佛教划归古代佛教，无视律令制瓦解引起的古代佛教之质变；（2）认为直到镰仓新佛教才开始向民众广泛宣扬佛法，无视院政期佛教向民众的开放；（3）将平安时代净土教向专修念佛的转换定义为"从恶人往生传到恶人往生论"的脉络，无视显密佛教中普遍对善导教学的接纳；（4）持有镰仓时代佛教革新登场证明旧佛教腐败堕落的论点，而该问题还是必须要以治承、寿永内乱等外部原因为主干来分析；（5）一直以来净土教研究主要集中收束于法然、亲鸾，并叙述其发展史，然而法然、亲鸾仅为中世净土教的旁支分流，还应当探明主流中世净土教的实际风貌。

在以上五点之中，本文选取第二点和第五点（第三、四小节）来论述，同时考察显密佛教为中世社会带来的影响。

---

① 平雅行：《末法・末代観の歴史的意義》，《日本中世の社会と仏教》，塙書房，1992年；平雅行：《末法思想と澆季観》，《仏教的伝統と人間の生》，法蔵館，2014年。

二、院政期的社会与佛教

（一）民众的世界与佛教

我们先围绕佛教对民众的开放进行探讨。首先应明确，镰仓新佛教史观设定的"镰仓新佛教首先开始向民众广泛传播佛法"这种看法是如同神话般毫无学术根据的。

根据平安后期的卖券记录，"沙弥（仲寿）""沙弥道念""宫友入道""沙弥"等进行了田地交易。①可以确认存在"延昭入道作""作有重法师""作人入道""作人为光入道"等出家入道的作人；据山城国禅定寺田畠流记账记载，"沙弥观秀"的墙内田地与"沙弥长延"之土地相邻。②保延三年（1137）东大寺华严会免田注文（大和国土田庄）中，可见有"源次入道""平大夫入道""二郎入道""助正入道"等负名；仁平三年（1153）东大寺纳所收纳日记中也记有"国分寺尼君名""因幡入道名""符生入道名"等。③在有关继承文书中，"入道学源""生母尼""吉则入道道寂""沙弥心觉""（山村）则房入道""入道西念""亲父兼弘入道"等称呼登场。又如永长二年（1097）安乐寺使者闯入筑前国碓井封抢夺人马时，不慎被绑架扣押的两人称作"小人道法师"和"僧寂禅子"。④

---

① 《康平三年三月五日沙弥仲寿治田壳券》，《平安遗文》952号；《嘉承二年十二月二十八日大安寺権上座长会畠壳券》，《平安遗文》1682号；《保延二年十月八日宫友入道畠壳券》，《平安遗文》2351号；《久寿元年十二月二十七日沙弥某田地壳券》，《平安遗文》2805号。
② 《年月日欠前律師源義置文》，《平安遗文》1152号；《应德二年三月十六日安芸国高田郡司解》，《平安遗文》4649号；《久安元年十二月日讃岐国善通寺曼荼羅寺寺領注進状》，《平安遗文》2569号；《長保三年四月八日山城国禅定寺田畠流記帳》，《平安遗文》408号。
③ 《保延三年三月日大和国東大寺華厳会床饗免田注文案》，《平安遗文》2365号；《仁平三年四月東大寺纳所收納日記》，《平安遗文》2803号。同时参照佐藤泰弘：《華厳会免田の收納と領主》，《甲南大学紀要　文学篇》154号，2008年。
④ 《应德元年九月十日清原正宗讓状》，《平安遗文》1215号；《应德元年十二月十日尼康妙处分状》，《平安遗文》1225号；《康和六年二月日大和国小東莊白米免田負所名注文案》，《平安遗文》1532号；《天永元年闰七月十三日沙弥心覚処分状案》，《平安遗文》1729号；《天治元年十二月十二日山村則房処分状案》，《平安遗文》2025号；《承安二年十二月八日入道西念讓状案》，《平安遗文》3612号；《承安三年二月十四日清原兼平質地去状案》，《平安遗文》3619号；《永長二年六月二十六日筑前国碓井封山口村住人注進状案》，《平安遗文》1376号。同时参照稻垣泰彦：《日本中世社会史論》，東京大学出版会，1981年。

　　地方证明契约中"沙弥""入道"也多有出现。平安后期，由附近的有实力者在卖券、纷失状上署名，以保证其有效性，"僧觉贤并一男吉江太郎丸等"的田产买券上，署名的五位当地刀祢中，有三名都是僧名称谓，藤井得重卖券上的署名分别为"行得（大炊）""行念（鬼入道）""教寂（小藤太入道）"，三人全部都用法号。藤原氏女家地券纷失状上面，"在地人"十一名署名者中有"沙弥西道""沙弥道智""出云房""僧昌贤"等，定贤田地卖券之中，当地署名六人之中也有"冈前庄藏入道""同庄林入道"两人的画押。①我们把作为沙弥、入道而在世俗社会中生活的人们称为"在俗出家"，正如上面案例所展示的，院政期有相当多的在俗出家者在地方社会活动。

　　不久，他们当中的一部分也逐渐半职业化。《中右记》大治二年（1127）五月四日记录，藤原宗忠遇一声音优美之比丘尼，其原乃河内国住人，曾为人妇。因膝下无子，年过五十后，遂告别丈夫出家为尼。至当时她已61岁，其间常住于天王寺西门，"偏专念佛"。承安五年（1175）法然萌发由小乘转向净土教之回心，从文治二年（1186）开始才作为净土教名家被广泛知晓，建仁元年（1201）亲鸾拜法然为师，②而早在此之前，河内国一位平凡的人妇，就已出家专修念佛。因为有着美妙绝伦的嗓音，她的和赞和念佛得到广泛好评，故而被邀请到京都的大纳言藤原宗重府上。又如，伊豆山的法音乃守"一生不犯"戒律之比丘尼，不但与北条政子结成师檀关系，在源赖朝举兵之时，还受命代替赖朝勤行日课佛事。③

　　中世显密佛教界不承认比丘尼之受戒，她们只能停留在沙弥尼这一等级，显密僧里不存在女性，她们显然不可能成为天王寺或伊豆山的寺僧。然而随着佛教、净土教在民众的世界之间广泛传播，在上述这种圣地周边聚集大量在俗出家者，不论男女，于此常住修行。结果在他们中间出现了半职业化者，与圣地参拜者们结成师檀关系，这就是所谓"圣"。对于圣这种身份，

---

①　《大治五年十二月二十二日僧觉贤畠買券》，《平安遗文》2173号；《长承二年十二月十二日藤井得重所领壳券》，《平安遗文》2292号；《久安六年四月八日藤原氏女家地券纷失状案》，《平安遗文》2700号；《仁平三年三月日僧定贤田地壳券》，《平安遗文》2781号。同时参照秋宗康子：《保证刀祢について》，《史林》1961年44号第4；北村优季：《平安京の支配機構》，《史学雑誌》1985年94号第1。

②　平雅行：《法然》，山川出版社，2018年。

③　《吾妻鏡》治承四年八月十八日条。

遁世的显密僧占其中大多数，也有的是从在俗出家之中诞生出来的。[①]

并且，在显密佛教的世界中，也遍布着恶人往生思想。以唐朝善导的本愿念佛说为背景，类似"未断惑凡夫，依念佛力得往生"[②]这样的说法阐述着恶人往生，可见这一概念当时已在显密佛教界成为常识。又如藤原宗忠《中右记》元永三年（1120）二月十二日写道："弥陀本愿，不弃重罪人也，依之有往生志人，只可修念佛也。"在民众的世界中也传唱着"弥陀弘誓诚可信，虽有十恶五逆者，口称圣名一遍已，来迎引接必无疑"的歌谣。此歌被作为今样收录于后白河院编纂的《梁尘秘抄》（成立于1169年），体现出认为无论何种恶人只要凭借念佛就可极乐往生的思想，这也印证了显密佛教的恶人往生思想已传播至民众世界中。

就这样，恶人通过念佛而往生的故事在今样中传唱，在院政时期广为流传，也可见在俗出家在地方社会和民众的世界中相当普及。在法然和亲鸾登场之前，佛教已经广泛渗透进民众的世界中了。

（二）佛教向地方、民众渗透的主要原因

那么，是什么导致佛教在院政期向地方社会和民众世界渗透呢？在众多原因当中，第一大原因就是寺领庄园的确立。其中包括杀生禁断、民众意识的吸纳两个方面。

首先我们分析杀生禁断。院政时期伴随着领域型庄园的形成与庄园公领制的成立，显密寺院在其庄园内禁止杀生，号称"佛地""佛物"，试图将庄园圣域化，来防止国司收公和武士侵占。康和四年（1102），东大寺言称"寺家诸国庄园并末寺别院各庄，皆悉杀生禁断"，极力要将敌对者与"昼夜猎鱼（渔）"之徒彻底驱逐出去；延久二年（1070），土佐国金刚顶寺遣责相邻庄园的庄司，抢夺"杀生禁断之佛地"以充"田猎鱼捕之私领"，并且主张侵夺佛地等同于五逆罪，属于极恶之罪行。[③]虽然寺院周边二里内禁止杀生

---

① 报告当时针对在俗、出家、圣之间关系的表述稍显模糊，本文加以更新修改。
② 禅瑜：《阿弥陀新十疑》，参见佐藤哲英《叡山净土教の研究》，百華苑，1979年，资料编第249頁。
③ 《康和四年五月二十六日東大寺政所下文案》，《平安遺文》1483号；《延久二年七月八日土佐国金剛頂寺解案》，《平安遺文》1047号；《寬弘元年九月二十五日太政官符案》，《平安遺文》436号。

为古代以来的惯例，但是此处将禁杀的范围扩大到连同远离寺院的寺领庄园在内。当然，像这样在庄园内实施禁杀的目的是保全领主权，而从另一方面来讲，强制性禁止渔猎，也有助于向民众强力地注入佛教劝诫杀生的思想。

其次是积极吸纳民众意识。天养元年（1144）愿文中载，播磨国极乐寺别当常做各种善行，不但包括劝进寺中及庄内之道俗、奉献六万九千三百八十四前之香花、建造石塔八万四千基、七日七夜百万遍念佛等，还为僧十人、尼四人"出家得度"。[①]另外尚附有比丘尼得度的记录，从其之前未经受戒这一点来推测，此处出现的僧尼应该都是在俗出家。即，作为领主的寺院广泛布教并让庄民出家。要实现对民众顺利有效的支配，则必须要吸纳民众意识，显密寺社正是尝试通过积极传播佛法、劝导在俗出家等捕获庄民们的心。结果就出现了上文所提及东大寺华严会免田及纳所收纳日记中，收录众多的入道法名的现象。

又如，备后国太田庄于文治二年（1186）成为高野山领地，当时将贞观时代所作佛像（木造十一面观音立像）移至现今所在地，开设了如今的高野山龙华寺，并以此作为庄园支配的据点。而且对下司、公文、百姓声明，只要开垦经营、缴纳全部年贡，就是达成了最上等的"现世安隐（稳）祈""后生善处之勤"。教导宣扬民众劳动和缴纳年贡，与佛法兴隆带来社会繁荣以及个人的现世安稳和极乐往生是相连相关的。相反，恐吓民众如果不服从高野山的支配，则会遭受所有一切神罚佛罚、天谴报应。[②]由于寺领庄园其领主与神佛一体化，年贡缴纳、拖欠之类世俗的行为就会被视宗教上的善行、恶行。因此，正如"交年贡即向极乐、背领主则堕地狱"一般，领主—农民之间世俗的关系萌生出浓厚的宗教性。就这样，以寺领庄园的支配作为媒介，佛教在民众的世界中广泛散播。对于民众意识的管理，在古代由律令制国家主导，进入中世以来则成为领主权力所面临的课题。

---

① 《天養元年六月二十九日播磨国極楽寺別当禅恵願文》，《平安遺文　金石文編》299号。另外参照安藤孝一：《播磨国極楽寺瓦経塚の研究》，《東京国立博物館紀要》1997年32号；《播磨極楽寺瓦経塚》，姫路市教育委員会，1999年。

② 《建久三年正月十五日鑁阿下文》，《鎌倉遺文》575号。另外参照蔵橋純海夫：《備後国太田荘政所寺院の興亡》，《国立歴史民俗博物館研究報告》1992年45号。关于通过庄园制展开佛教向民众渗透的问题，在笔者论文《旧仏教の中世的展開》（《日本学》1983年2号）中已有论述，本文重新对其正式深入讨论。

佛教传播的第二大原因就是现世祈祷的重要性。正如文章开头所述，日本中世处于巫术与技术尚未分离的历史阶段，对于农业生产而言丰收祈祷是不可或缺的。因此，五谷丰穰之祈祷作为广义上的劝农活动之一，作为农业振兴举措发挥效能。再加上院政期间神佛习合极大推进，人们开始认为通过佛教可以有效向神明祈祷。以至于五谷丰穰祈祷在权门寺社、诸国一宫、地方大型寺院、庄园镇守，乃至村堂、村社中，全国各地一齐实施。[1]延历寺等权门寺院的祈祷活动有着广泛的社会基础，而村堂、村社也承担着显密佛教毛细血管的职能。由此，显密佛教与地方民众的生活紧密联系在一起。

另外在院政期，地方社会内国衙祈祷体制与本寺末寺关系之间互相竞争，这种竞争引起显密佛教所谓在地性的不断深化。

首先国衙以当地一宫为中心整编地方寺院，在各国建构五谷丰穰、镇护国家祈祷的体制。[2]而且将一宫的迁宫费用作为一国平均役向地方民众赋课，从另一方面理解，也就是强制性让民众承认国衙祈祷的恩惠。

针对上述国衙主导活动的抵抗也日益激化。随着11世纪中叶武士开始将国衙私有化，权门寺院的恶僧们往返于各国之间，分散进入地方社会，积极组织对国衙不满的势力。继而将地方民众整编成神人、讲众等组织，设立末寺末社，同时试图以强诉的形式将地方利害诉求向中央政治反映。结果形成"诸国土民，为逃课役，或称神人，或为恶僧，横行部内，对捍国务""或称灵祠之末社，或号权门之所领，社者补数千之神人，寺者定巨多之讲众，各振己威，打妨吏务，频横行乡村，动责烦国衙"的局面，[3]本寺末寺的关系网使国衙行政麻痹失效。中世的地方社会，正是在国衙祈祷体制与本寺末寺关系的对立、协调之中展开，围绕现世祈祷展开的这种竞争关系，使得佛教深入渗透到地方社会中。

第三大原因在于，朝廷实施的禁止杀生等举措政策。禁止杀生被认为具

---

① 井原今朝男：《中世国家の儀礼と国役・公事》，《日本中世の国政と家政》，校倉書房，1995年。

② 井原今朝男：《中世の国衙寺社体制と民衆統合儀礼》，《中世一宫制の歴史の展開 下》，岩田書院，2004年。

③ 《保延元年七月二十七日藤原敦光勘文》，《本朝続文粋》（国史大系），第29页；《保元新制》，《中世法制史料集》六卷第一部，第14页。

有净化时间和空间的机能，[①]院政期首先出台京都周边狩猎禁令（1072、1130）试图将京都圣域化。进而在举行仁王会、宸笔八讲等重要法会活动，以及尊胜寺、兴福寺、东大寺等创建、修造供养时，下令在全国范围禁止杀生。六斋日的杀生禁断令自古代以来已有，而到院政期时则出现了每月十斋日的杀生禁断令（1081、1106）。[②]值得一提的是，《拾遗往生传》中指责伊予在厅橘守辅为"邪见"之辈，其理由是在他80岁以前，一直以来"斋日节时、未曾精进"。[③]仅因为无视六斋日、十斋日之精进，就被批判成邪见的时代已经来临。

并且，白河院在晚年为求长生，亦十分热衷于杀生禁断。永久二年（1114）命检非违使逮捕"杀生之辈，捕鸟人等"，拆毁宇治、田上的鱼栅。从天治二年（1125）以来更为严格，烧毁诸国渔网8823张，使狩猎、捕鱼活动遭受重大打击。[④]白河院认为，将自身执行的肉食忌避、精进洁斋推广至整个社会全体，就可以获得长寿。由于朝廷的如此施策，杀生罪业观念逐渐扎根于民众之间。

同时，布施活动也常常举行。比如承安五年（1175）在莲华王院举办建春门院百日忏法之时，后白河院作百日之布施（每日米十石），同时还为有志向者百余人剃发出家，并每人赐衣一件。还有建久元年（1190）东大寺上栋时，前来参观的民众中，也有不少人直接剃发出家。[⑤]总之，自院政期开始，从京都到乡野都盛行各种佛事法会，当时连带直接皈依出家的民众也不在少数。

如上所述，在院政时代，佛教通过多种多样的路径向地方和民众普及传播。简要作总结即：由于院政时期寺领庄园的成立、国衙祈祷体制与本寺末寺关系之间的竞争、朝廷的杀生禁断、恶人往生思想的传播等原因，佛教广泛渗透到地方和民众世界之中，且与在俗出家的展开紧密相连。将佛教散播

① 平雅行：《殺生禁断の歴史的展開》，《日本社会の史的構造 古代・中世》，思文閣出版，1997年；平雅行：《殺生禁断と殺生罪業観》，《周縁文化と身分制》，思文閣出版，2005年。
② 《永昌記》嘉承元年四月九日条。
③ 《拾遗往生传》中卷三四，日本思想大系《往生伝 法華験記》，第350页。
④ 《中右記》永久二年九月八日—十七日；大治四年六月十一日条；《百錬抄》大治二年八月十日条；《今鏡》第二，講談社学術文庫上卷，第281页。
⑤ 《百錬抄》承安五年五月二十七日条《東大寺造立供養記》，《群書類従》第二四輯，第404页。

给民众的并非法然、亲鸾。

三、中世社会与净土教

（一）在俗出家的历史展开

从来很少被注意到的一点还有，净土教为中世留下了深刻的影响，即在俗出家的存在。[①]他们在出家后依然保留着家督地位，保持自身权势，有着极大的政治影响力。从白河、鸟羽、后白河法皇，以及藤原信西、平清盛、西园寺公经、九条道家，到北条时赖、贞时，足利义满、义持等，中世公武两方的掌权者多数都是在俗出家。不仅如此，村、町之中的长老大多也是在俗出家。例如著名的中世村落——菅浦，在贞和二年（1346）制定了村掟，在其上署名的12名村中领导者全员都用法名。[②]

而且在俗出家的数量庞大。就镰仓幕府的决策机关——评定众而言，如文永二年（1265）评定众12名之中在俗出家7名，已超过半数。[③]又如，坂田聪摘出了菅浦住民中称呼法名的比例，蔺部寿树从百姓申状署名中统计出现法名的数量，见表1。从中可以看出，镰仓末期、南北朝时期，名主百姓中在俗出家者约占三成左右。[④]可见在俗出家者数量相当之多，且组织领导层基本都为在俗出家，甚至可以说日本的中世社会基本依靠在俗出家者管理运作。这在世界历史中比较罕见，对于日本而言也是中世仅有的特殊现象。总之，对于在俗出家的讨论，可以显现出日本中世社会的特殊性，展现中世佛教的特性，还可以厘清在中世社会展开的中世净土教之本流脉络。

---

① 有关在俗出家的详细解释，以及个别事例出处，参考笔者论文《出家入道と中世社会》，《大阪大学大学院文学研究科紀要》2013年53号；以及《日本中世における在俗出家について》，《大阪大学大学院文学研究科紀要》2015年55号。而且，在俗出家将显密僧的僧服罩在禅律念佛系圣的黑衣之上。例如在《法然上人行状绘图》卷八、卷二十六、卷二十七、卷四十二中，绘画了包括在俗出家的九条兼实、北条时赖以及出家装束的御家人等的形象，从外观上基本不能区分所谓专业僧侣（显密僧、圣）和在俗出家。（平雅行：《法然》，第17页）

② 《贞和二年九月日菅浦庄惣村置文》，滋贺大学日本经济文化研究所史料馆编：《菅浦文书》180号。

③ 《関東評定衆伝》，《群书類従》第四辑，第314页。

④ 坂田聪：《家と村社会の成立》，高志书院，2011年，第251頁；蔺部寿树：《日本中世村落内身分の研究》，校倉书房，2002年，第145頁。

表1　村落住人姓名中法名所占比例表

时期	13世纪后期	14世纪前期	14世纪后期	15世纪前期	15世纪后期	16世纪前期	16世纪后期	17世纪前期
坂田论文	7%（54）	25%（223）	36%（87）	19%（211）	16%（308）	7%（953）	3%（545）	—%（—）
薗部论文	33%（102）	43%（101）	25%（77）	15%（136）	24%（268）	9%（243）	9%（1 054）	4%（685）

（注）%表示住人姓名中法名的占比。（ ）中为原始数据的样本总数。坂田聪论文以菅浦住民之姓名作为样本总数，薗部寿树论文以百姓申状中所记载的姓名为样本总数，并各自算出法名的占比。两篇论文出处请参照第104页注释④。

　　当然，在俗出家并不是一种逃避租税的对策。10世纪的租税改革废除了僧侣的课役免除特权，此后基本不可能通过出家的方式来逃避租税。事实上，在中世时期，不仅在俗出家的御家人依然承担着军役、大番役、关东御公事等御家人赋役，在俗出家的百姓也必须缴纳年贡、公事等，不会仅因出家就可以免除所负担的赋役。所以在俗出家并不是避税对策，而是基于信仰的选择，所谓信仰即指净土教。

　　净土教给人们带来一大矛盾纠葛。人们一般都持有"愿现世生活美满，也愿来世幸福"的二世安乐愿望，而净土教所谓极乐往生的条件则是要求"厌离秽土、欣求净土"。也就是说，要获得来世幸福，必须要否定现世，放弃现世的幸福。佛教中不会简单地承认二世安乐论，于是在现世幸福与来世幸福之间的矛盾纠葛中，出现了出家这一行为。世俗大众的出家，被视作否定现世觉悟之表现而受到赞扬。不过其本质是一种"厌离秽土"的伪装，为了获取来世幸福而假装否定现世。①

　　这种出家最早始于所谓的临终出家。以9世纪中叶天皇家的临终出家为开端，②如基贞亲王（849）、仁明天皇（850）、皇太后嘉智子（850）、繁子内亲王（851）、人康亲王（859）、源启（869）等。其与地狱、极乐观念的渗透

①　这种"厌离秽土"的伪装，在以往的净土教研究中常常被误认为是本质实态（真实的信仰）。这种观点代表的研究者是井上光贞。（平雅行：《井上光贞—焼け跡に市世代の歴史学一》，《戦後歴史学と日本仏教》，法蔵館，2016年）
②　平雅行：《浄土教研究の課題》，《日本中世の社会と仏教》。三橋正认为，临终出家行为为日本独有，而在中国、朝鲜并未出现。（三橋正：《平安時代の信仰と宗教儀礼》，続群書類従完成会，2000年，第611頁）

可谓表里一体，最终临终出家的风尚在上流贵族，乃至贵族社会全体间广泛普及。

由于出家所得到的治病效果，直观地证明了临终出家就是一种伪装的"厌离秽土"行为。认为只要出家就能获得神佛护佑，即可祛除疾病灾厄。《荣华物语》中如此描述藤原道长的出家：

> 舍富贵荣华之家门，而出家入道，三世诸佛皆欢喜，现世延年益寿，来世直登上品上生。凡受三归五戒之人，亦能受三十六天神祇、十亿恒河沙鬼神护佑。

出家就可疾病痊愈，即使不见效也能使人往生，临终出家的习俗就这样固定下来。实际上，《兵范记》提及平清盛的出家，写道"已入佛道、除病、延寿、得菩提者必无疑乎"，大江广元为"存命"而出家，足利义持出家的目的也是"寿限长久"。[①]

不过即便临终出家之人，大多数还是随即去世，即便能延缓时日，也基本失去了在世俗社会中活动的机会，所以临终出家的社会影响是很小的。

情况是在藤原道长身上开始发生变化的。宽仁三年（1019），道长因身患重病生命垂危出家，之后不满十日竟然痊愈了。[②]这种情况下也不可能直接引退，于是在俗出家的最高权力者便诞生了，又持续执权八年。以此为先例，在俗出家的掌权者在院政时期相继出现。白河院虽因女儿身亡而出家，却在之后执掌政界长达33年。其后，鸟羽法皇有14年、后白河法皇约有20年时间君临"治天之君"的宝座。[③]

在此之前，一般惯例是辞掉官职、让出家督之位后才出家。另外据《日本往生极乐记》（成书于985年左右）中的记述，伊予国越智益躬秘密出家且取得法号，早晚念佛诵经毫不懈息，并未剃发，日间则处理一国之政务。[④]

---

① 《榮華物語》卷一五，《日本古典文学大系》上卷，第443页；《兵範記》仁安三年二月十一日条；《吾妻镜》建保五年十一月十日条；《看聞日記》应永三十年四月二十九日条。
② 《小右記》宽仁三年三月二十九日条。
③ 真木隆行：《法皇院政とその出家儀礼の確立》，《アジア遊学》2017年206号。
④ 《日本往生極楽記》三六，日本思想大系《往生伝 法華験記》，第38页。

在保留家督地位的在俗出家者出现之前，已经有笃信者如此出家而不削发，并且从事世俗事务，自身信仰和社会活动二者兼顾。不过，随着在俗出家的最高权力者相继登场，对于剃发着僧衣而从事世俗活动的反感也逐渐变弱。于是，保留家督地位在俗出家的风尚，从贵族社会到武士社会，进而向民众的世界散播开来。

不过正如先前所提及，院政时期民众的世界中在俗出家者已相当普及。贵族和武士出家必须辞掉官职，而民众则不然，伴随出家带来的社会关系的制约不强。可以说在俗出家是在民众的世界中率先开展的，再加上在贵族、武士社会当中的流行，这些都导致南北朝时期惣村的在俗出家者数量激增。

（二）在俗出家的社会展开

在中世出家的原因多种多样。自发出家的契机如：疾病、灾厄、发心、高龄、生活充足、失意谛念、耻辱、入道成、共同出家、他人去世、败北、抗议等；被强制出家，即命令败北者及其家臣、妻室出家。[①]从整体来看，因为疾病、高龄、祛厄，以及主君、丈夫之死而出家的情况较多，特别是在南北朝内乱时期还盛行"投降出家"。另外还出现了类似罢工一般政治抗议的出家。事实上，有人出家遁世，让出家督、生活全然改变；也有人出家后除剃发、着僧衣以外，生活完全没有变化。尽管如此，中世人的生命周期还是向〔世俗活动→保留家督地位在俗出家→放弃家督地位遁世生活→死亡〕的模式变化。而且死后出家在近世、近现代很普遍，其最早出现应当追溯到九条良通（1188），在整个中世并不多见，大多数人在世时就已出家。

在中世尚有在俗出家可以充任的职位，以及在俗出家不可充任的职位。[②]一方面，在中世，以在俗出家身份可充任的官职或职能迅速扩大。朝廷方面可充任院、准后、关东申次、知行国主、本家、领家、家司等职位，并可参加院御所的议定；在地方可充任目代、在国司、在厅官人、预所、下司、公文、郡司、乡司、图师、田所等职务；幕府方面在俗出家可充任问注所及政

① 平雅行：《日本中世における在俗出家について》，《大阪大学大学院文学研究科紀要》2015年55号。
② 平雅行：《出家入道と中世社会》，《大阪大学大学院文学研究科紀要》2013年53号。

所执事、评定众、引付众、东使、守护、地头、家令、奉行人等；民众的世界中，名主、沙汰人、番头、作人、神人、医师、舵手、木工、锻冶、说唱者、茶商、奴婢下人，以至于非人、河原者中均有在俗出家。中世在俗出家的活动空间也急速扩大，因此，出家的门槛进一步降低。

另一方面，亦存在出家者不可充任的官职。朝廷方面如天皇、摄政关白、大臣、纳言、参议、国司等官职；镰仓幕府如将军、执权、连署、探题等职位，都不得由在俗出家就任。①可能由于以上职位权威较高，故不准许在俗出家充任。结果就造成了这些权重高位不断空洞化。

对于天皇家、摄关家、将军家，家长大多出家后将地位让与其子，但实权依然继续掌握在出家后的家长手中。比如足利义满身为室町幕府将军，在朝廷方面已任左大臣、太政大臣之职，应永二年（1395）时他38岁，刚与其父义诠享年相同，于是为延年祈寿而出家，以上职位也随之取消。然而义持虽为将军却无实权，之后幕府、朝廷还是遵照足利义满的意向进行运作。同样，治天之君——天皇，大殿——摄关、将军，北条得宗——执权的关系亦是如此。也就是说在中世，实权由政治系统之外的人掌握，经常出现天皇、摄关、将军、执权其权力职能被架空的事态。

这种现象之所以产生，除净土教影响之外，也与家督权力的膨胀有关。庄园公领制成立以来，承认"职"可以被作为私有财产继承。朝廷及幕府虽然为追认继承而颁发补任状，但也只不过是形式上而已。后继者的决定权掌握在父家长手中，于是家督权力日益增强，相反朝廷、幕府的公权就弱化了。实际上，比如御成败式目二十六条中，规定家长的悔返权，其效力要优先于幕府的所领安堵状。朝廷内部，如关白二条良实与大纳言四条隆显，不得不遵照其父意向，被迫各自辞任关白、大纳言，并将官位相互交换。②这也证明了悔返权要比朝廷的任命权更重要。在天皇家、摄关家、将军家中，

---

① 执权、连署、探题之职能否由在俗出家者充任，基本视镰仓幕府判断而决定，而幕府认定其不得就任。上述职位与守护、地头、评定众、奉行人等不同，属于北条氏独占之位置，估计是出于与其他幕府职位区别化的考虑，为了提升其权威性，故而不允许出家者就任。最早室町幕府的执事、管领也不得由在俗出家充任，应永二年（1395）足利义满迫使管领斯波义将与之一同出家，在此之后在俗出家者任管领成为常态。参考前引论文《出家入道と中世社会》《日本中世における在俗出家について》。
② 《冈屋関白記》宽元四年正月二十八日条；《公卿補任》建治二年条、三年条；《とはずがたり》，《新日本古典文学大系》九八，第107頁。

以私有财产为中心组织家臣、私兵形成了新的"家",伴随着家长权限的强化,天皇、摄关、将军的权力职能也不断空洞化。在这种情况下,出家后身无职位身份的家长,以僧人形态继续行使权力,由此出现了出家人承担社会运作中枢的别样世界。

综上所述,随着家督权的强化,出家者权势益盛,以至在俗出家实际控制社会运作。

（三）围绕在俗出家的几个问题

下面将话题转到在俗出家与净土教、在俗出家与神佛习合以及在俗出家与本觉思想的关系三个方面。首先探讨第一个方面。

本来这种在俗出家与法然、亲鸾的思想并无关系。临终出家从9世纪后半开始出现,白河、鸟羽院等在俗出家处于院政期,那么在俗出家的风尚当然是基于显密佛教中的净土教。原本专修念佛中,也并未将出家赋予特殊的宗教含义。专修念佛将念佛与信心视作绝对至上的价值,所以在家念佛与出家念佛即为等价。因此专修念佛之信徒,其出家不带有宗教意味。

以宣政门院的出家为例。宣政门院乃后醍醐天皇之女,又是光严上皇之皇后,所以充当着南朝与北朝之间沟通渠道的角色。此种使命负担沉重,她遂在后醍醐天皇去世的第二年,即历应三年(1340),秘密逃出上皇御所出家。关白一条经通听闻此事,在日记中这样指责道:"厌离秽土之志既深,则净土宗尤足其要,已不弃十恶五逆,而他力本愿有何不足哉。"① 经通指出,依照净土宗他力本愿思想,无须出家,女院的出家更是毫无道理。其实宣政门院是为了逃避政治上的重担,以萌发信心为名义出家,而关白一条经通指责道,如果因为信仰,那么皈依净土宗即可,不必出家。这一实例说明,在俗出家的习惯与净土宗无关,而是根植于显密佛教中的净土教,这也是当时社会的普遍认识。

---

① 《玉英記抄》暦応三年五月三十日条。有关专修念佛思想的概要,可以参考笔者所著《法然》以及《親鸞とその時代》,法蔵館,2001年。

在俗出家给中世社会带来的影响非常深刻，这种习惯受显密佛教的净土教支撑。中世净土教的主流是显密佛教的净土教，专修念佛在净土教的发展史中属于少数派。我们必须通过了解在俗出家行为的广泛开展，重新认识显密佛教影响中世社会的深刻程度。

在俗出家也给神佛习合带来极大影响。上岛享认为，11、12世纪，在王权的主导下，神佛习合迅速发展。①提出"新的神佛习合"这一视角属于上岛老师慧眼巧思，不过神佛习合的真正全面展开，应当从本地垂迹说登场的12世纪开始。实际上由于本地垂迹说的出现及传播，神社于寺院之间无边界化继续推进，在日本中世，寺院同时为镇守社，而神社一般都是神宫寺。而且还出现了如同石清水八幡宫寺一般，将寺院名与神社名并称的现象。可惜上岛老师并未论及这一时期神佛习合发展的原因。院政期白河、鸟羽、后白河等出家的"治天之君"相继登场，意味着僧侣成为最高当权者，这给神佛之间关系带来了重大影响。

抵触神佛习合最为强烈的神社当属伊势神宫。其虽然不对佛教持否定态度，却执行着最为严格的神佛隔离。比如使用"发长"这种禁忌语指代僧侣，避忌佛教，伊势方面的神事奉行避讳与僧尼见面，对于参加佛事也搁置暂缓。而当法皇出现之后，以伊势神宫为首的神社，其政策决定权开始掌握在僧侣手中。神事奉行必须遵从白河法皇指示，可法皇又是出家身份不便相见，无所适从，十分苦恼，最终听从大江匡房劝说，前往法皇御所。②神佛隔离的壁垒就这样开始被打破。此处的大江匡房是白河院的近臣，又是本地垂迹说的创始者。神佛隔离的缓和，在白河法皇与大江匡房的配合协作下持续推进。③

---

① 上岛享：《日本中世社会の形成と王権》，名古屋大学出版会，2010年，第247页。另外本文将新的神佛习合发展之背景，归纳为中世社会成立期的混乱与法皇登场。伴随律令体制瓦解和中世社会形成出现的各阶层的沉浮与混乱，极大动摇了旧有的神社信仰。所以神社"中世性"的再生，往往伴随着神格的变革，以神佛习合的形态出现，由院主导（平雅行：《鎌倉仏教と専修念仏》，法藏館，2017年，第448頁）。此外，神佛习合、本地垂迹也有应对中世知识技术发展的一面（同前书，第28頁）。
② 《中右记》嘉保三年十一月三十日条。
③ 吉原浩人：《神仏習合思想史上の大江匡房》，《和漢比較文学叢書》一四，汲古書院，1994年；平雅行：《出家入道と中世社会》；有关贺茂社神佛习合的展开，参考嵯峨井建：《神仏習合の歴史と儀礼空間》，思文閣出版，2013年。

　　自此以后，一般神社，乃至伊势神宫的神佛隔离也在逐渐松动。白河法皇对伊势神宫举行神宝奉纳（1113），后白河法皇两次派遣公卿敕使（1183、1192），皆因出家身份产生过纠纷，[①]但最终都依法皇意志强硬推行。其中在元历二年（1185），僧侣还暂驻伊势并举行读经。因当时认为讲经、读经活动，能够给因战乱而疲弊的神明带来活力。[②]而且，在蒙古袭来第二年的建治元年（1275），朝廷还在内宫、外宫侧面建造了巨大的寺院——法乐舍。弘安三年（1280）叡尊借助龟山院、西园寺实兼的支持，于内宫、外宫分别奉纳一切经。[③]伊势神宫给旁边也建立了神宫寺，并奉纳一切经，神宫中的读经、讲经也成为例行活动。

　　伊势神宫执行神佛隔离最为彻底，而由于法皇登场、治承，寿永之乱，蒙古袭来这三大因素影响，伊势神宫的神佛习合得以最终完成。

　　下面将要讨论在俗出家与本觉思想的关系。在俗出家的出现导致世俗和出家之间的界限消失，并且也影响到了佛教思想。佛教本质是逃避世俗的宗教。否定世俗价值，鼓励在世俗外修行佛道是其原本形式。因此世俗与出家、烦恼与菩提、迷茫与开悟的区别是明确的。然而在向大乘佛教转化过程中，救济世俗众生成为主要课题，因而价值观也随之改变。比如认为寺院要建在远离人烟的闲寂之地倡导修行。但从救济众生的观点来看，寺院反而更应该建在市井街巷之中。[④]佛教不得不进入到世俗的正中心。

　　大乘佛教转化过程中最极致的思潮就是本觉思想。否定世俗与出家、烦恼与菩提、迷茫与开悟、善与恶等明显区分的二元论观点，特点是将两者视为一体，认为在俗出家更是凡圣不二、僧俗融合的体现。日本中世本觉思想的兴盛，其社会背景应当是在俗出家的广泛展开。

---

① 《殿历》永久元年九月七日条；《玉叶》寿永二年八月二十八日条、三十日条；建久三年正月三日条、五日条、十一日条、十二条。

② 《玉叶》元历二年三月十七日条（法华房）、八月八日条（雅缘）；《东大寺众徒参诣伊势大神宫记》（重源），《真福寺善本丛刊》八，第358页。

③ 《太神宫参诣记》下，增补太神宫丛书《神宫参拝记大成》，第57页；伊势御正躰厨子纳入文书《西大寺叡尊伝记集成》，第333页。另外可参考小岛钲作：《大神宫法楽寺及び大神宫法楽舍の研究》，小岛钲作：《伊势神宫史の研究》，吉川弘文馆，1985年；荻原龍夫：《神々と村落》，弘文堂，1978年；近藤喜博：《伊势神宫御正躰》，《伊势信仰Ⅰ》，雄山阁，1985年；《伊势市史》，伊势市，2011年，第158页。

④ 《建永元年月日慈円起请文》，《镰仓遗文》1659号；《訳注日本史料　寺院法》，集英社，2015年，533页。有关本觉思想，可以参考花野充道：《本覚思想と本跡思想》，《驹沢短期大学仏教論集》九，2003年。

　　并且，并非单纯否认世俗，而是将世俗活动视为佛道实践的治生产业佛道论出现了。早在中国隋代，智顗就已提出治生产业与实相（究极的觉悟）并不矛盾，日本从镰仓时代至南北朝时期，无住、慈遍、宥范、无学祖元、梦窗疏石、义堂周信、悟溪宗顿等人，亦主张出仕朝廷、结婚生活、"田夫野人之农业"、"锻冶番匠之工巧"等治生产业与佛道是一致的。①

　　另外和歌陀罗尼说登场，宣扬歌道与佛道一致。本来和歌被批评为狂言绮语，与佛道相背。而与此相对，藤原俊成著《古来风体抄》，基于天台止观确立新古今和歌集的世界；京极为兼提出"佛法和歌，更不可有差别之意地"，认为和歌之道即是佛道；狛近真在《教训抄》（成书于1233年）中指出管弦之道与往生相连，主张应由厌世向佛的数寄者作管弦音乐；连歌家心敬也宣扬歌道佛道一如论；《专应口传》中主张插花与佛道一致；《南方录》写道："茶乃依佛法修行得道第一事也。"②

　　还有，根据芳泽元的研究，在室町武家的法体肖像中，家业彰显与赞扬宗教达成的意味是共存的。③比如小笠原满长肖像，虽绘画其剃发、着黑色法衣的形象，却在人像旁边画上弓矢。弓矢本为杀人道具，但由于满长教授将军足利义满弓马故实，故在画中插入象征家业的道具，从而表达佛道与家业的一致，赞扬对此二者的精通练达。

　　如上所述，在俗出家的社会性普及传播了本觉思想，带动了家业彰显。佛道并非否定世俗活动，真正的佛道世界正是在世俗生活最中心开始散播的。诚心诚意、励精家业与彻悟的世界相连通。由此，中世佛教从逃避世外的宗教转变为世俗内的宗教。

---

① 日本古典文学大系：《沙石集》，第57、205、224頁；慈遍：《神道書紀緣起》，《續々群書類従》一，第165頁；宥範：《大日経疏妙印抄》，《大正新脩大蔵経》58，第475頁；《仏光国師語録》，《大正新脩大蔵経》80，第196頁；《夢中問答》下76，岩波文庫，第172頁；《義堂和尚語録》，《大正新脩大蔵経》80，第525頁；《虎穴録》，《大正新脩大蔵経》81，第328頁。
② 《花園天皇日記》元弘二年三月二十四日条；《専応口伝序》，日本思想大系《古代中世芸術論》，第450頁；《南方録》，日本思想大系《近世茶道論》，第10頁；菊地仁：《和歌陀羅尼攷》，《伝承文学研究》1983年28号；志村有弘：《「教訓抄」と往生説話》，《日本文学研究》1975年11号；林玉壽：《心敬と歌道・仏道修行と「禅」》，《筑波大学平家部会論集》2007年12号。
③ 芳澤元：《室町期の禅宗と武家社会の在俗居士》，《日本中世社会と禅林文芸》，吉川弘文館，2017年；芳澤元：《中世後期の社会と在俗仏教》，《歴史学研究》2018年976号。

总结：世俗与出家的相互渗透

我在本文开头提出，在日本中世，世俗与出家间的相互渗透十分深刻，然后我探究了佛教向世俗社会浸润的实态。在文章最后，我将论述世俗原理如何倒流进入出家及寺院的世界。

在日本中世，寺院世界中的各种关系发生向世俗化的扭曲。[①]第一，师徒关系发生了扭曲，其原因就是僧侣的私财所有。由于僧侣持有私有财产，师徒关系就因财产继承而产生纠葛，师徒之间就不是单纯的教与被教的关系了。中世家长权的强化，是因为家长拥有财产继承的决定权。既然师父能将财产转让给徒弟，那么师父就如家长一般，其权限当然是强有力的。弟子日常起居服侍自不必说，有时还会被命令参加军事出动。继承师父僧坊的弟子被称为"嫡弟"，侍奉不周还会被断绝关系。正如慈圆所述"出世之师徒，如世间之父子"[②]，中世的师徒关系变质成为拟制的亲子关系，僧坊变成了拟制的家门。

第二，本寺末寺关系也产生了扭曲。本寺与末寺之间不光是宗教的关系。末寺成立有两大契机：一是权门寺社在所领地设立末寺末社，作为庄园支配的据点；二是地方寺社为了对抗各方势力压迫，自己寄进于权门寺社，处于其保护之下。作为政治保护的代偿，就要向本寺缴纳末寺赋役。具体成立原委虽各有异，但无外乎都是由于政治、经济的关系，相互结成本寺、末寺。结果两大契机不断均质化，如同东寺与善通寺、东大寺与观世音寺一般，因本寺榨取经济陷入穷困的末寺相继出现。

第三，更为重要的是，中世显密寺院以庄园作为经济基础。也就是说，寺院必然兼带有作为领主的一面。其言论、寺院组织也必然向领主制扭曲。特别是在寺院内部，庄园经营、年贡征收、本所法的制定、裁判及暴力机构的组织、对于周边领主的诉讼、与朝廷及幕府政治折冲等世俗的业务逐渐膨

---

① 平雅行：《中世仏教の成立と展開》，《日本中世の社会と仏教》，塙书房，1992年，第466页。
② 《愚管抄》卷7，第357页。

胀，中世寺院将这些业务称作"世间"，院政时代出现了专门从事"世间"的僧侣，即"世间者"。①寺院三纲、门迹的坊官被称为世间者，承担着庄园经营、寺内及门迹的人事和运作。他们基本都有妻室，其地位也由亲生子嗣继承。

伴随着中世世俗与出家之间的互相浸透，在世俗社会中在俗出家登场，出家的世界中出现了世间者，世俗社会中有着僧人装扮的世俗者，寺院世界中，如世俗者一般行事的僧侣横行，双方世界中均出现了世俗与出家的中间形态。而且，在出家、世间者、在俗出家、世俗四要素之间，更加体现相互规定性作用。我以僧人娶妻问题举例讨论。

宽平八年（896），皇太后藤原高子与僧人私通之事败露，高子被废皇太后位，僧侣也处以流放。可见在10世纪以前，朝廷还会惩处僧侣的女性问题，而在中世，显密僧娶妻者就不在少数了。比如延历寺澄宪与二条天皇的中宫高松院（1141—1176），两人育有子女二人，但未受到任何处分。再如，元久二年（1205）最胜讲听众十名中，有六人都是僧侣之子。②最胜讲作为中世佛教之显教中最高规格的法会，而选拔出来承担论义提问的年轻精英们，六成都是僧侣之子。可见至镰仓时代初期，显密僧拥有妻室已经如此普遍。

僧侣娶妻的蔓延，其原因在于法皇。他们虽然心向佛法而出家，但如表2统计，在出家后其依然生育子女。宇多院、花山院是将自己出家后所生子女，伪装作其他天皇之子，再颁布亲王宣下，任为亲王、内亲王。③因法皇之子诞生总归不合适，于是做些表面功夫加以掩饰。然而到白河、鸟羽、后白河法皇时，他们作为治天之君，毫无忌惮地承认法皇所育子女，院政期那种避讳法皇生子的意识消失了。于是显密僧对于娶妻的避讳当然也开始减退。也就是说，法皇的破戒带动了世间者拥有妻室，诱发了显密僧的娶妻，

---

① 鈴木智恵子：《「出世者·世間者」考》，《醍醐寺文化財研究所紀要》1981年3号；平雅行：《世出世》，黒田俊雄編：《訳注日本史料　寺院法》，集英社，2015年，第1117頁。

② 《扶桑略記》寬平八年九月二十二日条；《玉葉》建久二年四月二十四日条；《元久二年最勝講問答記》，平岡定海：《東大寺宗性上人之研究並史料》上卷，日本学術振興会，1958年，第58頁；田中貴子：《法華寺の八条院高倉》，《外法と愛法の中世》，砂子屋書房，1993年。

③ 《日本紀略》延喜二十一年十二月十七日条、寬弘元年五月四日条。

中世对于显密僧娶妻是放任自流的。

表2　主要当权者出家之后子女一览

人 物 名	出 家 年 月	子女姓名及诞生年月
宇多法皇	昌泰二年（899）10月	延喜20年（920）4月，雅明
花山法皇	宽和二年（986）6月	长德四年（998）昭登，其后又有清仁、觉源、深观
白河法皇	嘉保三年（1096）8月	承德二年（1098）官子，其后又有行庆、圆行
鸟羽法皇	保延七年（1141）3月	天养二年（1145）3月，颂子
后白河法皇	嘉应元年（1169）6月	养和元年（1181）10月，观子
龟山法皇	正应二年（1289）9月	乾元二年（1303）6月，恒明
北条贞时	正安三年（1301）8月	嘉元元年（1303）高时，其后又有金寿等
北条高时	正中三年（1326）3月	元德三年（1331）7月，女儿某
足利义满	应永二年（1395）6月	应永三年（1396）12月，法尊，以后又有儿女

中世寺院世界并非紧闭的，其存在形态受到世俗及在俗出家的强烈影响，所以必须要从相互规定性的动态中去把握。寺院的世俗化并非伦理的倒退，而是中世社会与佛教存在形态导致的结构性、必然性的产物。

不过在中世末期，世俗出家与世间者消失了。根据表1中的数据，到16世纪，百姓的世界中在俗出家的比例已急剧缩减至不到一成。同时未出现任天皇、将军者在俗出家的情况。至于在俗出家剧减的理由，尚有待研究，但总之进入16世纪，在俗出家的风气急剧衰退了。进而在16世纪末，丰臣秀吉明令禁止显密寺院中女色、娶妻，于长谷寺、鞍马寺驱逐娶妻僧人，文禄三年（1594）对各寺院下令，严禁女色肉食，并驱逐破戒僧人。[1]从此直至明治维新，显密寺院皆禁止女色、娶妻、肉食。就这样，院政时代登场的在俗出家与世间者，均在16世纪末消失了。

---

[1]　辻善之助：《日本仏教史　近世编之一》，岩波書店，1952年。

随着日本中世世俗与出家之间互相渗透的深化，诞生了在俗出家与世间者这样独特的存在，其于近世社会消失，世俗和出家的世界再度分离开来。

以上围绕显密佛教与中世社会的相互规定性展开的讨论，提出了显密体制论的新课题。

（平雅行，大阪大学名誉教授、京都先端科学大学特任教授；译者马藤，苏州城市学院讲师）

海域亚洲中"扶南国"地位的重新审视：基于中华世界和汉籍史料的新途径

桃木至朗

  摘　要：本文试图以三国、南北朝到隋唐时期的汉籍（中国典籍）史料为主要材料，回顾扶南国在印度洋到东南亚和东北亚海域这一广阔区域的历史中的地位和作用。本文基于近年来关于港口城市和早期国家的形成、国际贸易和宗教交流对其的影响以及中国（尤其是南朝）的世界认识和国际政策认识，阐明扶南作为中华世界和南方世界之间的中介（中转）的地位。本文还强调了信息和文献的问题，如谁提供了构成中国档案记录基础的信息，谁记录了这些信息，又是根据什么概念（知识框架）记录的等。

  关键词：扶南　港口城市　初期国家　中华世界　汉籍史料

序　论

  本文旨在以三国、南北朝至隋唐时期的汉籍（中国典籍）史料为主要材料，对"扶南国"在从印度洋到东南亚、东北亚海域这一广阔区域的历史中的地位和作用，提出自己的见解。①笔者虽并不精于湄公河下游流域及周边

---

① 有关从日本角度利用汉籍研究东南亚历史的概述，参见石田幹之助：《南海に関する支那史料》，生活社，1945年；渡邊佳成、飯岡直子：《海域アジア史のための東アジア文献史料》，桃木至朗、山内晋次、藤田加代子、蓮田隆志編：《海域アジア史研究入門》，岩波書店，2008年；古井龍介、青山亨編：《岩波講座世界歴史4南アジアと東南アジア～15世紀》，岩波書店，2022年；山本達郎編：《岩波講座東南（转下页）

地区的考古和历史研究近况，但采用了另一种方法，即将扶南问题置于包括中华世界在内的更广阔空间中，将其与日本和国际上对区域史、全球史的最新理解，及汉籍史料的特征和结构等问题联系起来。希望这种方法能够间接地帮助人们以适应全球化时代的方式理解扶南的历史和文化。

那么，在东南亚古代史 [①] 的研究领域，中国汉籍的研究能带来什么启示，又是如何启示的呢？换句话说，利用汉籍史料，我们能说明什么，又不能说明什么呢？将中国史料学、文献学的新成果与中华世界、中国王朝的新理论（不同于19世纪至20世纪上半叶基于民族国家模式对中国的理解）相结合，应有助于更深入地理解公元初期东南亚大陆地区的历史演变和国家形成，以及4—7世纪的政治和社会变迁等问题。同时，汉籍史料也有助于厘清六朝时期东南亚诸国与中国的关系，以及中国在六朝时期对东南亚的印象。例如，对南朝历代朝廷及其支配下的广州、交州而言，林邑、扶南是否只是兼并和

（接上页）アジア史1　原史東南アジア世界》，岩波書店，2001年。其中收录了本文所涉及时期的东南亚史、扶南史与汉籍资料的多篇论文。此外，笔者还讨论了南北朝至宋元时期与东南亚有关的汉籍史料的特征及其使用方法，参见桃木至朗：《南の海域世界——中国における南海交易と南海情報》，《岩波講座世界歷史9中華の分裂と再生》，岩波書店，1999年（中文版见冯军南译、罗磊审校：《3～13世纪的南海海域世界——中国的南海贸易和南海信息》，《元史及民族与边疆研究集刊》第32辑，2017年）。关于交州、林邑、扶南之间关系的讨论，参见山形真理子、桃木至朗：《林邑と環王》，《岩波講座東南アジア史1原史東南アジア世界》，岩波書店，2001年；桃木至朗：《六朝・隋唐期における江南・嶺南の発展と大陸東南アジア東部の初期国家群～東部ユーラシア広域史の観点から～》，東南アジア考古学会研究大会"扶南・林邑・真臘：編年の比較"，2021年12月12日；桃木至朗：《東南アジア世界と中華世界》，荒川正晴等編：《岩波講座世界歷史6中華世界の再編とユーラシア東部4～8世紀》，岩波書店，2022年。不能阅读日语的读者也可以参考笔者讨论林邑、环王、占城的英语论文Momoki Shiro, "'Mandala Champa' Seen from Chinese Sources," *The Cham of Vietnam: History, Society and Art*, ed. Trần Kỳ Phương and Bruce M. Lockhart, Singapore: NUS Press. 石澤良昭总结了包括扶南在内的柬埔寨、越南南部古代史，包括伯希和从汉籍出发的大量研究，参见石澤良昭：《〈新〉古代カンボジア史研究》，風響社，2013年。此外，石泰安（Rolf Alfred Stein）对林邑的研究也使用了汉籍，参见Stein, Rolf, Le Lin-yi: sa localization, sa contribution à la formation du Champa, sa lien avec le Chine, *Han-hiue, Bulletin de Centre des Études Sinologiques de Pékin*, 2, 1-3。如果从对赛代斯（G. Cœdès）"印度化国家"批判的角度来看，关于六朝时期的东南亚大陆部分至今仍含有许多有价值的见解。另一方面，虽然自汉字废除后越南学术界对汉籍的研究一直不发达，但在考古学领域，对扶南（俄厄文化）的研究却异常活跃，出版了范德猛主编的《在安江地域的 Óc Eo-后 Óc Eo 文化期考古遗址》（胡志明市国家大学出版社，2019年）等一系列研究成果，参见 Phạm Đức Mạnh, *Di tích khảo cổ học thời văn hóa Óc Eo-hậu Óc Eo trên đất An Giang*, Nhà xuất bản Đại học Quốc gia Thành phố Hồ Chí Minh。

① 这里所说的古代，既不是中国学术界所指的"西方的冲击"前的历史，也不是古典东方学者将16世纪欧洲人到来之前的时期指称为古代的笼统用法。本文参照日本中国史学界和东亚学界传统的"唐宋变革论"，以及近年来西方学术界和日本东南亚史学界把14至16世纪以后视为"近代早期"（近世）的分期方式，把公元1000年前后数百年的变革时期笼统地称为古代，参见桃木至朗：《歷史世界としての東南アジア　第2版》，山川出版社，2001年。

统治的对象？若结合关于印度文明世界的新观点和国家形成的新理论对这一问题展开分析，可弄清楚的是，尽管过去伯希和（Pellio）、费琅（Ferrand）等学者的一些考证仍存在价值，但20世纪初期东方学研究［以法国学者赛代斯（G. Cœdès）为代表］所描绘的总体图景应作重大的修正。

一、唐以前中国典籍的使用方法

1. 中国典籍及其局限

在中国学术界发展的同时，日本的汉学、东洋学界也对中国文献开展了研究，许多研究成果被翻译成中文。

在研究各种中国典籍时，必须明白它们是不同起源、不同由来、不同特征的一手和二手资料的集合，从史书、类书、政书、地方志到高僧传等各类编纂史料，不一而足。在没有Excel和谷歌地图的时代，无论这些典籍的编纂者多么博学，具有多么强的考证能力，都无法保证所收集信息的统一性和一致性。[①]

此外，中国史料存在一些特定观念。（1）它倾向于从单一主权、统一领土和父系世袭王朝统治的角度来理解外部国家。[②]（2）"国"字既指整个国土范围，也指首都。中国内外的国家有时用其首都的名称来称呼，有时用指代一定范围的地理名称来指称。[③]关于国土的统治形态，即使不是中央集权、

[①] 东南亚各国现在仍存留有儒学传统，正史这样的官修史籍、国家编纂的史料被认为比私人记录和其他文件更有价值。现存史料可能存在错误，也可能是后世史料对其进行了修改，这种重视官撰史料（二手史料）的观念与近代历史学的史料批判原则是不符合的。例如，笔者曾以环王（Champa）为例进行过讨论，参见Momoki Shiro, "'Mandala Champa' Seen from Chinese Sources"。正史《新唐书·地理志》介绍了从中国经东南亚去印度的水陆两条路线，水路、陆路途中均经过环王国都城。但陆路一般认为是现在的Bình Trị Thiên（广平、广治、承天）地区，海路只在Quảng Nam（广南）地区。由于Champa实际上是地方政权联合体，两条信息实为不同的两个地方政权自称为"环王国的都城"。中国史料将不同的遗址视为一处，或反过来用不同的多重名称记录同一地点的情况并不少见。很可能是史料编纂者不熟悉东南亚地理情况，因此无法准确识别原始记录中的信息。

[②] 本文在一些地方使用了诸如"主权""领土"这样近代主权国家时代以后的用语，但作者在使用这些词汇时，所表达的意思与其在近代语境下的含义明显不同。除此处外，其余用语已翻译为更与时代背景贴合的词汇。——译者注

[③] 马六甲海峡周边的港口城市网络，唐代以其中心城市室利佛逝（Sri Vijaya）之名指称，宋代则称为三佛齐。三佛齐不是像赛代斯解释的那样，是Sri Vijaya的另一种汉字表记，而是来源于印度人所称的Javaka、阿拉伯人所称的Zabaj等这种指代马六甲海峡地区整体的词汇，参见深见純生：《三仏斉の再検討：マラッカ海峡古代史研究の視座転換》,《東南アジア研究》第25（2）号，1987年。

官僚体制，也可按照周代封建制式的方式来理解和描述。（3）天子统治的空间，即"天下"有两层含义。第一层含义是指整个世界，但第二层含义更为常用，指朝廷郡县制直接统治的空间。^①在这种情况下，中国以外各势力根据其对中国（天朝）的贡献（朝贡）关系而得到承认。

另一个需要注意的问题是，关于某一事物的信息（如关于一个国家的信息）一旦被记入某一典籍，就会继续出现在其他典籍中，直到有人提供明确证据证明它已不复存在。例如，尽管自唐朝末年以来，中国已接待了许多来自"占城国"的使节，但直到南宋时期，人们才认识到林邑、环王政权已不复存在。因此，早期与中国存在往来的国名在某一时期的典籍中有记载，并不构成该国家在该时期仍然存在的证据，除非史籍记载了该时期的具体信息。这一倾向催生了邻国的一种有意思的做法。当一个新政权希望与中国建立外交和贸易关系时，它就会用一个该地区曾存在并记录在中国典籍中的国名来自称。这一做法也可有效避免被中国怀疑该政权是在篡夺或推翻了曾获中国册封的前代国家的基础上建政的（实际上如果存在篡夺行为，"天朝"有实施处罚的权力）。^②

基于这些见解，过去东方学者和中国学者对中国典籍的使用存在必须修正的地方——也就是随意截取中国史料中的个别信息（片段），与其他类型信息（如梵文碑刻）联系起来，^③从而"复原"出具有统一国家制度、民众、

---

① 关于日本学术界对"天下"概念的讨论，可参考渡边信一郎《中国古代的王权与天下秩序》（徐冲译，上海：上海人民出版社，2021年，第12页）序说"天下与王朝之名"。渡边信一郎指出，山田统、安部健夫将天下理解为"中国＝九州"，即现实中国的行政区域内，而田崎仁义、平冈武夫、西嶋定生、堀敏一等则认为天下意指世界，实际上存在两种不同的认知。前者基于国民国家论，后者则与帝国国家论有关。——译者注

② 三佛齐（参考上页注释3）在《元史》和《明史》中被描述为马六甲海峡周边的新势力，但关于其是否与宋代港口城市联合存在连续性，尚有争议。可能是考虑到改换名称的政治风险，因而继续使用了宋代时期的国号，参见岩本小百合：《旧港＝パレンバンの名称の変化にみるジャワ勢力》，《南方文化》第15号，1988年。

③ 在将中国史料中记载的人名、国名和地名与其他史料中的人名、国名和地名进行鉴别时，还有一点需要注意。中国历史记录中使用的汉字表记并不一定遵循原始名称的音译。像把Oxford翻译为"牛津大学"这样"意译"的例子在近代以前也并不罕见。人名的话有两个问题：（1）在将外国人名用汉字记录时，中国人会把该人名的第一到两个字视为"姓"（但世界上很多语言的人名结构并非如此）；（2）外国人也会使用与本名不同的"容易被中国人接受的"名字自称（比如琉球王国赴明清的使臣，有冲绳语的本地姓名和汉字姓名两个名字，在中国使用汉字姓名）。在这种情况下，我们无法从中国史料中直接知晓人物的本名。不能排除中国史料中出现的林邑、扶南王姓"范"是否属于上述哪一种情况。

国土的王朝或王国"历史"的方法。

2. 国家、文明与世界的交流

对中国史料的新认识也带来了对国家和地区的新理解。以往关于国家结构和国家形成的理解模式（其前提包括19世纪流行全球的现代欧洲式主权国家和民族国家模式，以及其中的种族、民族和语言混合）已经被一系列更加多元化的模式所取代。其中包括由美国和日本的东南亚区域研究界提出的关于东南亚型国家模式的"曼荼罗"权力理论。[1]该理论强调国土和王室世系的非固定性和流动性。[2]目前，学术界对中国或世界其他地区的帝国体制的研究也有了新角度，不再仅将其视为以强大中心民族为核心的统一政权。反而，学界更关注其帝国统治体制的多民族和多文化构成（有时因过于庞大而统治较为松散），以及它在连接众多个生态和文化圈方面所发挥的作用。[3]另一方面，在全球史的领域，人们关注并未从城市文明形成国家的印度河流域和玛雅等文明，事实相继证明，建立在山区或海上的无国家社会并不一定落后和孤立。[4]

东南亚地区研究和全球史学界关于东南亚地区的形象也发生了变化。自20世纪70年代以来，东南亚地区研究界一直在努力打破欧洲、印度、中国等学术界制造的一个刻板形象，即东南亚是一个"没有创造自己文明的落后地区，只是片面地'印度化'或'中国化'"。东南亚各国人民积极主动、有选择性地吸收外来文明，并创造性地将所吸收的文化本土化。还有学者认为，在与中国的朝贡和册封关系中也存在东南亚国家积极主动地利用朝贡的情况，就经济领域而言，贸易比农业更重要。然而，当前全球史研究在承认

---

[1]　Wolters, O.W., *History, Culture and Region in Southeast Asian Perspective* (revised edition), Singapore: Singapore University Press, 1982.

[2]　社会进化论将氏族、部族和国家等发展阶段整齐划一地区分开来，但面对社会和政治发展的多样性，原有理论已难以为继，更为宽泛的"早期国家"概念的适用范围不断扩大。以日本为例，与恩格斯定论完全符合的国家形态，出现于7—8世纪，但初期国家的形成在弥生时代（公元前第一个千年至公元3世纪）就已经开始了。西方学界使用polity这一词汇，目的之一也是避免关于某个政治权力是否符合国家定义这种徒劳无益的争论。

[3]　Lieberman, Victor, *Strange Parallels, Southeast Asia in Global Context 800-1830*, vol. 2, Cambridge: Cambridge University Press, 2009.

[4]　Scott, James C., *The Art of Not Being Governed, An Anarchist History of Upland Southeast Asia*, New Haven: Yale University Press, 2009; Reid, Anthony, *A History of Southeast Asia, Critical Crossroads*, Chichester: Wiley Blackwell, 2015.

这几点后，再次强调了一个像中华世界那样的大范围空间，重视其中各参与者的关系。在此，中国并非无条件地扮演主角。不过，周边国家和民族并非作为完全独立的实体，仅依靠内部力量而发展，它们也会根据具体情况受到"天朝"政治和文化的强烈影响。根据各自的立场和时代背景，所有参与者都会主动或被动地相互影响。同样，为了更深入地理解东南亚的"印度式"[Indic，非"印度化"（Indianized）] 社会和国家，近来学术界正在进行一场关于包括南亚、东南亚在内的梵语文化圈（Sanskrit Cosmopolis）的积极讨论。[①]

二、扶南的历史

最近关于扶南、林邑和占婆（Champa）的考古学和历史学研究打破了赛代斯关于"公元后不久发生的第一次印度化"的理论框架。俄厄（Oc Eo）遗址出土的瓦片、镜子和其他文物表明，中国文化很早就对这里产生了影响，这里也留下了与印度洋世界互动的遗迹。所谓"徼外国"人"混填"征服土著女王"柳叶"而登位的神话，并非证明印度人或婆罗门教徒建国的确凿证据。

赛代斯所说的东南亚诸国的第二次印度化，也就是更系统地吸收印度文明的时间，可追溯到4—5世纪末。《梁书·扶南传》记载东晋末年，"天竺婆罗门侨陈如"从盘盘国（马来半岛）来此，改革制度，用天竺法。虽然笔者不能直接断言，这种"改革制度"是否意味着建立了一个类似东南亚大陆部分留下许多印度系碑刻的那种国家，但我们可以很自然地将4世纪末之前与5世纪之后的"扶南国"历史视为两个不同的阶段。第一阶段的主要发展动力是国际贸易和广泛的宗教与文化交流，这促使类似俄厄遗址这样的港口城市形成，并且成为交流的中心节点。

然而，国家何时形成，取决于国家的定义。在这方面，至少需要承认以

---

① Pollock, Sheldon, *The Language of the Gods in the World of Men, Sanskrit, Culture and Power in Premodern India*, Berkeley: University of California Press, 2006; 古井龍介、青山亨責任編集：《岩波講座世界歴史4　南アジアと東南アジア　～15世紀》，岩波書店，2022年。

下几点：（1）即使中国史料记载了"国"或"王"的存在，这也并不构成现代社会科学所定义的国家存在的直接证据；（2）即使我们承认5世纪以来的当地政权是以"扶南"这一国名与中国交往的，也不能排除"扶南"原本并非国名的可能性（《晋书》和其他资料中记载的征服者范蔓的称号"扶南大王"是不包括国名的国王本人称号——或许是与8世纪爪哇岛出现的Sailendra类似的"山之王"的意思——中国使节或记录者可能误解了这一称号的含义）。在这种情况下，在4世纪之前统治俄厄和湄公河下游地区政权的真实名称就不得而知了。我们也无法知道早期的中国使节，如吴国的朱应和康泰，曾访问过哪里（港口城市还是王宫/都城）。

赛代斯提出的扶南为Khmer（吉蔑、高棉）民族的国家的观点已经不再成立。但是，这并不意味着扶南国是由南岛（Austronesia）语系的族群建立的。南朝至隋唐中国史料中经常出现的关于昆仑人和昆仑诸国（分布在从林邑到印度洋一带）"黑身拳发"的描述，很难成为区分南岛语系（Austronesia）和高棉等南亚（Austroasia）语系的指标。将19世纪的人种概念简单地应用于古代社会是极其危险的。毕竟，如果仅是单一民族主导一切，任何国际性港口城市都不可能繁荣昌盛起来。

三、扶南与中国六朝

（一）扶南与林邑的对立

自秦汉以来，中原王朝持"天下"观念，一直采取向南进取的政策。例如，汉末的马援在平定交州征氏姐妹的叛乱后进一步南下，在汉朝"极南界"竖起了铜柱，这在中国典籍中是众所周知的。[①]那么，不断受到北方朝廷威胁的中国南朝及其知识分子是在怎样的天下观下实施了对南政策的呢？

众所周知，在六朝至隋唐时期与南方诸国的贸易中，林邑（69次）和扶南（超过30次）的朝贡频率是非常突出的（桃木，1999）。这是否仅仅表明这两个国家（事实上，这两个国家都是港口城市或小国的联盟或网络）是国

[①] Stein, Rolf, Le Lin-yi: sa localization, sa contribution à la formation du Champa, sa lien avec le Chine.

际贸易的枢纽？这与中国南朝（包括交州）和南方国家之间的政治和军事关系有什么联系呢？

我们可以通过分析南朝赐予林邑和扶南君主的封号（在正史的林邑和扶南传中可见），尝试回答上述问题。

南齐：

封林邑王范当根纯"持节、都督沿海诸军事、安南将军、林邑王"（491）。

封范诸农"持节、都督沿海诸军事、安南将军、林邑王"（492）。[①]

封范文款"假节、都督沿海诸军事、安南将军、林邑王"（498）。

梁朝：

封范天凯"持节、督沿海诸军事、威南将军、林邑王"（510）。

封高式胜铠"持节、督沿海诸军事、绥南将军、林邑王"（528）。

封高式律陀罗跋摩"持节、督沿海诸军事、绥南将军、林邑王"（530）。

封扶南的憍陈如阇邪跋摩"安南将军、扶南王"（503）。

这些称号的意义，需要从"藩臣"和朝廷两个角度来分析。从"藩臣"角度来看，包括将军号、武官号和王侯号在内的称号，在与中国的交往、通商方面具有积极的意义。此外，称号的级别越高，在相邻国家间的外交和军事关系中就越有利。众所周知，在5—6世纪的南朝东部和东北部地区，倭国、高句丽、百济和其他政权也在争夺安东将军和南朝的其他头衔。不难推测，扶南和林邑两国围绕着意为南方军事最高指挥官的安南将军（威南将军、绥南将军级别稍低）的称号展开了竞争。《南齐书·扶南传》还记载了484年"天竺道人"那迦先（Nagasena）访问南齐朝廷，请求南齐讨伐林邑的史实。据那伽先那说，他早先访问中国归来时，船只遇难，漂流到林邑。货物在林邑被抢，他只得逃至扶南。在扶南，他见到了国王，说服后者派遣使者前往中国，拜见中国的圣主。

林邑这时候也经常向南朝朝贡，因此，那伽先讨伐林邑的请求未被采纳。不过，据说在491年接受南齐册封的范当根纯原本是"扶南王子"，杀死前林邑国王后登位（《南齐书·林邑传》）。关于这一点，上文提到的那伽先

---

① 范诸农在498年从海路去建康入朝途中遇难而死。

曾说，扶南王一个名叫鸠酬罗的奴隶逃到林邑，杀死了国王（《南齐书·扶南传》）。也许是扶南系的某势力夺取了林邑的王位，并与扶南对抗，林邑王将军号的降级可能反映了这种情况。

（二）交州、林邑与扶南在南朝的地位

关于这一对立，有两个与南朝视角有关的观点需要注意。第一种观点认为，与大和政权国王"倭国王"称号相比（对中原王朝控制外的地区，即狭义的天下之外的支配权给予承认），朝鲜、林邑、扶南（甚至唐朝册封室利佛逝的宾义王）等的"某某王"称号近似于天下内部的"国内"王侯称号，表现出更强的隶属性质。从南朝到隋唐，东南亚都可被定位在狭义的天下秩序中，是一个具备相应实力便能建立直接统治的地区。

实际上，东晋至刘宋时期，在林邑不断北进，将整个日南郡置于其控制之下的同时，对中国方面的交州，温放之（358—359）、杜慧度（420）、檀和之（446）、刘方（605）等也发动了猛烈的军事征伐，几乎将林邑都城置于其控制之下。作为对抗北朝的军事后盾和贸易的经济基础，南朝（和隋朝）不仅收复了日南郡，而且有进一步向南扩展的意图。可以说，扶南也知道这一点，因此努力加强与南朝的关系。

值得注意的是，中国各正史在本纪和地理志中一般都会提到相当于现在越南北部的交州，但《南齐书》却将其列入外国传中，并描述"贡献寡少"，"斗绝海岛，控带外国，故恃险，数不宾"。[1]原本，《晋书》就认为交州刺史和日南太守的贪婪是招致林邑侵入的主要原因。另一方面，纵观吴、东晋、南朝，从东汉末年的士燮到南朝的杜氏、李氏，交州相继出现了一些自称刺史、太守的地方势力。越南学术界如今仍认为李贲最后在6世纪建立了自立性政权。[2]可以说，《南齐书》对交州的处理，可能是交州作为南齐王朝直接

---

① 这一史料出自《南齐书·东南夷传》而非《外国传》，作者此处有误。——译者注

② 关于中国统治下的越南北部，日本学界的后藤均平（《ベトナム救国抗争史：ベトナム·中国·日本》，新人物往来社，1975年）对本地社会的抵抗和汉人移民的越化这两项自立化动向作出了经典的考察，其背景是20世纪60年代以来越南发展出的"民族独立斗争史观"（笔者介绍了其形成背景和特征，参见桃木至朗：《中世大越国家的成立と变容》，大阪大学出版会，2011年）。自称刺史，控制州事的本土势力的著名例子包括刘宋末至南齐初的李长仁和李叔献（长仁为弟），他们在479—485年停止了贡献，以抗议新王朝南齐试图另选刺史的举动。最近，正如笔者（桃木至朗：《東南アジア世界と中華世界》）部分介绍的（转下页）

控制地区的意识逐渐弱化的结果。在这种情况下，授予频繁朝贡的林邑、扶南的将军、国王等称号比交州刺史地位要高。可以想象，这应该是出于牵制疏于朝贡的交州的目的。

（三）"扶南国" 树立的 "国际合作"

在佛教影响逐步加强的南北朝和隋唐时期，佛教语言被应用到本应在儒家和华夷思想影响下运作的国家间的交往中。特别是在南朝，我们不难发现一种倾向，即通过利用与以印度为首的佛教世界的联系，使占据中原的北朝的合法性相对化。相应地，来自东南亚和印度诸国的使节往往会在表文中掺杂佛教修辞，献上经文、舍利和佛发等，[①]其中许多都记录在刘宋、南齐和梁朝的正史中。这一现象最近引起了日本学术界的关注。[②]

事实上，一国表文中出现的佛教修辞，会在随后另一国的表文中被复制（重复使用）。例如，在517年婆利国（可能是印尼巴厘岛）呈送给梁朝的表文中，就有与诃罗陀国呈送给刘宋的表文相似的表述。518年干陀利国（马来半岛吉打州）的表文与433年呵罗单国（爪哇岛西部）表文使用了一些相同的表达方式；530年丹丹国（可能是马来半岛的一部分）的表文似乎是扶南致南齐表文的复制。呈送刘宋和南齐的表文，包含了各种非佛教内容，涉及君臣关系、贸易和出兵请求，但呈送梁朝的表文则更多是纯粹的佛教内容，如称梁武帝为 "扬州阎浮提震旦天子"（《梁书·盘盘传》），将其称作佛教世界的中心（阎浮提即以印度为模版的大陆区域）。

那么，是谁撰写（或复制）了这样的表文呢？换句话说，这种表文的格

（接上页）那样，六朝时期中国统治的核心地区赢䣕（正确的说法是龙编？现在的北宁省）周边的考古学遗址、遗物及碑文得以发现，与之相关的国际合作有了新动向，其历史形象将得到新的描述。另外，越南方面近年来出版了不少通史著作，其中1983年出版的潘辉黎、陈国旺、何文晋、良宁的《越南历史第1集：从原始时期到10世纪》[Phan Huy Lê-Trần Quốc Vượng-Hà Văn Tấn -Lương Ninh 1983. *Lịch sử Việt Nam tập I* (Thời kỳ nguyên thủy đến thế kỷ X), Hà Nội: Nxb Đại học và Trung học chuyên nghiệp] 可信度很高。这部著作批判了长期以来仅以越南北部、京族为中心，且在对外关系方面仅强调 "对外国侵略的抵抗" 的越南史叙述，将中部、南部的历史，国际交流的历史也纳入进来，是一部具有划时代意义的通史。

① 这里所说的 "佛教"，就像东南亚各国常见的那样，与婆罗门教和印度教处于混合状态。比如前述的（释）迦旃先，在携带表示仰慕中国佛法兴盛的表文到访建康之时，也说扶南国人信奉摩醯首罗天（Mahesvara，即湿婆）。南齐方面并不觉得有什么问题。

② 河上麻由子：《古代アジア世界の对外交涉と仏教》，山川出版社，2011年。

式在何处？据河上麻由子等人的研究，^①东南亚和其他南方国家表文的原文不太可能是正史所收录的精美汉文（《梁职贡图》等留存的中亚国家的简陋表文就未收录于正史）。应该假定，有人将原本用非汉文或贫乏的汉文写成的原文翻译或改编成了精美的汉文文本。赵宋时期就可以看到这样的例子。例如，远藤指出，有一份用"番字"写成的真里富国（可能是泰国湾沿岸的一个国家）表文，南宋的通事首先将其翻译为普通汉文，然后再由学者官僚改写成雅文，随后提交朝廷。^②新川登龟男推测，南朝梁是由负责朝贡相关事务的官僚来改写的（《宋书》和《南齐书》已见），^③河上麻由子则侧重于佛教内容，提出了由往来于建康和南海地区的僧人撰写的假设。例如，《续高僧传》说建康有一个"扶南馆"，僧伽婆罗这样的僧侣在此翻译佛经，这些表文可能也是经他们之手加工而成的。

无论如何，学术界日益承认，各时期的"朝贡"是在中国以及中国以外的国家、政权中，由中国的中央和地方官员，以及海商和僧侣等中介力量多方合作、共同实施才得以完成的。在这种情况下，无论目的是贸易还是军事、政治，表文都是流程中不可或缺的工具。这些"朝贡"的主体并不一定是每个地区的国家或君主，即使某个国家的"使者"或"朝贡品"真的出现在中国朝廷，也并不能证明该国实际存在。

结　论

在东南亚历史的研究中，中国典籍在三个条件下仍然有很大价值。首先，在关注信息与世界观的同时，重新看待史料学和各种史料所具有的框架及其局限性；其次，引入关于国家、民族、地区和国际关系的新观点，特别是关于中国王朝的观点；再次，进行广泛的比较研究，不局限于特定地区（如将越南与东北亚进行比较）。虽然这将使19世纪和20世纪学者的某些观点失效，但也将为21世纪学者在多个方面开展新工作创造条件。

---

① 参见河上麻由子：《古代アジア世界の对外交涉と仏教》；河上麻由子：《「梁職貢図」と東南アジア国書》，鈴木靖民・金子修一编《梁職貢図と東部ユーラシア世界》，勉誠出版，2014年。
② 遠藤総史：《宋代の朝貢と翻訳—南の海域世界との関係を中心に—》，《東方学》第141輯，2021年。
③ 新川登亀男：《「梁職貢図」と『梁書諸夷伝』の上表文》，《梁職貢図と東部ユーラシア世界》，勉誠出版，2014年。

具体到六朝至隋唐时期的扶南，及邻近的岭南、东南亚大陆地区各政权（政治势力）的地位，它既不完全处于狭义的"天下"（受郡县制统治的地区）之内，也不完全处于狭义的"天下"之外。不仅扶南和林邑，还有广州和交州，都扮演着连接中国朝廷与包括印度在内的南方诸国（政治实体）的角色。换句话说，从扶南到广州，各政权在海商和僧侣活动的维系下，具有"中原朝廷驻南方代表"的性质。笔者甚至还有一个大胆的想法：东南亚大陆国家在5世纪和6世纪系统地接受印度文明，就是为了平衡这一时期日益增强的中国影响力。

最后，有必要探讨一下在扶南衰落和真腊崛起之后，该地区的政治、贸易和宗教网络发生了什么变化。在这方面，我们也应该摆脱统一国家和单一王朝的形象。例如，当提到真腊"风俗被服与林邑同"（《通典》《唐会要》《旧唐书》）时，真腊和林邑分别指的是哪个地方政权？真腊与环王作战（《新唐书》）是哪个地区的史事？是谁将这一信息带到了中国？毋庸讳言，仅在"柬埔寨史""越南史"或"中国史"的框架内充分回答这些问题并非易事。

（桃木至朗，日本大阪大学名誉教授、越南日越大学教员；

译者康昊，上海师范大学人文学院特聘副教授）

罪恶感的伦理：夏目漱石与李光洙

徐荣彩

一、近代东亚的情动 [①]

在考察近代初期东亚文学时，我们会注意到几种重要的情动，如不安、罪恶感、羞耻、愤怒等。当然，文学是处理当代人内心的媒介，因此文学作品中表现出各种情感是理所当然的。更何况，像喜悦和悲伤、痛苦和烦恼这样的情感是超越时空限制的，是人类共有的心灵活动。尽管如此，如果特定时代、特定地区的情动尤为突出，而且这些情动具有其固有的脉络和秩序，那么就势必引起我们的关注。

日本早期近代文学中涌现出的罪恶感就是一个典型的例子。岛崎藤村（1872—1943）的《破戒》（1906）、夏目漱石（1867—1916）的《心》（1914）、志贺直哉（1883—1971）的《暗夜行路》（1921—1937）等长篇小说中表现的罪恶感就是如此。《暗夜行路》是志贺直哉唯一的长篇小说，而《心》和《破戒》也是夏目漱石和岛崎藤村的代表作。此外，这些作家各自都是日本近代文学的重要代表。因此，将这些作品放在一起看，我们不禁要问：为什么是罪恶感？

从东亚近代性的角度来看，这个问题的答案至少可以产生以下两个脉

[①] 关于本文中"情动"一词的含义，可参照刘芊玥：《后人类中的"情动"》，《文艺争鸣》，2021年8月。"'情动'是指某人存在之力的连续流变。'情动'作为一个哲学概念始于斯宾诺莎，后由德勒兹和瓜塔里将其发展成为有关主体性生成的重要概念。Affect一词最早来自拉丁语affectus，其意义等同于希腊词pathos，而这个希腊词意指强烈的情绪，衍生为西语中的passion（一般译作'激情'）。"——译者注

络，一个是横向的，另一个是纵向的。

首先，罪恶感的问题与东亚近代主体的形成有关。如果"罪"基本上意味着违反法律（无论是成文法还是内心的法律）的行为结果，那么罪恶感就是由该行为产生的复合感情。罪恶感是由罪行带来的心灵动态，其中交织着对惩罚的不安、对自己的行为的后悔和自责以及责任感等。那么，罪恶感是如何介入主体形成的呢？罪恶感是反思自我行为的产物，是想要对自我行为负责的心灵产物。成为主体意味着确保自我行为的自主性，意味着成为自己人生的主体，而这里的核心是承担自己作出判断和行动的责任。

与主体形成相关的这一脉络会引发以下的附加问题：近代文学第一代日本作家所表现出的罪恶感是什么样的，各自有什么意义？罪恶感的主体到底想承担哪些责任，又想如何承担？同一时代的韩国文学和中国文学的情况如何？李光洙的罪恶感汹涌澎湃，而鲁迅却毫无罪恶感，这是为什么？这些问题构成了横跨东亚的心灵脉络。

其次，对这一时期文学中出现的罪恶感的反思，使我们接触到由近代性产生的心灵网络。要正确审视罪恶感，就必须对与其相关的其他情动进行比较和对照，如羞耻、不安、愤怒和悲哀等。通过反思这些情动所揭示的心灵地图，在很大程度上与近代过渡期的东亚所处的历史地位相对应。此外，其中还蕴含着近代性本身所呈现的时间性变化——从罪恶感到羞耻感的转变就是一个典型的例子。简而言之，其核心是从民族层面的外在羞耻到反思层面的罪恶感，最后到个人层面的内在羞耻的转变。这对应于时间推移所形成的纵向脉络。

首先，我们可以对20世纪上半叶东亚文学中涌现出多种情动的原因进行说明。这是因为近代性的展开在全球范围内产生了新的时空平面，即非同时性的同时性。这个时空平面的特点是，不同的时间段共存于当前时间。在这里，时间经验的异质性相互碰撞的瞬间，产生了各种情动的萌芽。例如，与过去的相遇有时会让人陷入悲哀，与未来的相遇则会让人感到惊讶和羞愧。对于正在经历加速的时间变化的人来说，当下的基础是羞耻，但它也可以通过强烈的启蒙意志或愤怒来表达，而当对急剧的时间变化进行反思时，这些心情就会以罪恶感的形式纠缠在一起。

本文将重点探讨夏目漱石和李光洙（1892—1950）的写作中所表现出的罪恶感。夏目漱石的长篇小说《心》和演讲稿《我的个人主义》（1914）、李光洙的长篇小说《无情》（1917）和《有情》（1933）等将成为主要讨论对象。如果将不安和羞耻提取出来，罪恶感的属性就会变得更加清晰。不安是罪恶感的前兆，而羞耻则是罪恶感的淡化形式。在海峡的这边和那边，他们的情动都指向一个点，即"成为近代的主体"。通过他们的文本，我们将探讨20世纪初东亚的罪恶感如何成为主体化的媒介。

二、罪恶感的问题性之一：夏目漱石《心》

让我们从夏目漱石的《心》中出现的罪恶感问题出发。先生的遗书所表达的罪恶感，呈现了《心》这一文本的特质。从两点可以确认这一点。首先，从作品内部的逻辑来看，它是突发性的；其次，从夏目漱石的创作轨迹来看，它是不寻常的。作品内部的突发性意味着构成罪恶感的事件和叙事本身存在逻辑上的裂痕，而外部的不寻常性意味着它在夏目漱石的整个作品中都难以找到类似的例子。此外，这里所表现出的强烈的罪恶感这一症候，与开港后日本迅速扎根的近代性的症候相连，因此具有问题性。

首先，让我们来看看《心》这一文本内部的逻辑裂痕。《心》全书由三部分组成。罪恶感出现在第三部分先生的遗书中。先生是明治时代大学毕业的知识分子，但与世隔绝，过着所谓的"高等游民"的生活。他年轻时对朋友做了错事（他自己是这样认为的），因此目睹了朋友的自杀，并因为这种罪恶感而过着隐居生活。在遗书公开之前，只有先生自己知道这个事实。也就是说，一个年迈的男人独自怀着无人知晓、无法向任何人忏悔的罪恶感，通过写给年轻叙述者的遗书来表达自己的内心世界。暂且不论先生为什么要给他写遗书，遗书中存在的问题是，他所忏悔的故事中蕴含着难以理解的叙事逻辑裂痕。这可以总结为两点。[1]

---

[1]　关于这个问题，拙著《罪责感与羞耻心》（徐永彩：《죄의식과 부끄러움》，나무나무출판사，2017年）第一章及补论中有更详细的论述。

第一个裂痕是朋友K的自杀。尽管先生作为朋友曾经帮助过他，他却割断了自己的颈动脉，浑身是血，似乎要向先生报仇。在事件的进展中，年轻的先生并非没有做错，但似乎不至于招致如此程度的自残式复仇。尽管如此，K还是以结束自己生命的方式来表达抗议，先生则接受了朋友血淋淋的反应，自认为是罪人，并带着这种观念生活下去。从近代性的伦理来看，这是难以理解的。

第二个裂痕是先生的自杀决心。这一事件也是第一个裂痕的延伸。先生因为负罪感而放弃正常生活，过着隐居的生活，这还可以理解，但最终写下遗书，即试图通过自己的死亡来洗刷罪恶感，这看起来很奇怪。除非生活在同态复仇法的世界里，否则任何人都不容易接受。也就是说，从朋友K的自杀到先生的自杀决心，这一系列事件在叙事的整体流程中造成了明显的扭曲，甚至扭曲了《心》的整个叙事。

接下来，让我们看看《心》中的罪恶感在夏目漱石的创作轨迹中为何也是一个例外的症候。《心》是夏目漱石去世两年前的作品，常被称为前期三部曲（《三四郎》《后来的事》《门》）和后期三部曲（《春分之后》《行人》《心》）中的最后一部。可以说，它是前期和后期三部曲成熟并终结时期的作品。这个作品系列的叙事风格通常较为平缓，着重描绘日常生活中细腻而平静的心灵图景。因此，《心》中涉及两条生命的罪恶感和忏悔等要素本身就显得格外突出。通过与具有类似设定的《门》进行对比，《心》中罪恶感的这种特殊性会更加明显。

《心》中罪恶感的焦点是围绕一个女人展开的年轻男性之间的义理和背叛问题。从这个角度来看，《心》与《后来的事》（1909）以及《门》（1910）是相连的作品。这三部作品都涉及男性在义理和爱情之间的冲突问题。

《后来的事》讲述的是一位30岁的"高等游民"不顾家人的反对，为了实现未完成的爱情而离家出走的故事。而《门》则讲述了一位年轻人与朋友的情妇相恋并结婚，然后从大学退学，过着低级公务员生活的故事。在这两个例子中，问题都在于年轻男性想追求的是朋友的女人（妻子或婚外情对象）。《门》被视为《后来的事》的续篇，也是出于这个原因。《心》中出现的背叛（或是惩罚，或是忏悔）事件相当于这个故事进程的结局。因为年轻时的先生虽然娶了自己心仪的女子，但结果却微妙得像是横刀夺爱，从朋友身边抢走了他的爱人。尤其是《心》和《门》都讲述了两个人结合后的故事，两者的叙事有着几乎相同的设定。

《心》在这一系列作品中独树一帜，其主人公的罪恶感以非常激烈和戏剧性的形式表现出来。无论是朋友 K 的惨死，还是事隔多年后先生再次试图自杀，都体现了这一点。与《心》不同的是，《门》中被背叛的朋友并没有死，而是以自己的方式好好地活着。背叛者的主人公男性的罪恶感也没有那么严重。因为先生中途退学，放弃了原本安稳的职业生涯，这可以算是对背叛的一种自我惩罚。所以在《门》中，故事的主线是主人公作为一名小公务员的平淡而略显凄凉的生活。相比之下，《心》中却出现了血淋淋的死亡。这不仅在背叛与忏悔的故事中，甚至在夏目漱石的所有小说中都显得格外特殊。因此，我们不禁要问：这种强烈的罪恶感究竟从何而来？

当然，如果从表面原因来看，我们可以直接从文本中找到一个明显的社会事件，那就是跟随明治天皇殉死的乃木大将。乃木大将是在 35 年前的战争中被夺走军旗的军人；按照他自己的伦理，他当时就应该死去。现在天皇死了，所以他要实行推迟的死亡，这就是乃木大将提出的殉死的大义。先生也坦言，他之所以决定自杀，是因为乃木大将的自杀。如果先生的自杀逻辑是受乃木大将的殉死行为所激发，那么先生应该在朋友血淋淋的尸体出现在他房门前时就自杀吗？难道他是把当时没能实现的死亡推迟到现在来执行吗？

从近代性的伦理来看，乃木大将的殉死和先生的自杀决心是难以理解的。即使从《我是猫》（1905）开始的夏目漱石所有作品中的逻辑来看，也是如此。夏目漱石创作的不是英雄史诗，而是近代文学体裁（小说）。朋友之间因为爱情问题产生矛盾，从而破坏信任或友爱，并不是什么稀罕事。但是，在这里，主张用生命来偿还由此产生的信义的损失，不能成为近代性的答案。在近代性的伦理中，人的生命是无可替代的最高价值。要求以道德而非法律的名义牺牲生命，完全是另一回事。从这个角度来看，乃木大将的殉死与近代性伦理观相去甚远，K 的死亡和先生的自杀决心也是如此。

因此，夏目漱石晚期的作品《心》中出现"以生命为代价"的忏悔，是突如其来的。小说家夏目漱石身处开港后的日本，彼时近代伦理观念迅速扎根。然而，就在这片土地的正中央，以义理和名分为代价的道德英雄主义，如同一柄利斧破空而来，深深嵌入其中。K、乃木将军和先生的死都是那把斧头的象征。那么，《心》中的夏目漱石是想正面迎战由明治时代的日本造就的近代性伦理吗？然而，这与夏目漱石自《我是猫》以来，一直以幽默和从容的态度观察生活的作家形象并不相符。所以我们不禁要问：为什么会发生这样的事情？

三、两种不安：夏目漱石与芥川龙之介

对于《心》中罪恶感的突发性，我们可以作出简单的解释：乃木大将殉死这一社会事件的冲击波进入了夏目漱石的作品。然而，这里的问题在于文学文本接受社会事件的方式。乃木大将的死显然是罪恶感这一事态的核心触发因素。但更重要的是把握对外部刺激作出反应的内部因素。也就是说，我们需要探究文本中迸发出罪恶感的力量源泉。在此背景下，引人注目的是"先生"遗书中的以下段落：

> 我不清楚乃木大将为何而死，就像你不理解我为何自杀一样，这是因为生活在不同时代的人思想不同，这是没有办法的事。不，也许说是每个人的性格差异更为恰当。[1]

先生在决定自杀并写下遗书时，却说自己不理解引发这一行为的导火索——乃木大将的殉死。无论是谁都很难认同他的说法。相反，应该说，他早在逻辑上理解乃木所展现的伦理英雄主义之前，就已经在情感上充分感受并认同了。甚至可以说是在心灵尚未触及的层面，他的身体就已经积极地产生了共鸣。不仅如此，还应该解读为他在说："作为读我遗书的大学生，你也应该与我共鸣。"为什么会这样呢？

从被先生的遗书扭曲的夏目漱石的文本立场来看，天皇之死以及随之而

---

[1] 夏目漱石：《마음》，徐锡渊译，범우사，1990年，第233页（原著为《心》）。

来的将军自杀都只是偶然事件。与文本中运作的心灵的机械必然性相比，这样的社会事件根本不重要。即使不是王侯将相，人终有一死，死因也各不相同：就算是将军之死，也不必让众人知晓所有细节。即便如此冷眼看待，也无所谓。那么，这里真正的问题是什么呢？是让这些偶然的事件作为文本的症候爆发的心灵的动态和必然性。先生的遗书所表达的夏目漱石的罪恶感应该说随时都准备喷涌而出。即使没有天皇之死和乃木大将的殉死，也有足够多的外部契机可以拔掉那个塞子。在夏目漱石的世界里，罪恶感已经处于一触即发的状态，任何微小的刺激都足以引发强烈的反应。

　　为什么能这么说呢？最重要的是夏目漱石文本中不安感的存在。仅从夏目漱石的文本来看，不安就像是罪恶感的前兆。如后文所述，罪恶感作为应对不安的一种方式，正是如此。换句话说，因为有爆发性迸发出的罪恶感，所以反而显露出作为其前兆的不安的存在。为了正确理解这一点，需要绕一点弯路。

　　从一个情感所具有的力量的角度来看，不安可能比罪恶感更危险。因为罪恶感已经在人的心中显露出自己的形态，而不安则还没有找到出口，潜伏在内心，是一种无定形的能量。尚未被充分认知的巨大异质性力量逼近主体，其身心生存面临严重威胁，由此产生的不安情绪正是这一威胁的信号。不安的致命性，最明显地体现在夏目漱石的学生、比他晚一代的作家芥川龙之介的自杀事件（1927）中。他在题为《致某旧友的手记》（1927）的遗书中自己坦白说，他放弃生命的原因是"莫名的不安"[1]。

　　当然，将芥川龙之介逼向死亡的不安与夏目漱石文本中出现的不安处于截然不同的水平。两者在类型和密度上都不同。如果说芥川龙之介的不安具有由生存的无意义性产生的存在论性质，那么夏目漱石的不安则是近代化速度所造成的时代性和历史性的。因此，如果说芥川龙之介属于近代主体一般的普遍性形式，那么夏目漱石则属于东亚近代主体所具有的特殊性形式。因此，两种不安所具有的黑暗张力也必然不同。首先，我们来看看夏目漱石小

---

① 芥川龙之介：《어느 옛친구에게 보내는 수기》，《어느 바보의 일생》，朴成民编译，시와서，2021年，第203页（原著为《或る阿呆の一生》）。

说中所呈现的不安形态。

　　而且，他开始被现代日本社会的特征——某种莫名的不安所困扰。这种不安是人与人之间缺乏信任而产生的近乎野蛮的现象。他因这种心理现象而感到强烈的动摇。他不喜欢崇拜神，也非常理性，无法拥有信仰。他相信，彼此信任的人不需要依靠神。他认为，神之所以有存在的权利，是为了让人们摆脱相互怀疑时的痛苦。因此，他断定在有神存在的国家，人们会撒谎成性。但他意识到，现在的日本是一个既没有对神的信仰，也没有对人的信任的国家。他得出结论，最直接的原因在于经济状况。①

　　这是《后来的事》（1909）中主人公青年长井代助的想法。他是富家次子，接受过最高等的教育，是一个知识分子，同时也是一个无所事事的"高等游民"。当然，代助是小说主人公，不能把小说中人物的想法直接等同于夏目漱石本人的想法。但代助的这种不安，与作家夏目漱石在演讲稿《现代日本的开化》（1911）以及《我的个人主义》（1914）中所阐述的不安，在本质上并无二致。这些不安的共通之处在于，它们并非是存在论层面的，而是社会性的。也就是说，与其说是人类赤裸裸地站在自己的有限性面前所要承受的不安，不如说是在向近代过渡的时期，由于新的人伦秩序的出现而产生的不安。

　　与此相反，芥川龙之介的不安更接近于一个人所感受到的存在论性质的不安。夏目漱石和芥川龙之介这对师徒之间有着25岁的年龄差距。但是，考虑到开港后日本高速进行的近代性的成长速度，两人所表现出的差异与其说是世代差异，不如说是时代差异。夏目漱石出生于1867年，是近代教育氛围尚未成熟、传统教育氛围尚存的过渡期一代（他在中学时代接受过传统的汉文教育），而出生于1892年的芥川龙之介则是在近代教育氛围已经成熟之后的一代。他们内心深处所要面对的黑暗的浓度也必然是不同的。夏目漱石所

---

① 夏目漱石：《그 후》，尹尚仁译，민음사，2003年，第158—159页（原著为《それから》）。

看到的不安是在急剧变化的世界中体验到的，而芥川龙之介所面对的不安则是无法责怪任何人，只能由一个人独自承担的。这里当然不能忽略两人性格上的差异，但考虑到两人所具有的象征性，更重要的原因在于两人所处的近代性阶段的时差，召唤出这两位文学代表的时代精神的差异。

这种差异也体现在他们使用的"不安"这个词本身。在上面的引文中，代助的不安直译过来是"某种不安"，即"也可以说是不安的某种感觉"。也就是人们心中还没有完全凝聚成不安的东西，与其说是不安感，不如说是混乱感更恰当。相比之下，芥川龙之介的不安就是字面意思上的内心的不安，虽然原因不明，但却是确实侵蚀一个人的灵魂的致命存在。①两者的区别在于，一方面，不安的心境源于社会原因导致的伦理混乱状态；另一方面，不安则源自个体所具有的存在论层面的间隙。对夏目漱石来说，不安是第三人称的，而对芥川龙之介来说，不安是第一人称的。这两个人所感受到的不安的程度必然是不同的。

不安的密度不同，应对方式自然也会有所不同。芥川龙之介的自杀事件就说明了这一点。然而，关于他的自杀，如果仅仅归咎于他未能妥善应对内心的不安，这样的解释未免过于简单。因为这仅仅是从精神病理学的角度描述了他是因抑郁症而自杀的事实。如果考虑到存在论层面，他的死就变成了完全不同的事件。因为他留下的两封遗书中呈现出一种冷静而理性的选择死亡的态度。总之，芥川龙之介的自杀本身应该被视为一种应对不安的方式。

当然，从近代性的伦理来看，这种主张可能难以令人信服。因为在以保护自己的生命为核心原则的领域中，自杀很难成为伦理选择。但是，芥川龙之介是在与之不同的领域中生活的灵魂，近代文学也是为这样的灵魂服务的媒介。因为文学的近代性将反近代性的伦理作为自己的核心。芥川龙之介认为自杀是人类为了心灵的平静可以进行的一种选择。从这一点来看，他置身于以人为中心的生存主义为首要原则的现代性伦理之外，处于反思的位置。这种属性也正是他的文学所具有的感知的核心。他在第二封遗书中这样

---

① 夏目漱石的"莫名的不安"原文为"一種の不安"（《漱石全集》4，岩波书店，1975年，第452页），而芥川龙之介的"模糊的不安"原文为"ぼんやりした不安"（《芥川龍之介全集》8，筑摩书房，1977年，第115页）。

写道：

> 我们人类因为是一种野兽，所以会动物性地害怕死亡。所谓的生活力，其实就是动物力的另一个名字罢了。我也是一只名叫人类的野兽。但是，现在我对食欲和性欲都感到厌倦，看来正在逐渐失去动物力。我现在生活的地方是像冰一样透明的、病态的神经世界。我昨晚和一个妓女聊起她的工资（！），深深地感受到了我们人类"为了活着而活着"的可怜。如果能自己接受并永远睡去，为了我们自己，即使没有幸福，也一定会很平静。[①]

人之所以害怕死亡，是因为人内心有野兽。在另一封遗书中，他还想起自己写过的一句话："不幸的是，神不能像我们一样自杀。"[②]也就是说，通过自杀超越对死亡的恐惧，是排除了神和野兽属性的人类的特权，即人之为人的固有能力。

从这个角度来看，对芥川龙之介来说，写遗书就是为了封印不安这一危险存在的护身符。一位天才作家的服毒自杀震惊了刚刚进入昭和时代的日本社会，而这只不过是两封遗书上的文字转化为行动的结果罢了。如果以人终究会死的视角来看，他不是屈服于死亡的诱惑，而是以自己的意志关上了生命之门。如果问他怎么能这样做，那么他那句将写作和生命并置的话——"人生不如一行波德莱尔"已经给出了答案。[③]芥川龙之介应对不安的方式，正如字面意思所说，终究是一个立志成为作家的人所实践的一种存在论的决议的形式。

相比之下，《后来的事》中的代助应对不安的方式必然不同。因为他所看到的是比芥川龙之介的情况密度更低的第三人称不安，即社会性不安。他在充满不信任的社会中，选择去寻找新的人伦性领域。拒绝父亲的规则，寻找新的社会真诚领域，在共同体中找到自己的角色、实践自己的生活方式，

---

① 芥川龙之介：《어느 옛친구에게 보내는 수기》，第208页。
② 芥川龙之介：《어느 옛친구에게 보내는 수기》，第191页。
③ 芥川龙之介：《아쿠타가와 류노스케 전집》7，曹纱玉编，제이앤씨，2017年，第379页。

这就是代助为了突破不安选择的方式。他拒绝了父亲和家人提出的婚事，走向自己追求的女人；为了与父亲和哥哥所代表的世界分离，他离家出走，开辟了独立谋生的道路。如果按照黑格尔的观点，将小说称为市民社会的史诗，那么名门望族的次子代助的这种形象正是典型的小说主人公。由既定秩序引起的挫折和矛盾，成为主人公通往新人伦性王国的重要养料。在这里，不安成为主人公飞跃的踏板。

这虽然是漱石小说主人公的选择，而非漱石本人的选择，但作家漱石的情况也并无二致。无论是个人感受到的不安的强度或层次，还是应对不安的方式，都是如此。演讲稿《现代日本的开化》和《我的个人主义》中以夏目漱石的口吻出现的空虚感、不满和不安感，很好地体现了这一点。

夏目漱石的不安在密度上比芥川龙之介的要淡薄得多，但在质量方面却超过了芥川龙之介。这是因为夏目漱石捕捉到的不安是源于开港后日本社会整体的伦理混乱和空虚感。芥川龙之介的不安密度很高，但那终究只是一个例外的个人的不安。总而言之，如果从不安的总质量来看，夏目漱石的那一份要高得多。《心》和《我的个人主义》同年发表，也就是说罪恶感和不安紧密相连，这当然是偶然的。但是，不安和罪恶感的关系本身并非如此。尤其从日本近代主体性形成的角度来看，两者可以说是前兆与结果的关系。

四、用罪恶感突破不安

夏目漱石在《我的个人主义》中，具体而直接地表达了他年轻时的不安以及克服的方式，令人印象深刻。也许是因为在青年学生面前公开演讲，所以他很容易采取这种形式。他是如何克服向他袭来的不安的呢？著名的"自我本位"一词是关键所在。此话出现在强调确立自身主体性的重要性的语境中。无论别人说什么，坚持自己的主体性才是关键：漱石正是通过这种方式克服了年轻时的不安。然而，这种说法未免太过平常。对一个因为没有确保自己的主体性而感到不安的人说"要恢复主体性"？这话能奏效吗？

漱石年轻时所谈的不安，是作为接受现代教育的第一代人，成为英文学者的一个年轻人不可避免地感受到的那种空虚感。漱石以从事文学为志，大学主修英国文学，但直到毕业那天，他不仅对英国文学，甚至对文学本身都一无所知，因此感到非常痛苦。中学时通过汉学教育学到的"文学"指的是"左国史汉"（即《春秋左传》《国史》《史记》《汉书》这四部经典），而在大学所学的"英文学"则完全不同。漱石毕业后从事教职工作，但对新文学是什么仍有疑问，因此内心深处他只是扮演着英语教师的角色。尽管如此，他还不得不服从政府之命前往英国留学。他形容这种心情"仿佛像被困在雾中的孤独人一样，无法动弹"。他在这一绝望的状态下抓住了"自我本位"这一理念。他写道：

> 自从想清楚"自己本位"这个词，我就变强大了。遇事也多了一份"管他是谁"的气概。过去的我一直很迷茫，是"自己本位"让我坚定地站在这里，指引着我前行的方向。
>
> 坦白地说，我从这四个字重新出发。我觉得，像现在这样追随别人的脚步吹牛是非常令人担忧的情况。如果能坚定地在他们面前展示无需模仿西方人的确凿理由，我自己也会愉快，别人也会高兴，因此我打算通过著作或其他方式来实现这一点，并将其作为我一生的使命。
>
> 那时我的不安完全消失了。我开始学会用轻松的心情看待整个阴郁的伦敦。打个比方，这种感觉就像是在苦闷多年以后，终于用自己的铁锹挖到了矿脉一样。再补充一句：可以说，在那之前一直笼罩在迷雾中的道路，从那时起，我明确地知道自己应该从哪个角度、哪个方向前进了。①

但是，这样的话可以字面上理解吗？作为现代教育第一代的成员，漱石选择英国文学作为专业，可以说是日本在极快的速度下引进了新的思想体系，而他则在不明就里的情况下接受了它。为了正确理解陌生的东西，就不得不踏入陌生的领域。追随他人的道路，可能会产生模仿者的自卑感。但

---

① 夏目漱石：《나의 개인주의》，《나의 개인주의 외》，金正勋译，책세상，2004年，第54—55页（原著为《私の個人主義》）。

是，当他感到这种接受的过程艰难而空虚时，他决定以自己的方式去理解和接受。这种选择该如何评价呢？我们能否点头认同漱石因"自我本位"的决心而消除不安，变得轻松的说法？与其如此，不如说即使前路不明，也坦然接受模仿者的命运，这种态度可能更能让自己和他人信服。也就是说，所谓的"自我本位"的决心，至少在解决英国文学研究问题上，并不具有很大的说服力。

夏目漱石的这种回忆中隐藏着一位47岁的著名作家对14年前留学生活的错觉。讲演会的形式本身也影响了他：在学习院大学的学生们面前必须讲一些积极的话。他说，通过以"自我本位"的概念武装自己，不安消失了，心情变得轻松。难道是说贫困的公费留学生漱石当时明白了英国文学是什么吗？事实上，情况恰恰相反。如果说他有所领悟，那应该是他意识到自己永远无法真正理解英国文学，一辈子也无法站在该学问的前列。

这样看来，漱石所谓"自我本位"的觉醒时刻，应该是在痛苦的伦敦留学生活中直面自己明确的局限性的时刻。站在学生面前的夏目漱石，将14年前那个绝望的瞬间，以"自我本位"这一堂堂正正的王者形象进行了回顾。而为那个时刻戴上王冠的，显然不是英国文学研究者漱石，而是成功转型为小说家的漱石，即作为演讲者站在学生面前的作家漱石。

这样说是因为与《我的个人主义》这篇演讲稿同时期出现的有小说《心》和其中作为症候显现的罪恶感。他在《朝日新闻》连载完《心》之后不久作演讲，[①]而且3年前的演讲稿《现代日本的开化》也谈到了类似形式的不安。把两篇演讲稿和一部长篇小说结合起来看，就会发现一个明确的东西：被罪恶感覆盖的不安的形象。

人们很难摆脱不安。一个人的不安从"现实不安"到"存在论不安"，作用于多个层面。因此，重要的是如何控制和防御不安这个黑暗洞穴所产生的强大吸引力。关键在于打破不安的方式。漱石所说的以"自我本位"的觉醒作为打破不安的突破口——如果这是关于近代性整体的态度，而不是英国文学的问题，那么在一定程度上是可以理解的。因为这正是《心》所展现的

---

① 《心》于1914年4月20日至8月11日期间连载，学士院演讲则是在1914年11月25日。

罪恶感。

前文所引先生之言，谓不解乃木大将殉死之意。然此言断非事实，因先生决意自戕，此举本身即驳斥前说。先生的遗书（即决心赴死）表明他对乃木的伦理英雄主义深有共鸣。因此，当乃木大将之死与先生的遗书这两件事合二为一时，他所感受到的罪恶感的实质便显露出来。那是对近代性的召唤不由自主地做出回应的人的混乱感和罪恶感。这里潜藏着近代转型期日本主体不得不承受的"失败的召唤与回应"。[1]其失败存在两个层面：第一个层面是《我的个人主义》的作者夏目漱石的层面，第二个层面是《心》中的先生的层面。

首先，在《我的个人主义》中，夏目漱石以过去的经验回顾的不安，是因未能正确响应近代性的召唤而产生的。这是一种自认为未能尽应尽之责的主体心态。作为一个被内外选中的青年，从东京大学预科、本科，到英文系毕业，却不知英国文学或文学为何物。这正是出生于八个孩子中最末，被送进别人家的养子——聪明敏感的少年漱石所面临的状况。他天资聪颖，考入国立大学，并取得优异的成绩，成为"特待生"，毕业后成为一名教育公务员，因此受政府之命赴伦敦公费留学。回国后，他在帝国大学担任教授。从国立大学的学生到教育公务员，他面前有一个理想化的"近代"框架，以及明治时期日本所追求的近代化进程。

漱石本人对近代性持怀疑态度，但作为政府的一员，这种怀疑或批评对他自己来说无疑是回旋镖。他在伦敦感受到不安，认为自己未能尽责，而他逃避的方式很简单：放弃政府交付的任务。1907年，漱石从帝国大学辞职，成为朝日新闻社的职员。1911年，漱石拒绝了文部省颁发的博士学位。通过与政府断绝关系，他是否摆脱了给他带来不安感的超我压力？当然，事情并非如此简单。他在这里摆脱的只是第一层面的压力，还有第二层面的压力在等着他。

《心》中展现的罪恶感，体现了对近代性召唤的第二层面的回应失败。

---

① 关于召唤与罪责感的二重关系，参见슬라보예 지젝：《그들은 자기가 하는 일을 알지 못하나이다》，박정수译，인간사랑，2004年，第91页（原著为Slavoj Zizek, *For They Know Not What They Do*, 2nd edition, Verso, 2002）。

第一层面提到的对近代性召唤的回应失败，其本身很难成为罪恶感的根源。因为这种失败并非已成定局。通过再起的努力和痛苦的承受，失败可以转化为另一种成功。漱石所说的"自我本位"，以及由此诞生的著作《文学论》，都是这样的例子。第一次失败引起的不安，与其说是罪恶感，不如说是羞耻感。

那么，决心自杀的先生的罪恶感又如何呢？乃木将军的死唤起的是一种致命形式的自我惩罚意志。从以生命作为清算方式这一点来看，这显然是反近代的，而先生在遗书中流露出的罪恶感亦是如此。简而言之，这里的罪恶感不是因为自己没有能力接受近代性的本质，而是主体注视着自身内部已然存在的近代性本身的原始缺陷时的心情。这并非在近代性框架内产生的理想与现实的脱节，而是感受到近代性这一框架本身就是问题。也就是说，错误在于接受了近代性这个框架的行为。漱石通过"先生"的眼睛看待乃木将军的心情，就是这样的。

因此，这里的罪恶感并非单纯的回应失败的产物。当主体意识到赋予自己的召唤是无法回应的，或是已然接受的召唤本身就是错误的，由此产生的情感，正是漱石凝视近代性世界时的罪恶感。在确认自己所接受的召唤的本质，却感到这一召唤已无法挽回的瞬间，主体内心涌现出的情感便是《心》中罪恶感的体现。当其他任何赎罪行为都无法洗刷罪恶，却又感到无论如何都必须承担起那份责任时，便会产生一种既无法说服他人，也无法让自己理解的罪恶感。

当然，在夏目漱石的世界里，近代性本身是无法撤回的。因为它已经成为自己世界的存在条件。不论是现实层面，还是伦理层面，都是如此。然而，他也无法完全接受它。《心》中的罪恶感，可以说是在这种进退两难的瞬间产生的诗意时刻。那个瞬间也是歇斯底里症状爆发的时刻。手握刊登乃木大将殉死消息的号外，对着妻子疯狂喊叫的先生的身影，正是表现了这一事件的歇斯底里性质。当然，在日本这一国家层面上，对近代性的歇斯底里反应在法西斯战争全面化时期尤为显著。

漱石以罪恶感突破不安的方式，包含了已经成为存在条件的近代现实和难以接受它的矛盾情绪。这当然也是从传统向近代过渡的必然结果，但这种矛盾也因东亚近代化进程的迅速推进而加剧。《心》中的罪恶感对于那个世界里的人物来说，是既不符合"逻辑"也无法"理解"的，但它却以某种方式出现，让人必须直面。因为在某种程度上，近代性的伦理是个人必须直面的自身阴暗面。而在这阴暗面的一旁还恰好存在一个事实，即过度伦理是主体化不可或缺的媒介。

五、罪恶的发明者李光洙

通过夏目漱石所展现的罪恶感，我们可以确认日本近代性的导入过程已经到达了一个拐点。从1853年佩里准将到来后，日本急切地接受近代性，到60年后的这个时期，日本已经开始用反思的眼光看待近代性。夏目漱石的演讲稿《我的个人主义》这一题目本身就说明了这一点。他在这里强调的个人主义是指在国家或集体映衬下个人的重要性。他强调的"自我本位"也与此相呼应：重要的不是他者，而是主体自身。国家的重要性不言而喻，但对夏目漱石而言，在非危机情况下也高喊国家的重要性，就"如同在发生火灾之前就穿上消防服，憋闷地在市区奔跑一样"（第73页）。

当时，作为知识分子代表的作家夏目漱石向一所贵族学校的青年们宣扬个人主义，这在同一时期的韩国和中国是难以想象的。对于失去国家主权、沦为"战俘营"的韩国，以及正在进行革命的中国来说，向公众强调个人而非国家的重要性几乎是不可能的。1914年的夏目漱石之所以能够发表这样的言论，其原因也是显而易见的。毋庸置疑，作为东亚第一个成功现代化的国家，并通过甲午战争和日俄战争的胜利向国内外炫耀其成功，日本的自信是其基础。

因此，通过《心》的罪恶感可以确认的是，这是近代性道德进入新阶段的呐喊。也就是说，现在是将近代性主体化的时刻。明确地指向这一点的是"自我本位"这个耀眼的词语，这不仅仅是英国文学研究的问题。既然有了经历加冕礼的"自我本位"的主体，那么他所看待的近代性就不再是外部者，不再是需要从外部观察或追随的对象。他凭借自己的力量在近代性的中心站稳了脚跟，所以也没有必要那样做。这种集体思维的积累在后来日本造成的结果虽然可怕，但不能因此说这种思维本身有问题，因为任何存在都想成为自己判断和行为的主体。

在主体化过程中，过度伦理成为确保自我责任领域的动力，而罪恶感则是这一过程的结果。与夏目漱石的《心》相比，李光洙的《有情》（1933）所展现的罪恶感和自我惩罚具有压倒性的质量感。叙事的逻辑因此扭曲变形，以至于可以说小说本身就成了一个症候。这是因为小说中表现出对罪恶感的强烈意志。不是罪恶感，而是对罪恶感的意志、对罪恶感的渴望。由于这种讽刺性效果，叙事不可能顺利进行。

《有情》的主人公崔皙没有犯任何罪，但却为了惩罚自己而走上了死亡之路。当然，没有理由的自我惩罚是不存在的。因此，为了把自己逼入绝境，崔皙必须找到合理的理由。他在西伯利亚的孤独的流浪正是为了寻找这个理由。从这个角度来看，《有情》这部小说整体上可以说是主人公崔皙"发明"自己罪行的过程。不是发现，而是发明。从叙事的结局来看，一切都变得清晰起来：主人公崔皙的自我惩罚是既定的。问题在于惩罚的理由，而寻找这个理由的过程正是无中生有地捏造罪行。之所以说是"罪行的发明"，就是出于这个原因。

怎么会发生这种事呢？没有犯罪，怎么可能进行自我惩罚呢？叙事如何超越这种逻辑裂缝？这些问题的答案可以在李光洙叙事的伦理基本框架中找到：这里重要的不是罪恶感这一具体的情感，而是产生它的框架，以及这个框架存在的必然性，以及它产生这一框架的叙事流程。李光洙的叙事中存在的无伦理和过度伦理之间的激烈震荡，这不仅体现在《有情》中，当把他的代表性长篇小说《无情》（1917）、《再生》（1925）、《土》（1933）、《爱》（1938）并列在一起时，这一点会更加清晰地显现出来。

李光洙是一个在20岁之前就开始写作和发表文章的人。直到1950年在朝鲜战争中去世，此前近40年的时间里，他一直以作家的身份生活。这段时间里，他的形象随时间而变化，这本身并不奇怪。更何况，他所生活的时代，可谓政治剧变的时代。他作为大韩帝国臣民出生，经历了日本殖民统治和美军政时期，最终作为大韩民国国民离世，而他的墓地现位于朝鲜首都平壤。虽然不一定与他所处的时代完全一致，但他的作品所展现的思想变化大致可分为三个阶段。青年时期，他作为主张近代性的社会进化论者；中年时期，则作为道德改良主义者进行写作和行动。在此期间，他还是安昌浩的独立运动组织"兴社团"的国内分部负责人。而到了太平洋战争爆发时期，他成为了所谓的"大东亚共荣论者"，写了一些在死后全集中未被收录的文章，因此成为了所谓的"亲日文人"的代表。

李光洙的生涯本身变化无常，单从表面上看很难理解。他在同一事件上会表现出完全相反的判断和态度。例如，对于罗马帝国的灭亡，1917年的李光洙认为是道德主义限制了国力，而1921年的李光洙则认为是道德心堕落导致的。此外，他在20世纪30年代同时赞扬意大利法西斯的暴力性和甘地的非暴力精神。[①]对于这种自我矛盾，李光洙如何处理呢？奇怪的是，对于这种逻辑上的错位，李光洙表现得非常泰然自若。他毫不掩饰、直截了当地表达自己的观点，这种态度本身就令人费解。怎么会这样呢？

从气质上看，李光洙是一个更倾向于向前看而非回顾过去的人。他在文章中表现出的矛盾主张如此，他充满变化的人生本身也如此，其间几乎没有明显的困惑迹象，看上去真的是泰然自若。从以功利主义为先的社会进化论者转变为道德主义者是一个问题，而当时的民族主义者李光洙竟然转向与日本合作，成为"大东亚共荣圈"的倡导者更是令人震惊。怎么可能会这样呢？如果把李光洙的一生视为文本，这无疑是最显著的特征。

当然，他的转变有许多细微的原因，但从宏观角度来看，只有一个原因：他自身存在一个不变的框架，使得这种程度的立场转变对他来说并不算什么。这个框架是什么？如果我们回想起《有情》的特征是罪恶的发明这一奇异现象，或许就能找到答案。

《有情》的特征所传递的是一种极致的伦理过度，因为人类难以再有超越这种凭空给自己捏造罪行并对自己执行死刑的事。他的另一部长篇小说《爱欲的彼岸》（1936）中的人物姜永浩也是如此。[②]他认为自己的存在本身

---

① 这些主张分别见于《爲先 獸가 되고 然後에 人이 되라》，《学之光》，1917年6月；《소년에게》，《开辟》，1921年11月—1922年3月；《간디와 무솔리니》，《东光》，1932年5月等文章。关于这方面的详细论述，可见拙著《아침의 영웅주의：최남선과 이광수》，소명，2011年。
② 关于李光洙长篇小说中出现的过度伦理的特殊样态，拙著《爱的语法：李光洙、廉想涉、李箱》（徐永彩：《사랑의 문법：이광수, 염상섭, 이상》，민음사，2003年）第二章中有详细论述。

对一颗善良的心灵构成了障碍，因此主动走向死亡。姜永浩当然也没有犯任何罪，如果说有罪，那就是他的存在本身就是罪。因此，姜永浩也和崔皙一样，是罪行的发明者。此外，姜永浩和《有情》中的崔皙一样，是《爱欲的彼岸》整部小说的思想主宰，而不是一个次要的特殊人物。

为什么这种程度的伦理过度会主导李光洙的叙事？考虑到李光洙的一生，这个问题的答案并不难找到。在李光洙变化多端的生活和随之而来的写作历程中，唯一不变的因素就是他在"民族＝国家"层面上成为主体的渴望。当然，"主体化"本身就是以集体为前提的，但李光洙的情况明确表明，这个集体就是"民族＝国家"，这在他的生活和文学中得到了充分的证明。在他的文学中至少有三个轴心发挥了作用，而这三个轴心又有力地证明了这一点：作为新文学的开拓者和《二八独立宣言》的起草者，他在民族共同体中享有的崇高地位，他在写作中始终设想的读者群体，以及由此产生的他的作品中始终如一的"民族启蒙主义"形式，这些都反映了他生活的本质。

考虑到这一点，李光洙的三次转变所改变的只是实现"朝鲜独立"的策略。当他结束在上海临时政府的流亡生活回国时，以及当他主动改用日本名字并成为"大东亚共荣圈"的主唱者时，情况都是如此。祖国光复后，他把自己的对日合作称为"愚子的孝心"：他的选择结果是愚蠢的，但动机和意图可以说是忠实的。虽然他"为了民族而亲日"的说法被批评为辩解，但从内容上看，这并非辩解。如何评判这一点，取决于他所希望归属的共同体，但事实就是事实。申采浩[①]选择了申采浩的方式，李光洙则走上了李光洙的道路。结果，李光洙成了一个怪物。

考虑到这一点，《有情》中对罪孽的奇特渴望也将变得更加清晰。这种无罪的罪恶感，正是《有情》的作者和读者，即李光洙所属的阅读共同体所共有的情感的扭曲表达。这种情感不仅反映了在殖民统治下遭受歧视和痛苦的人们的心境，更重要的是，它反映了将殖民地状态本身视为无法忍受的痛苦和束缚的人们的集体情感。当对"主体化"的渴望在民族＝国家的层面上运作时，这种渴望的强度以扭曲的形式（那些无罪却选择自我惩罚的奇

---

① 申采浩（1896—1936）是韩国近代著名的历史学家、思想家和独立运动家。——译者注

怪人物）表现出来，这恰恰反映了"战俘营"中殖民群体所感受到的束缚的强度。

从这个角度来看，李光洙的一生和写作变得前后一致、易于理解。即使有转变或思想变化，也不过是涟漪而已。即使相互矛盾的主张并存，也不足为奇。与他写作的核心渴望，即民族层面的"主体化"渴望相比，这些都不值一提。这种内在的矛盾甚至可以转化为颠覆性的能量，汇聚成实现这一渴望的助力。从这个层面来看，李光洙的代表性长篇小说所呈现的，在无伦理和过度伦理之间形成的剧烈变化，也变得可以理解。可以说，缺乏伦理的强烈程度反而导致了病态的过度伦理。最具象征性地显示出两者之间转变的，就是他的第一部长篇小说《无情》（1917）与其后的《有情》的对比。

六、罪恶意识的问题性之二：李光洙的《无情》

李光洙的处女小说《无情》（1917）描绘的核心问题是在无伦理与过度伦理之间的对立。这一对立不仅开启、推动了故事的发展，还为其画上了句号。如前所述，过度伦理是主体化的核心机制；但这里出现的无伦理的独特形态尤为引人注目。这与李光洙《再生》（1925）之后所描绘的当代现实的无道德性（即道德沦丧的拜金主义世态）处于不同的层面。《无情》叙事中所蕴含的近代性的无道德性体现在人物设置和叙事结构本身，更为根本且强烈。正是这一点，使得《无情》在韩国文学史上成为一部具有里程碑意义的作品，这尤其体现在以传统与近代的对抗构建的人物设定，以及这种对抗得以化解的方式的独特性上。① 在《无情》中，过度伦理和罪恶感被用来弥补由于其特殊解决方式而产生的裂痕。

在日本殖民统治下，近代性在韩国具有既是解放者，也是侵略者的双重

---

① 人物或伦理中表现出的传统与现代的对立设置，在日本和中国也不难找到例子。比如尾崎红叶（1867—1903）的《金色夜叉》、二叶亭四迷（1864—1909）的《浮云》以及巴金（1904—2002）的《家》都是典型代表。它们各自所表现的对立与解决方式的差异，展示了东亚近代性所创造的各种形态。《无情》所展现的韩国特殊性体现在传统与近代对立的解决方式上。此处所指的韩国特殊性，是在东亚近代性格局中，相较于日本与中国的差异性所界定的。换句话说，可以设想为作为东亚近代性代表的日本，仍然经历着剧烈新旧冲突的中国，以及在其间分裂的韩国。关于《无情》中所展现的传统—近代解决方式，我在拙著《阿谀的英雄主义：崔南善与李光洙》第二部第二章中进行了详细说明。

性质。从反封建主义的角度来看是解放者，但从失去民族主体性的立场来看却是侵略者。这种双重性常常给追求近代主体性的人们带来矛盾的局面。李光洙文学中无伦理与过度伦理的极端交织，正是出于这个原因。当然，这只是逻辑层面的，在行动层面上则产生了其他现实选择。尽管如此，对于这个时期观察韩国近代性的主体来说，明确的基本构图是：近代性对"战俘营"中的人们所施加的双重性。将这种双重性融入叙事结构中，正是使《无情》成为划时代作品的力量。《无情》中人物命运的交错，也展现了普遍性与特殊性交织的时代潮流的一面。

《无情》叙事中的核心是男女主人公李亨植和朴英采交错的命运。他们的命运轨迹本身就展现了近代性叙事的普遍性和韩国的特殊性。追求个人欲望的李亨植是现代主体的典型代表。相反，朴英采代表着传统伦理的义务性。李亨植追求自己渴望的生活，而朴英采则试图实现她生命中的传统伦理义务。李亨植历经曲折，以自己的方式延续生活，而朴英采则无法维持自己固有的生活。这是因为他所处的《无情》世界并不希望传统秩序继续存在。身负致命伤，一心求死的朴英采，甚至无法保有自己死亡的独特性。这是因为朝鲜沦为了殖民地。当两人的命运交错时，迸发出来的是李亨植的罪恶感和朴英采的怨恨。小说后半部分，火车上的相遇呈现了这一幕。让我们看看李亨植的罪恶感是如何表现的。

> 李亨植跟着英采去了平壤，却没有确认她的生死，回来后第二天就和别人订婚，此后就忘记了英采——这样的自己仿佛犯下了大罪。亨植果然是无情的。亨植本应该先用祐善借给他的五元钱去平壤。在那里他应该找到尸体并且举办隆重的葬礼。为了自己坚守了七八年的贞洁，最终为自己献身献命的英采，他本应该痛哭流涕地祭奠她。
>
> 然而，他做了什么呢？
>
> 因为英采不在人世，他本想着忘记自己的罪恶，却听到英采还活着的消息，罪恶感就像刀刃一样刺痛着亨植的心。①

---

① 李光洙：《이광수 전집》，삼중당，1973年，第178页。

听到本以为已经去世的朴英采也在同一列火车上，李亨植感到心如刀割的罪恶感。但是李亨植做错了什么？李亨植所感受到的罪恶感及其程度是否合理？如果朴英采没有活着，或者即使活着李亨植也不知道，或者即使知道也不在同一列火车上，那么这种程度的罪恶感就不会存在。朴英采没有死对他来说有那么重要吗？这一幕不禁让人产生这样的疑问。

就事件本身来看，在这个场景中，李亨植应该感受到的不是罪恶感，而是羞愧。表面上看，他没有犯什么大错。对于前途光明的知识青年李亨植来说，7年前分手的恋情突然又出现了，当时李亨植已经有了理想的结婚对象。与金长老的女儿金善亨的婚姻，将为他提供他渴望已久的赴美留学的机会。李亨植和朴英采都在十几岁时成为孤儿。李亨植凭借良好的品性和努力开辟了新的生活道路，而朴英采则沦为妓生，依靠伦理意志坚持生活。这样的英采来找亨植了。即使两人从小就深交或者订有婚约，朴英采也应该后退，但两人的关系远未达到那种程度。现在会发生什么呢？

在这个阶段，首先值得注意的是两种相互对立的叙事，即两种不同的力量。李亨植所拥有的近代欲望叙事，与朴英采所代表的传统义务叙事进行对抗。在这一对决中失去力量的，当然是朴英采的传统叙事。虽然沦为妓生，但她内心仍希望与亨植结合，最终在遭遇屈辱、留下遗言后消失。李亨植随后前往平壤，但因无法找到她的线索而返回首尔，金长老家提出订婚时，他毫不犹豫地答应了。并随着未婚妻一同赴美留学。

在这里，李亨植做错了什么？没有更努力、更真诚地寻找朴英采的下落？朴英采突然出现让他感到困扰，而一旦她又消失，他内心却感到了一丝庆幸？这些都是李亨植内心深处的东西，很难成为客观谴责的对象。如上所述，只能说"亨植果然是无情的"。总之，如果是这种程度的心情，与其说是罪恶感，不如说是羞愧。当然，用"恰当的情绪"这样的表达可能会有些奇怪，但正如金承钰的《雾津纪行》（1964）最后一句所说"我感到深深的羞愧"①，这才是恰当的程度。反而，李亨植在得知朴英采还活着的那一刻，感受到了刀割般的强烈罪恶感，潜伏的罪恶感瞬间涌现出来。本应是羞愧的地

---

① 金承钰：《김승옥 소설전집》1，문학동네，1995年，第152页。

方，却被尖锐的罪恶感占据了。因此，这不能不说是一个征候性的点。我们应该如何理解这一点呢？

七、无伦理与过度伦理的二律背反

在这一情景中，首先必须指出的是，《无情》中的两位主人公李亨植和朴英采并不仅仅是个体。考虑到阅读共同体中形成的情感，他们都作为集体主体的表象，即作为民族寓言的媒介而发挥作用。对于阅读《每日申报》连载小说的读者、阅读单行本《无情》的公众，以及收到他们反馈的报社编辑和作者本人来说，都是如此。

尤其是民族寓言的属性在女主角朴英采的设定和命运中表现得尤为强烈。朴英采的父亲短发黑衣（这正是东学道徒的装束），是一位为朝鲜规划新未来的人，他与两个儿子一起在宪兵队的监狱中去世。朴英采就是这样一个家庭的女儿。幼小的朴英采在失去家人后被迫孤身一人，遭受了从日本获得爵位的"卖国贼"和其走狗"半吊子开化派"的强奸，从此失去了生活的理由。从民族寓言的角度来看，这一事实显然对李亨植的罪恶感产生了巨大影响，因为李亨植这个人物也并非仅仅是一个单纯的青年。

在《无情》中，李亨植被设定为一个以新的方式梦想着朝鲜未来的有志青年。他追求的赴美留学之路象征了这一点。更大的问题在于，在朴英采遭受屈辱命运的重要关头，李亨植作为一个感到羞愧的存在介入了进来。因此，这种羞愧感不仅仅是个人层次的羞愧（这一点与《雾津纪行》中的主人公感受到的羞愧不同）。正如前面所指出的，朴英采扮演着一个极其强烈的民族寓言的角色。此外，朴英采所遭受的凌辱以及她决定自杀留下的遗书背后，还存在着巨大的创伤性事件作为背景。

在《无情》中，朴英采象征着传统美德。被两恶徒凌辱并走向死亡之路的"朝鲜的女儿"正是朴英采。在朴英采留下遗书消失后，连载小说的读者们纷纷要求让朴英采复活。1917年殖民统治下朝鲜的阅读共同体中产生这样的反应，其原因是显而易见的。在朴英采的屈辱命运背后，隐藏着难以抹去的历史创伤，即撼动大韩帝国民心的重大事件。那就是明成皇后在自己的寝

151

宫被日本浪人刺杀并焚尸的惨案。

明成皇后的死不仅仅是一位女性的死亡，也不能仅仅视为一位干预当时政治现实的王妃之死，因为其后紧接着的是丧失国家主权的历史。而且撇开其他所有情况不谈，这是一国最高女性在自己寝宫被外国侵略者残忍杀害的事件。因此，"乙未事变"这一事件可谓将大韩帝国所有男性瞬间变成幽灵的事件，在"乙巳条约"和"庚戌国耻"等事件发生之前，实际上已经宣告了国家主权的终结。

朴英彩所遭遇的事件背后潜藏着1895年"乙未事变"的创伤。《无情》中的李亨植既然是肩负民族新未来的角色，就不可能无视乙未事变所引发的巨大情感震荡。更何况在他面前，那个他以为已葬身大同江的朴英采如同"复活"般出现，还搭乘同一列火车。面对这样的朴英采，李亨植感到锥心刺骨的罪恶感也就不足为奇了。立志成为民族奥德修斯的李亨植在这一刻突然醒悟到，自己身处的并非开往釜山的列车，而是大韩帝国最崇高女性鲜血未干的惨烈现场，是尸臭弥漫的宫殿中央。作为民族奥德修斯的李亨植，他意识到自己正站在巨大创伤的刀刃之上。

那么，李亨植应该如何应对这一情况呢？他进退两难。他是近代主义者：从这个角度看，朴英采理应消失。然而，李亨植自己无法亲手消除朴英采，因为他知道自己正站在怨恨的刀刃之上。从小说内部逻辑看，李亨植既不能解除与金善亨的婚约而与朴英采结合，也不能对朴英采的怨恨置之不理。无论走向哪一方，他通向民族近代性主体的步伐都不得不停下。在这样的困境中，三郎津洪水场景出现了。他们乘坐的火车因洪水停了下来，象征民族现实的受灾群众出现在眼前。这个场景如同李光洙为陷入进退两难的李亨植递上的绳索。理想化民族启蒙，使男女结合的问题变得无足轻重。

《无情》的这一结局，从"乙未事变"带来的致命情感视角看，相当于为朴英采举行的镇魂祭。对"复活"的朴英采而言，重要的不是维持生命，而是找到活下去的理由。李亨植追求的近代性通过与朴英采的决裂而实现，但朴英采悲惨命运象征的朝鲜传统精神已经成为冤魂。被外部势力暴力夺去生命的父亲的冤魂，不是驱鬼的对象，而是哀悼和镇魂的对象。即便那个父亲对李亨植来说是清除的对象，情况也是一样的。没有为冤魂举行镇魂祭，李亨植和李光洙追求的"民族启蒙使命"也只是一场无法实现的梦。因为朴英采的冤魂不是谓语，而是主语。

李亨植的罪恶感就在这一点上浮现出来，它以一种遮盖羞耻的罪恶感的形式出现。这无疑是"过度伦理"，但为何在此需要过度伦理，现在可以解释了。李亨植向自己诉说的罪恶感形式的过度伦理，乃至所有登上火车的年轻人都认同的"民族启蒙"使命，无非是为安抚朴英采的冤魂而摆设的祭品。民族单位主体的罪恶感覆盖了个人层面的羞耻感，并以此为动力达成民族启蒙的使命。

然而，《有情》所展示的极高水平的过度伦理世界，在此又一次飞跃展开。《无情》的主导力量是朴英采悲惨命运所象征的无伦理世界，是社会进化论原理层面运作的近代性力量。说是罪过可能有些过分，但李亨植心里仍有他必须承担的错误。相比之下，《有情》的主人公崔皙并无任何过错，却为了自我惩罚而自杀。背后传来一个声音，那是李光洙的声音，他化身为"独立准备论者"和道德主义者，认为只有过度伦理才是生存之道。他既是《有情》的作者，又是创建"修养同友会"这一组织且开展"兴士团"工作的人，同时也是作为文人传播该理念的人物。

表面上看，李光洙似乎将他追求的近代性从现实利益（功利主义）层面转向了康德级别的极端伦理主义。这意味着将世界视为意志的对象，并以极端化的第一人称视角来观看。这是一个如同独自仰望夜空般凝视自己良心的主体领域。在文学领域，这或许是抒情诗的世界，但难以成为小说的世界，因为小说必须反映他者的视角。于是，在伦理转变后发表的李光洙小说中——从《再生》到《土》和《有情》，再到《爱情》——其世界明显扭曲，甚至成为荒谬的过度伦理王国。这不是普通人的现实伦理，而是一个怪诞的"实在伦理"运作的世界。

因此，李光洙的文学作品中不可避免地出现了原则与应然之间的摩擦。这种摩擦表现为过度伦理这一特殊形式，对现实中的无伦理进行否认、拒绝或回避。在李光洙的世界里，追求个人欲望是一种禁忌。所有不面向民族共同体的欲望都成了应受惩罚的对象。超我对于现实世界的苛刻，不分主体与客体。过剩的伦理能量，对于男性主体表现为无尽自我牺牲，对于沉溺于私欲的女性则表现为严厉的惩罚。这种伦理能量最终构建了《爱》中那个剔除了肉体欲望的特殊精神恋爱世界。

要成为主体，必须承担责任；要承担责任，必须有罪。因此，问题在于发现并确认罪过。如果没有罪过，就必须创造出来。如果现世没有罪过，那就得追溯到前世。李光洙因此成为罪过的发明者和因果报应论者。他的小说中，罪恶感的另一种形式就是自我牺牲与奉献。这不仅仅存在于献出时间和精力的层面，而且也存在于献出生命、甘愿背负污名、为大义而献身成为犹大的层面。这一点在日本帝国末期他创作的历史小说如《尔次顿的死》（1936）、《世祖大王》（1940）和《元晓大师》（1942）中得到了体现。这些作品中的超自然力量使得它们几乎成为英雄史诗。然而，这些作品之所以还能够称为小说，是因为其中的英雄不仅是历史人物，还是伦理英雄。这些都生动地展现李光洙对过度伦理的渴望能达到何种程度。日本帝国进行的法西斯战争象征着近代性的道德缺失已经达到了自我毁灭的程度。现实中的伦理缺失越是走向极端，李光洙小说中体现的过度伦理的强度也越高。这与殖民地压迫越是严酷，对成为自主主体的渴望也越强相一致。问题在于他实现这种渴望的方式。面对法西斯战争引发的现实危机，民族主义者李光洙在一片殖民地上选择背叛民族，仿佛成为出卖耶稣的犹大。这对他来说，就像是为民族的未来买了一份保险，但这份保险的代价却必须由他自己全权承担。①

战争结束、实现"民族解放"之后，批判李光洙的选择变得容易而轻松。然而，他在日本帝国统治下这一选择所形成的伦理黑洞的底部却难以窥见。这个黑洞正是无伦理与过度伦理的二律背反交织之处。道德缺失与过度伦理在这里多重交错、相互对抗。在日本统治下，高涨的民族情感无法接受无伦理的世界，但仅凭诗意的过度伦理瞬间也无法应对眼前无伦理的世界。在失去主权的状态下，成为主体本身就是一种空洞的、没有实质内容的追求。相比之下，李光洙在"战俘营"中所面临的现实危险却是生动而

---

① 关于李光洙与日本合作是为了自保这一点的详细内容，可以参见拙著《阿谀的英雄主义：崔南善与李光洙》第2章。

具体的。将这些危险完全归结为个人的责任，或许也是另一种过度伦理的产物。

八、奥德修斯与拿破仑之间的罪恶感

李光洙小说中出现的过度伦理的强度，本身就暗含了他所需突破的不安的密度。对罪恶感的渴望同样对应于对民族层面主体性的渴望。如果说1914年夏目漱石所面临的是时代转型期的混乱所带来的不安，即第三人称的不安，那么1933年李光洙所面临的不安则是截然不同的。李光洙作为殖民地知识分子所面临的是现实的不安，由威胁其生命的政治力量引发的恐惧。帝国主义的暴力政治将他囚禁至濒死，并致使其精神导师安昌浩死亡。李光洙虽是知识分子，却也是被困在"战俘营"中的存在。此外，他不是孤立在沙漠中的个体，而是始终为共同体写作和行动的人。他所面临的现实不安与夏目漱石以第三人称观察到的社会不安，其密度自然不同。李光洙的不安就像一头猛兽在他面前咆哮、呼吸。他必然以复数第一人称感到这头猛兽粗重的呼吸，因此他的叙述也必然是扭曲和变形的。

如前所述，就罪恶感是主体形成过程中过度伦理机制运作的结果而言，李光洙的小说与《破戒》《心》等日本小说并无二致，即使是以非常柔和的形式，志贺直哉的《暗夜行路》也是如此。这些作品在罪恶感的强度和密度上各有不同，但它们仍共享着对现实的挫败感这一情感产生的机制。这里对现实的挫败感，正是基于向外部近代性不得不屈服的人们的心境。因此，追求"自我本位"的主体们的情感，在对近代性的失败感和精神胜利这两个极端之间摇摆。这种摇摆的基础是相互呼应的两种主体性机制：生存主义和主观真诚性。

如果将两种机制拟人化，可以称之为生存机器奥德修斯和欲望机器拿破仑。奥德修斯是智慧的妥协性生存机器，拿破仑则是则是追求主观真诚性的不妥协的欲望机器。奥德修斯代表现代世界秩序的原则，拿破仑代表近代主体的伦理。他们都想建立自己的王国，奥德修斯通过恢复破碎的家庭秩序，拿破仑则通过革新旧制度来实现其王国。用家庭叙事的术语来说，奥德修斯是长子，拿破仑是次子。长子是恢复和维持的力量，次子是反抗和突破的力量。这两者既是近代性中的两种强大的道德观，也是主体性的两个方面。

当然，这里还有既非长子也非次子的幼子，即享乐主体的领域。追求现实逃逸的浪漫放荡子（可称之为卡萨诺瓦）所追求的王国不在尘世间。卡萨诺瓦梦想的王国是感官与享乐、逃避与脆弱的王国。在浪子的现实中，没有需要对抗的敌人，也没有阻挡前路的威力。敌人或阻碍只存在于那些与之对抗的主体面前，而幼子主体是回避与现实对抗本身的产物。近代性本身就包含着反近代性的否定性运作，这正是文艺本身、艺术本身的动力，也就是享乐机器卡萨诺瓦主体的领域。①

那么，罪恶感从何而来？卡萨诺瓦主体、奥德修斯主体和拿破仑主体都不会拥有这种卑劣的情感，因为他们都是前亚当之前的纯粹力量形式。奥德修斯的策略是计谋与欺骗，他所追求的只是生存（以及由此带来的回归），奥德修斯的叙述是通过与威胁其生存的他者的接触而形成的。对于求生存的主体来说，追究其行为正当性的伦理没有立足之地，因此也不会有罪恶感。纯粹欲望机器拿破仑是直奔其欲望目标的主观性的化身。拿破仑主体或许会失败或受挫，但不会有罪，因此也不会有罪恶感。

问题性的情感产生于这两个主体转换或重叠的瞬间。当拿破仑在自己身上发现奥德修斯，或者奥德修斯意识到自己身上涌现出拿破仑时，罪恶感、悲哀、不安和羞耻就会蠢蠢欲动。因此，当奥德修斯或拿破仑在自己的领域内坚定不移时，他们的内心毫无问题。当他们用他者的目光看待自己——奥德修斯用拿破仑的目光，或拿破仑用奥德修斯的目光反思其行为结果时，内心的褶皱就会产生，对立的情感就会浮现。

从这个角度来看，李光洙叙事世界中存在的伦理症状，可以说是奥德修斯选择以拿破仑的方式作为自己生存策略的结果。李光洙作为追求近代性的奥德修斯，必须成为民族层面的奥德修斯，因为他关注的是民族主体的生存，而不是个人生存。此外，作为"准备论者"（安昌浩主义者），他选择

---

① 文学中享乐主体的领域以"浪子文学"的形式呈现。对此，笔者在重点分析李箱和太宰治的两篇文章——《东亚西亚 탕아문학의 탄생과 맥락》（未发表）以及《실패의 능력주의》（拟于《작가들》2024年秋季刊发表）——进行了更详细的描述。

的策略是成为拿破仑——一个在伦理层面发挥不妥协性的拿破仑。这就是在"战俘营"中成为"准备论者"的核心。

在《无情》的结尾，李亨植的罪恶感突然爆发，这是他在作为一个个体试图走奥德修斯之路时，被他所属的共同体的巨大质量感所压倒的结果。从李光洙的身份流向来看，李亨植感受到强烈罪恶感的瞬间，就是决定他一生的回心转意之时。因为这是李光洙的角色从简单的奥德修斯转变为民族的奥德修斯的瞬间。民族的奥德修斯通过成为拿破仑来对抗无伦理的世界，从而强化罪恶感和过度伦理。其结果便是达到《有情》《爱欲的彼岸》《爱》中那种无罪的罪恶感的独特境界，这一脉络一直延续到太平洋战争期间发表的《元晓大师》。在夏目漱石的作品中，罪恶感的出现也发生在奥德修斯与拿破仑重叠的瞬间。

被囚禁在"战俘营"的李光洙必须守住奥德修斯的位置，但夏目漱石则没有这样的理由。他可以辞去官职，放弃英国文学研究，成为一个无拘无束的拿破仑。在《心》中罪恶感涌现的瞬间与《无情》的情况无异。两者都是传统伦理之斧向近代性原则砍来的时刻，并且都只不过是诗意的瞬间。因为在他们所处的世界中，这种伦理难以持续存在。

然而，夏目漱石与李光洙的道路显然不同，因为他们所属的共同体的境遇不同。作为无主权主体的李光洙将罪恶感突出的诗意瞬间视为回心转意的时刻，立于民族的奥德修斯之位，走上了这一角色所指示的道路。然而，夏目漱石没有理由这样做，只是短暂地被拿破仑的灵魂激烈附身的奥德修斯，然后又回到了自己的位置。那就是近代性所指示的小说家漱石的位置。

如前所述，《心》中出现的罪恶感与《门》类似。[①]而其激烈程度在日本近代文学罪恶感的谱系中也占有一席之地。如果将岛崎藤村的《破戒》置于

① 更详细地说，在夏目漱石的世界里，奥德修斯和拿破仑重叠的那一刻，是在《那之后》到《门》的过渡时期。《那之后》的主人公大助是个没有责任感的次子，因此在追求自我真实性的道路上没有任何阻碍。他是个无所畏惧的拿破仑。大助无视父亲、哥哥和朋友，向着自己的欲望前进。即使在追求朋友的妻子时，也没有任何不安或罪恶感。然而，《门》的主人公宗助和志保子的情况却不同。宗助是长子，身边还有一个需要照顾的比他小十岁的弟弟。他爱上了朋友的妻子，最终在周围人的指责中结了婚，并与妻子维持了六年的正常婚姻生活。但这段时间也充满了罪恶感。当次子拿破仑进入长子奥德修斯的位置时，也就是奥德修斯用拿破仑的视角看待自己时，罪恶感就产生了。当两个主体重叠时，心灵的落差便出现了，情感也随之波动。

夏目漱石的《心》之前，那么漱石的罪恶感所起的作用会更加明确。

《破戒》中主人公的罪恶感，展现了在世界秩序的原则与主体性伦理的边界崩溃的瞬间，提出不道德戒律、让儿子感到困惑的父亲，就是一个典型的形象。戒律一词所具有的形式上的伦理性（因为是父亲的话，所以必须遵守）与其内容的不道德性（为了生存，你绝对不能透露你是贱民后裔）之间的矛盾，是生存/冲动机器奥德修斯与真诚/欲望机器拿破仑重叠的典型表现。在这种两难境地中，主人公暴露自己身份的行为也表现出另一个悖论。违背父亲的禁令，表明自己身份的行为采取了出柜（堂堂正正的拿破仑）的形式，但实际上是出局（失败的奥德修斯）。最终出现的是一个失败的奥德修斯身上叠加的拿破仑——一个畏畏缩缩、绝对无法被称为拿破仑的非-拿破仑形象。此外，主人公对三个父亲（父亲、丑松、连太郎）的三种情感（其中两种明显是罪恶感）是互相矛盾的，导致罪恶感的混乱并使主体感到空虚。

《破戒》中呈现的空虚主体的萎缩形象，本身就成了日本近代的寓言。这种形象在近代性的压倒性力量面前既屈服于现实又屈服于伦理，因此表现为没有真正进行"破戒"，却因无可奈何的状况而最终还是"破戒"了。在这种矛盾的情况下，两面失败而萎缩的主体形象更为浓烈地反映了明治时代日本心灵在实在层面的龌龊。漱石之所以高度评价《破戒》[1]，或许就是因为他对这种心灵的现实主义产生了共鸣。

《心》中的罪恶感表达伦理的英雄主义，瞬间解决了《破戒》所展开的无伦理现实的困境。然而，从近代性的角度来看，这种异常美丽的瞬间终究只是幻想，难以持久。主体化不是通过一次性的过度伦理就能完成的，而是在不断重复的行为链条中，通过反复巩固自我责任的领域而实现的过程。这不是一次舍命就能解决的事情。再者，生存和真诚性在主体内是一体的，不妥协的拿破仑若牺牲生命，奥德修斯也会死。因此，"自我本位"这一瞬间的顿悟固然重要，但更重要的是如何在具体、重复的行为中，以何种方式实现

---

[1] 漱石在1906年4月4日写给森田草平（1881—1949）的一封信中写道："《破戒》作为明治小说，是一部值得传给后世的杰作。"《漱石全集》14，岩波書店，1975年，第389頁。

这种"自我本位"。

就一般的近代主体而言，大多数人作为拿破仑和奥德修斯思考和行动。现实中的普通人不得不同时具备妥协者（长子）和反抗者（次子）的属性。有些人还可能在自己身上看到享乐者（幼子）的身影。岛崎藤村和夏目漱石无疑都是这样的人。

然而，如果从以日本"国民作家"漱石为代表的民族寓言层面来说，以及从我们现在看待东亚历史的角度来看，则必然会展开一个截然不同的故事。在与近代性的相遇中，日本选择了投降者的位置。在对使自己屈服的原则的忠诚度方面，日本表现出一种强迫性。由于这种全身心的近代性追求，日本造就了一个强迫性的主体，在当时的东亚成为了近代性的模范生。然而，当它无法忍受自己所处的位置时，强迫性主体高呼"自我本位"，瞬间变身为歇斯底里的主体，这就是日本转变为大喊"大东亚共荣圈"的军国主义侵略者的形象的缘由。①

当然，将漱石和藤村的罪恶感直接与日本法西斯主义的幽灵联系起来是草率的。但我们可以指出，在他们的叙事中投射出的罪恶感和主体化结构中，潜藏着日本近代初期所要承受的伦理裂缝问题。从这个角度来看，如果说法西斯战争是大规模的歇斯底里，《心》中展现的罪恶感激烈爆发则相当于小规模的歇斯底里。两者都是自开港以来日本在强迫性主体形成过程中所爆发的症状性表现。

九、罪恶感的伦理

夏目漱石的《心》和李光洙的《无情》都描绘了罪恶感突显的瞬间。在此，罪恶感的出现可以说是罪的诞生。根据这些人物所遵循的心灵法则，没有过度的伦理，就没有罪恶感；没有罪恶感，就没有罪。这与《罗马书》中提出的"在法律出现之前，罪并不存在"的逻辑相似。②在他们的世界中，

① 关于这一点的详细论述，请参阅拙作《강박과 히스테리 사이, 메이지 유신과 동아시아 근대성: 시마자키 도손, 루쉰, 염상섭》，《日本批评》19，2018年。
② 尤其是《罗马书》7：9-10写道："我以前没有律法，是活着的；但是诫命来到，罪又活了，我就死了。"

制造罪恶的过度伦理的强度直接与追求主体的渴望相连，这反映了这些作品问世时韩国和日本的精神状况。

在两部作品中，罪恶感的出现都被描绘成火焰般的瞬间。然而，夏目漱石的作品中，这一瞬间是字面上转瞬即逝的诗意时刻，而在李光洙的世界中，则成为改变人生的悔改时刻。将诗意的瞬间变成回心转意的契机，是由随后的时间来完成的。在《无情》中，李亨植感到的罪恶感是瞬间的，但之后展开的主体意志使这个瞬间成为悔改的契机。这正是李光洙本人及其小说中的人物对过剩伦理的执着追求。换言之，《有情》中崔皙之死等例子，使得《无情》中李亨植的罪恶感成为回心转意的时刻。

自《无情》的李亨植以来，李光洙的男性人物以各种方式展示了过度伦理的轨迹，这类似于一个人通过接受原罪的概念而使自己主体化的方式。他们试图自己承认不知不觉中进入自己内心的罪恶，甚至试图承担自己并未犯下的罪（如《再生》《有情》《爱欲之彼岸》的男性主人公们）。通过接受原罪为己有，一个人成为他所认同的祖先的后裔（以自己的意志认可既定的东西），并成为他所选择的共同体的一员（以自己的判断选择既定的东西），从而完成主体化过程。于是，主体化意味着成为具有共同伤痛的共同体的一员，罪恶感引导的主体化过程揭示了这一点。结果可能是人类、公民或国民，但对于李光洙来说，主体毫无疑问是作为民族而坚定地存在。他终其一生的目标是确保民族单位的主体性，他的作品中充满的罪恶感正是这一结果的体现。

如果说李光洙完全站在民族一边，那么夏目漱石则可以说一半站在文学一边。"老师"的罪恶感中运作的是明显的反近代性伦理。或乃木大将之死所展示的过度伦理，扎根于近代性对立面，即生存主义之前或之上的高尚大义。在生存战争的现实无伦理性（近代性）和面对这种现实的内心惨痛（反近代性）之间，文学的立场显而易见。然而，文学无法完全投身于伦理的英雄主义。浪漫的正义之陷阱可能导致现代文学的自我否定。只有在坚守近代性无法消除的伦理悖论时，一个人才能成为近代性的主体，文学也才能成为近代性的表象。尽管如此，倾向于反近代性的过剩伦理却是文学这一媒介本身的属性。由于这是情感层面的倾向，正如前面所引用的"老师"的告白一样，这是一个既难以解释也难以理解的领域。

近代性世界所展示的现实，以生存至上的无伦理性为基础。拒绝这种形式会导致与世隔绝或被淘汰。为了走出孤立主体的不幸意识，我也必须成为现实的一部分，必须通过违背加入现实的罪恶。如果想成为主体，就必须拥有独特的罪，并愿意承担这些罪的责任。更进一步，我愿意为我所属世界的罪以及我祖先的罪负责。这正是应对现实无伦理性的主体所采取的过度伦理。现实中的无伦理在共同体内部引发各种形式的不安，而承担这种不安的过度伦理便是近代性伦理主体形成的基本模型。李光洙和夏目漱石的罪恶感均基于这一伦理模型。

但这仅限于近代主体的一般领域。如果追问这些过度伦理指向何处，则进入了下一个领域。在那里，我们可以探讨的不再是一般的近代性，而是东亚的或日本的，以及其更远处的朝鲜的走向。

十、罪恶感之后

从东亚的视角来看，《心》中的问题在于，一个人用生命来忏悔的契机竟在国民主体内部，并以乃木大将殉死这种军国主义情感的形式提出。当时夏目漱石所在的国家，已经经历了两次帝国主义战争，并获得了两个殖民地——这不是一个还处于可能性问题的情形。一位用手势描绘着罪恶感和过度伦理的人，正滔滔不绝地向学生们强调个人主义的重要性，即主观决断的意义，这在这样的背景下显得颇为矛盾。1914年，一个日本作家提出的"自我中心"这一短语，如果适用对象是国家而不是个人，那将是极其危险的。从沦为殖民地人民的角度来看，这更是可怕的。

谈到罪恶感的表现方式，夏目漱石的罪恶感是歇斯底里的，而李光洙的罪恶感则是强迫性的。李光洙的罪恶感是一种寻找罪的意识，是在罪恶之前到来的罪恶形式。夏目漱石的主人公喊着"我是罪人，我犯了罪"，仿佛突然意识到罪已经进入了自己的内心。相比之下，李光洙的主人公喊着"我想成为罪人，我也想犯罪并承担责任"。因此，从不正常的程度来看，李光洙的情况要严重得多。扭曲的罪恶感的基本能量源于对民族单位主体性的渴望，李光洙对那炽热的罪恶感的渴求，自然延续到反映朝鲜战争灾难的张庸学的《圆形的传说》（1962）。为了平息这种激烈的情感，我们需要等待以李清俊、金承钰等为代表的新一代的新情感——羞耻感。崔仁勋的《广场》（1962）中的一种特殊形式的自我惩罚，既是柔化的罪恶感又是羞耻感，可以说是其过渡过程中的表现。

相比之下，夏目漱石的强烈罪恶感迅速消散，到志贺直哉的《暗夜行路》中，罪恶感已经失去了与现实交涉的伦理热度，转而达到一种更为普遍的神话性罪恶感状态。它更接近于羞耻感的领域。而在它之后，出现了由太宰治代表的羞耻感。如果说夏目漱石和李光洙的罪恶感是东亚近代性激烈的象征，那么太宰治、李清俊、金承钰等人的羞耻感则已经超越了地域特殊性或本国特殊性。因为羞耻感这种情感本身正是与能力主义这一普遍近代性规训进行对话的产物。

如前所述，从一般情感变化的路径来看，最先出现的是民族单位的羞耻感，接着是在反思层面上运作的罪恶感。只有超越这一阶段，近代性的普遍情感，即个人层面的羞耻感才会出现。具体的描述容后再作详述，而夏目漱石和李光洙作品中出现的罪恶感属于第二阶段。夏目漱石已经一只脚踏入了下一个阶段（可以说他并未完全摆脱这一阶段），而李光洙则双脚深陷于罪恶感的过度伦理之中。

伦理是以共同体为前提才可能成立的概念，罪恶感也是如此。李光洙和夏目漱石展示的罪恶感伦理提醒我们，近代概念中的民族是一个伤痛的共同体、一个创伤的共同体。它既是东亚与近代性相遇中产生的，同时也是东亚内部产生的，这些小说再次提醒了我们这一点。

（徐荣彩，首尔大学亚洲语言文明系教授；

译者安洙英，上海师范大学人文学院世界史系副教授）

陆海之间：欧亚十字路口上的中亚

黄达远　宋其然

　　摘　要：中亚作为各种力量博弈的中心，内外力量交织交错，极为复杂。如果要用一种社会科学话语体系来表达的话，那么处于欧亚十字路口的中亚，在东西南北各种力量之间维持一种均势和平衡，就是它最大的地缘意义。

　　关键词：中亚　丝绸之路　南北/东西关系

　　中国—中亚西安峰会以后，中亚、丝绸之路等名词因合作倡议、出境旅游、时事新闻和媒体运作等缘故得到了前所未有的关注。在此背景下，学界不仅对中亚、丝绸之路以及它们所衍生出的概念和语境有较广泛的讨论，还就与中亚和丝绸之路历史密切相关的人、事件、环境和文献进行了诸多思考。上述探讨在一定程度上有助于我们认识到中亚在边界上的流动性，或者说是不确定性。这种不确定性与丝绸之路一词所具备的模糊性、宽泛性是十分相似的，因此当中亚与丝绸之路这两个名词被置于同一空间时，我们或许能发现两者之间并非必然存在一种强韧的联系。换言之，中亚与丝绸之路间的紧密关系是一种借助现实视角凝视历史所产生的表象。同时，此处的"表象"亦建立在我们以"东西关系"推演古代中亚人群和权力互动的前提之上。

自然地理维度上的"中亚"绝不是一个均质的区域，位于阿姆河、锡尔河之间的绿洲与半荒漠，锡尔河以北干冷的哈萨克草原，分别构成了适宜农业与适合牧业的营生环境。至迟从公元前二千纪起，农业人群与牧业人群的分野就已经形成，并且这一关系构成了日后数千年间中亚"南北关系"的雏形。农业与牧业的选择并非完全依据古代居民所处位置的方位而定，真正发挥决定性作用的是降水、干湿状况或灌溉水源的丰寡。受限于绿洲的水体和耕地资源瓶颈，以河中、费尔干纳为代表的中亚灌溉农业区往往难以组织起内部统一且足以抵御外部进攻的政治力量，因此中亚一度处于受周边政权或外来民族影响的境地，其中游牧民族对中亚政治秩序的参与和支配又表现得尤为突出。

相较于地理空间接近且生计方式灵活的北方游牧人群，诸农耕文明体在东西方向上的贸易往来显得微不足道。中亚东有帕米尔高原和塔克拉玛干沙漠等地理障碍，西有里海和卡拉库姆沙漠阻挡。同时，陆地丝绸之路所依赖的骆驼等"载具"既无法满足大规模的商品流通需求，也不能维持长时间的稳定的货物运输。种种因素掣肘之下，与东方和地中海世界的交往难以影响古代中亚的政治、经济。

中亚以东仰赖农业生产的中国文明在进入河中这一中亚政治、经济、文化的中心之前便到达了她的极限，河中地区的农耕文明对中国农耕区的影响也同样有限。农业在干旱区举步维艰的发展轨迹意味着陆地丝绸之路无法依靠不同农业区之间的交换而长期存在，丝绸之路的有效运作需建立在绿洲与草原的小尺度贸易基础之上。丝绸之路难以克服的脆弱特性使东西关系在中亚历史发展的大部分时间里让步于南北关系，而绿洲与草原的经济互补性则说明了丝绸之路在本质上并非点对点的长途贸易。

上述讨论容易让我们将中亚历史视为毗邻的农、牧社会互相接触的过程，而事实上，它远比简单的农牧互动关系复杂。南北关系虽可被解释为农牧关系，但这种农牧关系恐非原地产生的。中亚哈萨克草原和进入河中等地的游牧人群与蒙古草原和钦察草原的游牧人群在基因、血缘和文化等方面存在联系，而其中的一些游牧民因为其他区域的南北／农牧关系发生质变而迁移至此，进而导致中亚的南北关系发生变化。此种连锁反应绕过了中亚农耕区与其他农耕区直接接触的环节，同时也说明游牧民因其生计的移动性、灵活性而成为工业文明和海洋殖民时代来临前最具有"全球性"的人群。

中亚的南北关系有不止一种变体，其中既有河中与伊朗高原及其以远的阿拉伯世界的往来，也有河中同印度次大陆的接触。波斯帝国与阿拔斯王朝在呼罗珊、布哈拉等地的征服与经营很难用农牧关系加以概括，因此这种南北关系可被理解为外来文明与本土文明的双向涵化。中亚与印度之间的南北关系通过突厥化的蒙古人、莫卧儿王朝与阿富汗的哈扎拉人体现，但这种南北关系实际上已突破了13世纪及以前限于阿姆河以北的农牧互动的范畴，蒙古人突厥化和突厥化的蒙古人南下印度，使得中亚的南北关系在跨越多个地理单元和文明圈的同时达到了向外拓展的物理边界。

当中亚南北关系的发展接近物理极限之后，东西关系的重要性开始逐渐浮现。在莫卧儿帝国建立后不久，俄国进军喀山并在此后长达三个世纪有余的时间里向西伯利亚、勘察加、阿拉斯加和中亚拓殖。18世纪中叶，清代中国的疆域向西扩展并在极盛时推进至巴尔喀什湖与锡尔河上游，并于19世纪和俄国在中亚的势力碰撞。清、俄的参与或介入对近代中亚局势的转变有相当程度的影响，过去难以长期维持的陆地商道因为清、俄疆域的扩张而内属化，这意味着商道的安全、补给和利用状况能够得到改善。清、俄的政治、经济中心均位于其各自疆域的滨海一侧，因此它们与中亚的联系大体是东西向的，这同中亚曾长期存在的南北农牧交通有很大的差异。

能够刺激清、俄与中亚之间东西往来的因素有时并不完全符合经济规律。作为新征服的或不稳定的边疆地区，中亚的生产地和商品市场属性退居次要，而维系统治所需的驻军、行政和土木建设支出高企成为中亚经济的显著特征。显然，清、俄在中亚的边疆地区无法通过常规的贸易维持其与本国经济中心的收支平衡，因而我们很容易将这种东西关系与当代社会中的转移支付相对应。来自中亚以外的资金、人力、军事技术与农耕传统对中亚草原地区的社会产生了冲击，随着草原军事力量的衰败，在中亚草原拓展农业的障碍似乎便只剩下了自然因素。

影响近代中亚历史的东西关系还因为印度局势的变化而显得更为重要。18世纪中叶，英国击败法国并最终成为主导印度次大陆的殖民势力。尽管在英国赢得印度控制权后的一个世纪里，英属印度与中亚之间的边疆地带并未出现较阿富汗更令英国人感到棘手的对手，但这一情况却在之后的短短十年间发生了彻底的改变。俄国对中亚三汗国的征服迅速拉近了其与英属印度北部边疆的距离，而在英国不寻求放弃它对阿富汗和克什米尔的影响的态度下，俄国南进的极限已然清晰可见。英俄之间的对峙以及两者在工业和市场领域的竞争使"中亚-印度"此一南北关系面临着极大的挑战。在另一重意义上，19世纪俄国对中亚近乎完整的占有使中亚自身形成了一个相对统一的市场，并与俄国欧洲地区建立起稳定的政治、经济和文化联系，而中亚与南方印度、波斯之间的交往则仅仅构成一种相对次要的补充。

近代中亚的东西关系显然并非农耕人群与游牧人群之间的冲突与交融，我们似乎很难用十分确切的名词来界定推动东西关系发生和运行的主体。由于中亚早已形成农牧并存和农牧交错的局面，因此清王朝平定准噶尔后实际上恢复了一片原受游牧部族统辖但生计方式多元化的土地。虽然18世纪中叶后天山以北草原的农耕面积不断扩大，但这种自东向西的农业化所导致的结果并非广义中亚范畴内南方农耕人口的北迁。对于俄国中亚疆域的继承者苏联而言，中亚游牧人群的定居化是国家政令主导下的游牧民向农民或工人的直接转变，中亚原有的农耕民并不能选择和决定其游牧邻居的生计方式。

铁路和城镇的兴建同样可以反映东西关系对中亚历史的影响。奥伦堡-塔什干铁路、西伯利亚铁路和跨里海铁路及其他铁路支线，首先服务于位于欧洲的俄国政治经济中心与中亚新征服地区间的军政管理和物资运输需要，其间接导致来自俄国西部的无地农民能在较短时间内大量涌入中亚。在铁路贸易、外来人口和本地人口定居化、城镇化等因素的作用下，维尔内、塔什干等城市快速成长，并推动了中亚社会分工和产业格局的转变。由于铁路和城镇化所造成的并非中亚游牧区和农耕区间的对向人口流动，这种就地改变生计方式的现象更容易加强中亚与俄国其他地区的联系，而非促进中亚内部的农牧互动。随着苏联时期指令性计划经济模式的建立，中亚内部的商业网络和经济生态进一步解体，中亚市场的附属性和经济领域的专门化日益显著。

诚然，东西关系与南北关系的建构并不基于严格的地理方位，两种关系所指向的核心内容实际上是生计方式或创造财富的组织模式。如果将中亚历史上的南北关系简化为农业与牧业的关系，那么东西关系变得重要的原因便在于工业的引入和工业对于作为整体的农牧业的支配。

中亚作为各种力量博弈的中心，内外力量交织交错，极为复杂。如果要用一种社会科学话语体系来表达的话，那么处于欧亚十字路口的中亚，在东西南北各种力量之间维持一种均势和平衡，就是它最大的地缘意义。

（黄达远，西安外国语大学丝绸之路与欧亚文明研究中心主任、
二级教授；宋其然，复旦大学历史地理研究中心博士生）

鸦片战争与日本江户幕府末期海外史地知识的变革[*]

瞿 亮

摘　要： 鸦片战争之后，英美等西洋势力在东亚通商殖民的速度加快，这刺激了日本朝野上下作出积极的对策。幕末知识人在幕府的默许之下，主动从汉籍和西洋人的撰述中搜寻有关海外史地的知识，原本致力于兰学、儒学个人学问旨趣的海外史地翻译和著述逐渐向偏重海防和了解夷情的军事、政治方向转变。相比18世纪纷繁庞杂、百家争鸣的历史书写和历史意识，19世纪的日本史学因为处在殖民危机和幕藩体制瓦解的双重压力之下，始终围绕着开国与攘夷、尊皇与倒幕、西洋与亚洲的现实主题展开，之前因学派、立场、阶层不一而呈现出的多元性反而再度统合在启蒙主义和皇国中心两大主线上。

关键词： 日本　江户　幕末　海外史地

　　鸦片战争被公认为中国近代史的开端，也是中国数千年来国运改变的转折点，它对日本的历史进程也产生了难以估测的深刻影响。它使日本人在邻国被迫开港通商的被殖民危机下，进一步积极地投入到了解西洋史地和情势

---

* 本文系2022年湖南省教育厅优秀青年项目"近代日本帝国主义对台湾农业的掠夺研究"（项目编号：22B0121）、2023年湖南省普通高等学校教学改革研究项目"地方高校世界史教学中对中国历史的书写与评价研究"的阶段性成果。

的事业中。《南京条约》签署和中国逐渐沦为半殖民地的情报，令幕府、武士和知识阶层惊愕和恐慌，尤其是一直持有华夷观念的儒学者。在鸦片战争之后，儒者们愤怒、恐惧、忧虑、警戒的意识倍增，接二连三地上书并撰写有关鸦片战争的记事，与防备相关的海防论策、国防论书也层出不穷。鸦片战争后，西洋列强也进一步加快了侵入至远东的步伐，19世纪四五十年代，外国船只在日本近海往来不绝，到1853年，日本遭遇了“黑船来航”事件，被迫签订《神奈川条约》，危机进一步加深。各类关于了解西洋和抵御外敌的策论更为增多，朝野上下的有识之士围绕着如何摆脱类似中国因鸦片战争而衰落的命运展开了各类论争。在经历“锁国海防”“开国攘夷”等论争之后，部分精英知识分子逐渐接受了文明论，这为脱亚入欧埋下了伏笔。

一、鸦片战争与幕末了解西洋情势的端由

《南京条约》缔结的第二年即1843年，仙台藩儒学者斋藤竹堂游学于昌平黉，搜集了解到关于鸦片战争中国惨败的大量消息，迅速地撰成了汉文版的《鸦片始末》，意在通过揭示鸦片战争的前因后果，警醒更多的日本人：

> 以无礼无义之丑虏而挫衄堂堂仁义之大邦，是亦何也？吾反复考之而后知清英之胜败利钝在平日而不在鸦片之事也，何者，宇宙万国风土自异，孰夷孰忧，而汉土常以中夏自居，侮视海外诸国如犬彘猫鼠冥顽不灵之物，不知其机智之敏，器械之精，或有出于中夏之所未曾识。[①]

他在开篇便回顾了中国吸食鸦片的历程，强调鸦片是导致人身体崩溃，财产穷尽的毒瘤：“汉土用鸦片烟三百余年，初自亚腊比亚及印度地方，而来蔓延日广，及西洋交通遂为互市之要物。烟毒熏人，一溺不返，耗神损血，致死而后止，不然亦糜财换土，家计为之穷蹙。”[②]他进而指出，在虎门销烟

① 斎藤竹堂撰、斎藤正謙批：《鴉片始末》，早稲田大学古典総合データベース：文庫01 01883，第26—27頁。

② 斎藤竹堂：《鴉片始末》，東京大学新日本古典籍総合データベース：100304101，第6頁。

之前，乾隆、嘉庆年间清廷已经对鸦片采取了一些禁止措施："乾隆年间，遂禁外蕃米粥及民食，烧其所有烟土一千函，嘉庆二十一年复烧三千二百函，厥后西洋乱息。"[①]但这并未遏制住鸦片泛滥，他指出其根源在于英国借鸦片扭转贸易逆势，将鸦片源源不断出口到广东，而广东各级官员则为了谋取私利收受贿赂、敷衍了事，而民间则为了赚取吸食鸦片者的钱财而毫无忌惮："英吉利新得印度地种罂粟，制鸦片以谋贸易之利，故齐烟土至亚马港及广东诸地，更成日前，道光十六年至二万七千函，翌遂至三万四千函，有司贪贿纵之弗问，故夷民交易公然无忌惮。"[②]

《鸦片始末》写到林则徐销烟后，英国因不满清廷和林则徐的强硬姿态，主动发起战争：

> 林则徐锁食物又禁奴仆，如广东英夷困甚，遂相率去，繁泊香港，则徐又命沿海土民使防英夷上陆，英夷盖无所获食而侵略之至决矣。先使兵舰二支来言曰，与食则已，否者有战耳，汉将不应，夷舰乃放炮来犯，汉船三支不能防，忽成粉死伤亦多，夷舰既去。[③]

它十分详细地描述了这次小规模冲突，突出了英国舰队的蛮横和强大。《鸦片始末》在书写战争经过时，也谈到清廷对于战事摇摆不定，判断战和的态度也随着战事趋于颓势而逐渐退缩：

> 英夷后军继而后至，势盖振而进攻镇江……藩兵南北并入，满人在城殊死战，蕃军合击，遂歼之，夺其府，清主素一意劝英寇，而诸大臣皆不欲战，故君臣议常不合，或讹言清主至此恐英入犯，避诸满洲，诸道士民殆为之瓦解，而奸民所在蜂集，往往伪称官吏，诬欺百端，无所不至，有司不能制，而土兵当兵役亦不肯自往。[④]

---

① 斋藤竹堂：《鸦片始末》，第6页。
② 斋藤竹堂：《鸦片始末》，第6—7页。
③ 斋藤竹堂：《鸦片始末》，第8页。
④ 斋藤竹堂：《鸦片始末》，第15页。

以上书写透露出清廷失败的几大原因：第一，畏首畏尾，且战且退；第二，无法有效遏制散布出来的谣言，导致民众与官军看到英军就自乱阵脚；第三，官民对于如何有效抵抗完全没有规划，陷入劣势之后的社会治理和军队管理处于失控状态。而这种栩栩如生又具有很强渲染力的书写，给每一位读到《鸦片始末》的日本士人带来了巨大的冲击，虽然他们并未身临其境参与鸦片战争，但已经感受到不能步清廷之后尘。

在总结两国各自胜败的原因时，《鸦片始末》认为清完全无视海外情势，妄自尊大，忽视了英国在军事、航海技术、士气和谋划上已经远远占据优势："汉土常以中夏自居，侮视海外诸国如犬豕猫鼠，冥顽不灵之物，不知其机智之敏，器械之精，或有出于中夏之所谓常识，而汉防之术茫乎不讲，开口辄曰夷曰蛮，而彼航海纵横称雄西域，今甘受蛮夷之侮而不避，其心必愤愤久矣，而窥伺累岁，颇有得于清国之要领。"①斋藤认为，英国贩卖鸦片，在道义层面上固然属于滋事者，但由于清骄纵失败、蒙受耻辱并致使国权丧失，反而成了过错方，英国发动战争获得胜利绝非偶然，而是其常年谋划伺机策动的结果："鸦片之事，固曲在英，直在清，而反变之清失于骄盈疎傲，而英有发愤思报之志，即一战炮礮仅发，汉军皆辟，易如行无人之地……是乃英夷之所以能料其初而决其胜败之机也，不然英夷岂特以大炮船舶诸器之精而妄加兵于人国哉。"②

《鸦片始末》一方面呼吁朝野上下重视以英国为首的西洋列强，另一方面在日本原有的华夷思想的基础上将中国列入更低端的位置，甚至认为英国战胜清和历史上强大的少数民族取代汉人统治一样："孔子云夷狄有君，阿骨打之于女真，铁木真之于蒙古，努尔哈赤之于满清，皆所谓君而杰出者也，今夫英吉利亦庶几乎满清取明，据有其土……彼土后至者胜往迹皆然。"③而斋藤竹堂也最终将落脚点放到日本，他认为英国轻易战胜清对日本而言是巨大威胁，就如同蒙古消灭南宋直指日本一样："今何独保其，不然但其胜者，

---

① 斋藤竹堂：《鸦片始末》，第17頁。
② 斋藤竹堂：《鸦片始末》，第17—18頁。
③ 斋藤竹堂：《鸦片始末》，第19頁。

或构兵于我，有如蒙古氏之事。"①他甚至指出，尽管日本为神皇所护佑，但面对如此强大的外敌兵临国门之外且轻易击败历代奉为老师的中华，必须要予以最大限度的关注和行动："皇国东锤海险，不必为患……未可知也。神武虽可凭也，兵刃虽铦也，备边亦不可不严饰也。"②由于《鸦片始末》是斋藤竹堂在昌平簧撰写的，斋藤竹堂本人也于第二年成为昌平簧的监舍，故该著一经完成，其振聋发聩的呼吁声就得到当时幕府和各藩有识之士的呼应。

1844年，佐久间象山阅读该著之后深受启发，为该文作跋，提出进一步了解海外情势已经成为迫切之需："当今天下之可畏者，莫大于外寇，而戎备要领，莫先于知彼……而世人昏聩，稔知此义者鲜矣。独子德对此勤勉有加，著为《鸦片始末》，藉为知彼之资。其识见之远，非仅文之士所可比拟。"③由于佐久间象山在幕末思想界和教育界占据重要地位，故《鸦片始末》在得到佐久间象山的推广之后，迅速成为攘夷志士透过中国来审时度势的重要依据。到黑船来航之前，除了汉文版《鸦片始末》之外，还相继出现了和文版本和增加了写本作者个人评论的版本，可见日本方面对鸦片战争的重视。④

《鸦片始末》出版发行后，到1847年盐谷宕阴编著了七卷本的《阿芙蓉汇闻》，汇集了有关鸦片战争的诸论考，在《阿芙蓉汇闻》的序言中，盐谷宕阴也表明，为了探明鸦片如何给中国带来衰败的来龙去脉，他广泛取证、收集各类资料，以达到借鉴和吸取清朝失败教训的效果："今观满清鸦片之祸，其由不戎于覆霜欤，盖鸦片之祸，自澳门居西洋诸夷始，从明中叶，清治而不革。"⑤盐谷宕阴把鸦片肆虐的原因归结为澳门对西洋人监管的失控，也强调了自明朝中叶以来，由于中国失去了对澳门的实际控制权而招致鸦片蔓延，举国衰微，进而提出日本不能像中国那样，轻易地放弃任何土地和海域的控制。而在跋文中，盐谷宕阴也再度强调了汲取鸦片战争失败教训对日本的重要性："元忽必烈采赵宋士大夫防御辽金之奏议、论策，究其兵备地利

---

① 斋藤竹堂：《鸦片始末》，第19页。
② 斋藤竹堂：《鸦片始末》，第19页。
③ ［日］佐久间象山：《鸦片始末跋》，［日］增田涉：《西学东渐与中国事情》，由其民、周启乾译，江苏人民出版社，2010年，第48页。
④ ［日］增田涉：《西学东渐与中国事情》，第49页。
⑤ 塩谷宕陰：《序》，《宕陰存稿：卷4武田傳右衛写本》，国立国会图书馆データベース，第5页。

攻守之要，然后伐之，故所向如探囊取物……我之于清英鸦片之乱，比诸宋元之事，事体虽异，观其攻守之迹，以审利害得失者，非预备之一端欤，呜呼宋之忠臣义士，所殚智毕精扼腕张胆以建议者，率多不行……不独不被取而深筹良谟悉为齐盗之粮，使其不劳而获功，则忠义之精爽魂魄宜何如抱恨也。"① 他呼吁幕府应该广开言论，凡是关于应对西洋列强策略的主张都应该予以重视和吸收，不要重蹈南宋忽略忠臣义士谏言最终失国的覆辙。

1849年，领田枫江刊行《海外新话》，详细叙述了鸦片战争前后的情况，在《海外新话》的卷首，便有作者的慷慨陈词诗，描述了英国坚船利炮的强大，突出了中国因此役而一蹶不振的情形：

> 巨蛟震天坚城摧，夷船进港汉军走。风鹤心寒况船蛟，咽喉之地弃不守。淮拓寇者林尚书，海疆新令电激如。宽猛二字失举措，每事都出愤懑余。鸦片烟消起土匪，终见长鲸掉其尾。陈云惨淡日无光，家家乱入黑白鬼。十围松榕风凄凄，死骸横路怪鸥啼。边将空起望洋叹，封关建议今噬脐。宸廷泣降和戎诏，北俞南戚无人肖。哀哉百万讲和金，往买夷犹一朝散。呜呼海国要务在知彼，预备严整恃有待。②

《海外新话》以十分激昂的口吻，记录了中国在鸦片战争中惨败的始末，作者把中国在鸦片战争中的失败视为崩决巨堤、管弦断绝，从中国的《夷匪犯疆录》等汉籍中收集史料，重点放在"海防"与"夷情"两个方面。卷一为《英吉利国纪略》，简单介绍了英国的地理、沿革、风俗、动态，但是《海外新话》仍然是儒学者站在华夷思想的立场撰写的著述，除了客观地评价英国军事强大之外，对于英国制度、道德、风俗的评述依然持批判态度："好情欲深无贞烈节操，每夜设酒宴欢乐，妇女相争其筵，男子性情极为伶俐狡黠，然期于远大事业，制大舶航海于外国……兵势峻烈，西洋诸夷无出其右，遇弱国直接并有，遇强国则以其术疲弊之。"③

---

① 塩谷宕陰：《序》，第8頁。
② 領田楓江：《海外新話：第一冊》，早稲田大学古典総合データベース：リ08_05488：第2—4頁。
③ 領田楓江：《海外新話：第一冊》，第19—20頁。

之后的其他卷列出《坤舆略图》《清国沿海略图》这些基于当时最新的情况测绘的地图，并在《坤舆略图》中将英国所占领的地区涂成朱红色，专门对英国的殖民侵略作出了警示性的标记。接着又列出《英国大军船图》《蒸汽船图》《英将戎军装图》，在详细描述英国的军事实力的同时，对日本提出警戒。篇末以"如此清国二百年承平柔情之风俗将为之一变，则为国家长久之根本也"结尾，否定了中国柔弱的风尚，在勉励期待清国维持长久的同时，告诫日本应该加强武备。

以上诸多关于鸦片战争的记载，收录了中英战争的各类记录，也成为了解英国和欧洲情势的媒介，进而使得幕末关于西洋的学问朝着两大方向发展。其中之一是海防论、国防策论。自鸦片战争后，有识之士分分对西洋侵入中国和扰乱日本边防提出各自的主张，盐谷宕阴的《阿芙蓉遗闻》《筹海私议》，安积良斋的《洋外纪略》，大规磐溪的《献芹微衷》，古贺侗菴的《海防臆测》《近古史谈》，长山愕圆的《海防私议补》《炮家须知》，斋藤拙堂的《海防策》，成岛稼堂的《海警录》等，纷纷对当时日本的近海情势和世界局势作出了描述和判断，这些有的直接被上呈至幕府，有的流布于民间，对于幕末日本上下认清局势、采取对策起到了积极作用。

二、《海国图志》引领的海防攘夷史论

鸦片战争之后，林则徐、魏源、徐继畬等人为了自强御敌主动翻译西洋著述，以魏源的《海国图志》为代表，清代有识之士的世界史地著述在日本广泛传播。日本方面以此为契机，掀起了幕末朝野上下介绍学习西洋的热潮，甚至有学者称在幕末的知识界曾有过通过汉文译著来了解西洋与世界的"《海国图志》时代"。

魏源耗费10年时间，终于在1852年编著而成100卷的《海国图志》，该书是中国近代历史上第一部较为系统地介绍海外世界的史地著作，在塑造中国人的世界观上具有划时代的意义。但可惜的是，因为华夷观思想根深蒂固，《海国图志》在中国国内并没有引起太大的关注，反而在日本，《海国图志》一经出版，就在知识界受到极大的关注。

1851年，《海国图志》60卷本传入日本，虽然幕府为了维护政权的稳定，竭力阻止关于世界史地知识书籍的广泛传播，《海国图志》等书籍在当时一经查处，一律严格扣留，但《海国图志》还是在日本引起了朝野上下的关注。当时的勘定奉行川路圣莫意识到了《海国图志》的价值，上书给老中阿部正弘，强调其重要性：

> 魏源之《海国图志》有船舶载数本，秘藏与将军文库，请圣莫阅览后，知该书内容多新说奇闻，有多益，遂将旨趣告知阿部阁老……势洲（阿部）认为此有用之书留置库中并无其理，不如将此书数不下交阁老及参政阁员，令其熟读，以备必要之需。将军即准所请，分赐阁老及参政阁员，圣莫闻之，赞为美事。①

实际上，《海国图志》受到了幕府群臣的重视，到1852年，增补的百卷本《海国图志》也输入日本，在1854年到1856年两年的时间内，出版了23种不同版本的《海国图志》。②盐谷宕阴在翻译《海国图志》的过程中，对清国没有重视《海国图志》而扼腕叹息，在总结清朝丧权辱国教训的同时，主张积极了解世界实情，学习西洋技艺：

> 此编 [《海国图志》] 则原欧人之撰，采实传信。而精华所萃，乃在筹海筹夷，战舰火攻诸篇。夫地理既详，夷情既悉，器备既足可以守则受焉，可以战而战焉，左之右之，惟其所资名为地志，其实武经大典，岂锁柳书之比哉……知西洋器艺之精，或惜财而弗造，或惮劳尔弗习，奥鄂之比达王躬游诸洲以师夷长技以制夷异矣……呜呼，忠智之士，忧国著书，不为其君之用，反而被琛于他邦，吾不独为默深 [魏源] 悲焉，而并为清主悲之。③

---

① 川路寬堂：《川路聖謨之生涯》，大冢武松、藤井甚太郎编：《川路聖謨文書》，日本史籍協会，1970年，第350—351頁。
② 開国百年記念文化事業会編：《鎖国時代日本人の海外知識》，乾元社，1953年，第321頁。
③ 塩谷宕陰：《翻刻海国図誌序》，箕作阮甫校、塩谷宕陰藏：《翻刻海国図誌：卷一》，古微堂，1866年，第1—3頁。

《海国图志》的传播推动了按照国别来记述沿革、风土、习俗、文化、情势的新史学，其中，英吉利志、亚美利加（美国）志、鲁西亚（俄罗斯）志占到相当的比例。这反映了幕末知识人对当时一流强国英国的关注、对新兴大国美国的重视，以及对邻近的俄罗斯扩张的警惕。这些史地著作已经摒弃传统的华夷思想，以开放求实、经世致用的态度记录西洋史志，打破了传统正史仅以帝王将相为主要对象的拘束，为真正意义上的近代史学的萌生打下了基础。以《海国图志》的翻刻、出版为契机，日本掀起了翻译出版中国有识之士所著的世界史地书籍的热潮。文久元年（1861），井上春洋译刻徐继畬所著《瀛寰志略》，并整理其中插画、地图，作《瀛环志略的地球图》。同年，知识人又翻刻松江上海墨海书院刊出的慕威廉的《大英国志》《地理全志》。①通过中国译著的世界史地著述来了解西洋诸国，加强对西洋列强的沿革与时局的认识，成为幕末日本有识之士了解海外形势的重要参考。

奠定维新思想的主要人物横井小楠、佐久间象山、福泽谕吉也受到了《四洲志》《海国图志》《圣武记》《瀛环志略》的不小影响，他们以此为契机，萌生了对东西文化的体用之辩的新认识。1841年，佐久间象山调任幕府海防重职，他读魏源《圣武记》，深有所感，认为开眼望世界是大势所趋：

> 先公等相台，嗣管海防之事，氏英夷寇清国，声势相逮。余感慨时事，上书陈策，乃天保壬寅［1842］十一月也。后观清魏源《圣武记》，亦感慨时事之所著，而其之序，又作于是岁七月，则先余上书仅仅四月矣。而其所论，往往有不约而同者，呜呼！余与魏源氏，各生异域，不相识姓名，感时著言，同在是岁，而其所见亦有暗合者，一何奇也，真可谓海外同志矣。②

佐久间象山在熟读《海国图志》之后，认为更应该将西洋史地、技艺之术放在实际的运用中："魏源氏《海国图志》中，辑铳炮之说，类皆粗陋

---

① 開国百年記念文化事業会編：《鎖国時代日本人の海外知識》，第480—483頁。
② 佐久間象山：《省諐録》，宮本仲：《佐久間象山》，岩波書店，1932年，第258頁。

无稽，如儿童嬉戏之为。凡是不自为之，而能得其要领者，无之。以魏之才识，而是之不察，当今之世，身无炮学，殆此谬妄，反误后生，吾为魏深惜之。"①他主张更加细致地考究西洋技术，他的"东洋道德、西洋技艺"观，也与受到《海国图志》的影响有关："不知彼，不知己，每战必败，固也。然知己知彼，在今时，未可言战。悉彼之所善，而不丧己之所能，然后可以言战……驭夷俗者，莫如先知夷情，莫如先通夷语，故通夷语者不为惟知彼之阶梯亦是驭彼之先务也。"②

《海国图志》的"筹海篇"，成为幕末加强海防的重要参考依据。盐谷世弘在《翻刻海国图志》（1854）的"翻刻序"中开宗明义地指出，《海国图志》虽"名为地志，其实武经大典"，③而其"精华所萃，乃在筹海、筹夷、战舰、火攻诸篇"。④正木笃的《澳门月报和解》序中也写道："西洋之技，莫砲船若矣。砲船之精，唯洋夷。故贸易资诸船只，而战争则资之于大砲。以是雄视一世，遂为富国强兵之道……魏默深（魏源）……传斯言也，职掌之吏，可以资诸武卫。"⑤主张"尊皇攘夷"的维新志士吉田松阴也十分推崇《筹海篇》，他认为："魏默深的《筹海篇》，议守、战、款，凿凿中款。"⑥可以看出，当时的日本知识分子所看重、所推崇的是"筹海、筹夷、战舰、火攻诸篇"，翻刻《海国图志》是用来"资诸武卫"，为"边备之一助"的。

鸦片战争激起了中日两国有识之士对西洋和世界的再认识，而敏锐的危机意识和积极摄取外来文化的能力，使得日本知识人能够利用中国关于西洋史地的著述并充分辨识，从中取长补短。这也促成了维新志士吸取中国教训，重新审视传统汉学与西学的地位，推动倒幕维新事业的成功。而《海国图志》"筹海篇"的防备主张和思想，则在佩里叩关之后，进一步为攘夷论和开国论者所重视，成为幕末志士应对西洋殖民危机的重要依据。儒学者斋藤竹堂的《蕃史》、长山愕圆的《西洋小史》、安积艮斋的《洋外纪略》，都

---

① 佐久間象山：《省督录》，第260页。
② 佐久間象山：《省督录》，第254—259页。
③ 塩谷世弘、箕作阮甫訓点：《翻刻海国図誌 第一册叙》，江都書林，1854年，第1页。
④ 塩谷世弘、箕作阮甫訓点：《翻刻海国図誌 第一册叙》，第1—2页。
⑤ 正木篤譯撰：《澳門月报和解》，常惺楼，1854年，序第1页。
⑥ 王晓秋：《鸦片战争对日本的影响》，《世界历史》，1990年第5期；另见《吉田松阴全集》第4卷，岩波书店，1939年，第37页。

是从海防论中分化出的西洋史著述，这也使得幕末的西洋研究扩大了范围。值得注意的是，儒学者所撰写的西洋史，与近世后期洋学者、经世学者的西洋史著述相互呼应，而幕末时期关于海外史地的著述，又不局限于西洋和欧洲，范围进一步扩大到美洲和亚洲其他地区。

安积艮斋是儒学家，他继承了自林罗山以来的儒学史家的考证风格，中年时见证了鸦片战争和英美列强侵扰日本周边，他受此激发产生了撰修西洋史的志向，撰述了三卷本的《洋外纪略》。在序文中，他就谈到编修洋外史是为了国防之需，多次提到美国船只逐年侵犯日本疆界的紧迫情势，以提高警惕。

而在正文中，他也多次提到鸦片战争致使清国惨败，强调了"英夷"的强大和令人畏惧，并将此作为撰修《洋外纪略》的直接动机，也是他克服严寒酷暑坚持撰述的动力："料后来英夷之变而筹策之者，而举朝不察竟致此祸乱，可慨也，于是谙厄利亚益炽气凶焰、肆其所欲。"[1]

《洋外纪略》全书共三卷，上卷以"天下四大洲总论"为开头，简单地记述了俄罗斯、都尔格（土耳其）、入尔马泥亚（日耳曼）、伊斯担泥亚（西班牙）、波尔杜瓦尔（葡萄牙）、杜郎察（法国）、暗尼利亚（英国）、和兰（荷兰）、暹罗、纽由尔倔（纽约）、阁龙比亚（哥伦比亚）的历史与国情。中卷则以哥伦布、华盛顿的个人传记为主，兼载有通高论、排耶论等对于西洋商业和基督教的认识。下卷以"防海"为中心，围绕海防展开他自己的攘夷论，也是他之前所作《御戎策》的呼应。从整个结构来看，这部著作是既包括各国史地、人物、传记，又有筹海策论的综合性论著。

全书后半部分的"互市""妖教""防海"内容，是在认识到西洋诸强事实的基础上，针对通商、传教和海防展开的策论，该部分多抄录明清两代中国人所编著的海防策论，进而论述海防的重要性。其中又在"互市"中引用方学沇"然终致英夷之变，广东浙江怠慢荼毒交易之利，虽钜而其害之深且大如此。前辙未远，可不惧邪"[2]的警句来唤起对于开放通商沦为英国市场的

---

① 安積良良：《洋外紀略》，早稻田大学古典綜合データベース：ル02_02959，第33頁。
② 安積良良：《洋外紀略》，第79頁。

警惕之心。

全书的下卷几乎都是"防海"的策论，总体上看，其根本态度彻底贯彻了保守的"锁国论"，认为英夷自然强大，但一旦与日本交兵，还无法判断哪方获胜。该书指出日本的优势在于地势、士气，英国优势仅限于舟船和火器。虽然远距离战斗中英方的枪炮会令日本难以招架，但是若能在近战中发挥日本刀枪的长技，就不足为惧。而且在操纵刀枪的基础上，操练炮兵并大量生产火炮，便可以实现海防的目标。而这些论调实际上与数年前古贺侗庵所撰《海防臆测》相比并无太多新意，仍然是在死守坚持封建锁国体制之下而展开的论述，并没有改变儒教的华夷观念。该书对通商互市的看法充满了矛盾，既看到西洋的强大力量必会要求他互市，又认为如此一来会丧失"天道"，为了解决这种矛盾，他主张唯有重振封建体制，才能找到出路："封建之制则不然，诸侯有其国者数百矣，士民感戴恩择如父母，一旦有蛮夷之患，则君臣上下，同心协力，守封疆、护社稷，莫不慷慨勇决而争赴敌者。何则父母妻子之所在，宗庙、墙墓之所存，失寸乃失吾寸也，失尺乃失吾尺也，人人自为战，不独致忠于朝廷与藩主也。"①

实际上，《洋外纪略》虽然已经在积极地了解海外，尤其是西洋的局势，但在海防、国防的策论方面，它依然固守儒者的华夷观念，并想在局部改变技术的格局下，进一步巩固幕藩封建体制。然而，他所主张的"人人共守封疆"和了解西洋这两大做法，为幕末的攘夷和开国埋下了伏笔。

1848年，儒者长山樗园编撰成《西洋小史》，全篇以日文书写，简略地叙述了西洋通史。它与《洋外纪略》一并，是在鸦片战争爆发之后，为了应对西洋诸强国的冲击，儒者迫于紧张情势而撰写的西洋史著述，它也流露出不能无视海外情势、步中国的后尘的反省心态。序文强调了从鸦片战争中吸取教训，不能鄙视西洋，而应尽力尽快知其情势。《西洋小史》的序文中也从儒教兴亡史馆的角度，强调了知夷情的重要性：

予尝读《西史》至南北亚墨利加及南海诸岛之事。窃谓彼务远略，

---

① 安积良良：《洋外纪略》，第113頁。

以致富原贪饕无饱，拥海之国，莫不被其毒者，近时复有事于清国，英夷一举逞志，则恐窥觎之端……他日之患必在于此。或谓予曰：痴哉予之论，是所谓邻人患疮，我疾首于家者，非耶，予谓不然，邻人患疮，我亦不可无此病，是予微意之所需，因题是言于卷首以为序。[①]

从序言中可以看出，著者受到鸦片战争的冲击，站在西洋殖民的大背景下，分析了西洋对美洲的殖民侵略，并结合维也纳会议之后诸强纷纷侵入东方的局势，以警世自戒为意图和目的，重新编述西洋史，著者从治乱兴亡史观的角度整理西洋通史，以图吸取教训，应对现实的对外危机，结合《洋外纪略》来看，1848年三部儒者所撰的西洋史书，都带有自戒警世的国防性质。

《西洋小史》以简略概要的叙述方式，撰写自太古大洪水至近世的西洋史。在幕末众多有关西洋史地的著述中，《西洋小史》按照自立各国的顺序，在罗马史的记述中适当地插入有关法国、俄国、英国、荷兰的内容，这种并用纪事本末体和国别体的新记述方法，在之前的各书中尚未发现，形成了西洋史叙述的新体裁。卷二则以土耳其为中心，兼记了莫卧尔帝国和沙俄，体裁与卷一相同，并在有关沙俄的内容之后，详细地记载了法国大革命和拿破仑战争的内容，卷三着重记述了鸦片战争之后的世界情势，指出："欧罗巴洲之人不悦于平居无事安逸之生活，勉学于天文地理穷理之学，以航海通贩为经国之要务。"强调了欧洲列强的西力东渐，并特意对美国独立之后迅速发展的历史作了介绍。由于美国船只频繁航行于日本近海，故有必要引起关注。《西洋小史》以"一千八百十九局，暗厄利亚之船始驶至相州浦"作为最终内容，强调了英国驶入日本港口的紧迫情势，明确地表达了著者强化海防、国防的意图。

1851年，斋藤竹堂著成汉版的西洋史书《蕃史》，这也是鸦片战争之后由儒者所编著的西洋史著，它与之前的诸多儒者所撰的西洋史相似，既为西夷侵入而担忧，又为了攘夷而主张积极了解西洋以抵御。《蕃史》下卷为完全的

---

① 長山樗園：《西洋小史 序》，開国百年記念文化事業会編：《鎖国時代日本人の海外知識》，第425頁。

编年纪事，依然随处可见感想和评论，例如，它评价西班牙征服秘鲁，认为"事有出于正，而衰败委靡不能自振者，诚可悲也"，强调了面对征伐应该自我振作而反抗。而针对鸦片战争清朝的失败，也将其同北条时宗怒斩元使相类比，强调知夷情而有效应敌的策略，"苟处事变者，宜思时宗一定之策何如耳，勿徒斩而陷于索路之覆辙也"，与同一时期儒者所著《新论》《避邪十言》不同，它并没有站在攘夷的立场去排斥洋学和西洋，这也是当时儒者著西洋史的进步之处。而对于西洋的商业贸易，《蕃史》认为"互市其名，而阴贼其实者，彼平常之秘计也，而是班牙葡萄牙为之最"，痛陈西洋打开日本国门的弊端，坚决地主张排除西洋互市。但是，面临西洋强大的军事实力，《蕃史》又强调必须注意西洋的军事力量和经济实力："兵戎之道，火炮出而百器废矣，则然拘于旧制而不讲火炮，固不知兵器也，技止于火炮而虑不及其外，亦岂知兵者哉。"[1]《蕃史》还主张吸取莫卧尔帝国分裂而致被殖民的教训，呼吁重振朝政，体现了与洋学者不同的西洋立场："当日之势，不在外寇，而在内贼，不在内贼，而在朝廷矣。是不独明氏为然也，又不独莫卧儿为然也。"[2]

《蕃史》在结尾处则再次强调了其最为核心和重要的意图——抵御西洋，认为日本应为恪守圣德和皇统，如此不仅可以对抗西洋，还能统一世界。该书体现了朦胧的侵略意识：

> 方今西洋所有始过宇宙之半，如是而骎骎弗弗，他日吞并囊括，而验于孟子之言余宇内者，果在彼乎。虽然不嗜杀人者，能一之，亦验于孟子之言也……独吾邦判以降，皇统一姓，君臣守其位，不能瑜越尺寸，仁义忠孝，可以为风，而君子之称，凤著海外，是以士宇幅员不甚广而彼且推之。以为帝国，而不敢侮之，然则国体之正且强者，其我若焉……彼必有横敛暴取，驱民于我者矣，然后我乘其机，徐起而谋之。五洲之大，渐次一统，岂无其时哉？[3]

---

① 斎藤竹堂：《蕃史》，仙台郷土研究会，1971年，第119頁。
② 斎藤竹堂：《蕃史》，第119—120頁。
③ 斎藤竹堂：《蕃史》，第178—179頁。

这并没有超出"锁国论"和狭隘攘夷主义的范围，但他并没有真正地提出有效的御敌方法和措施，仍然停留在观念论层面，而其中所称"渐次一统"，则成为一种朦胧的"扩张"意识，潜藏于幕末史学之中，成为日后的一大隐患。

三、第二次鸦片战争与日本早期文明论的形成

18世纪启蒙运动时，西方知识界将中世纪、教会等视为黑暗与落后的斗争对象；至19世纪，西方对内完成启蒙，形成"文明—野蛮"对立的认知体系，在视野进一步外移的过程中，制造出"以欧洲优越原则为前提的排他性欧洲中心论"。在"文明"话语下，19世纪的西方知识精英以自我为中心的姿态，大肆制造"文—野"分立。众所周知，日本文明史的发展始于明治初年举国上下以西洋文明为学习目标的阶段，由福泽谕吉撰写《劝学篇》《文明论概论》以及同时代田口卯吉撰写《日本开化小史》《中国开化小史》推动，但以第二次鸦片战争为契机，随着幕府派遣有识之士赴海外学习考察及社会上西洋史地书籍的普及，早期文明论颇已成形，而对幕末文明论起到关键作用的当属福泽谕吉。

1865年（庆应元年），福泽谕吉针对第二次鸦片战争和安政条约之后西洋进一步将势力扩张到中国与日本的危机情势，以"江户铁砲州"为笔名撰写《唐人往来》，强烈呼吁认清情势结束幕藩体制全力开国，成为像西洋一样的强大国家，这也是他"文明开化"观的起点。

《唐人往来》开篇就列出佩里开国后日本各种攘夷和锁国的声音，认为这是十分不合时宜的做法："然日本国中，自学者及无知之辈见外国人纷至日本，皆倡锁国、攘夷，主张异国船不得寄附日本海域，唐人不得踏入日本之地，以致暗打外国之人颇具人气……如此片面意气用事对世人而言乃不外闻至极。一味以为即便原无恶意异国人对日本无益之人，不自知浅陋反而向世人鼓吹此乃我生国之耻，而此举贻害千万。"[1]福泽谕吉进而指出，西洋列强

---

[1] 福沢諭吉：《唐人往来》，《福沢全集》第1卷，国民図書，1925年，第13頁。

在世界万国之中处于上等国的位置，而非洲、澳洲则处于下等国的位置："世界致广大，以一里坪计，达八百四十万坪，此广地分五份称亚细亚洲、欧罗巴洲、亚米利加洲、亚弗利加洲、澳大利亚洲，以上五大洲之中，亚弗利加、澳大利为下国，洲内所住之人少智慧，除衣服之外不知做巧，于日本言若虾夷之位序。"[1]值得一提的是，以往日本是用华夷观排列虾夷的序列，此时已经换了标准，而且按照传统的华夷观，欧美应该处于夷狄位序，但在福泽谕吉看来，欧美才是第一序列的上等国："无论亚米利加洲还是北亚米利加之合众国，都为世界中第一等之上国。"[2]而他认为美洲处于上等国位置，也不是因为传统儒家的道德标准，而是因为该地有发达的炮舰、技术、工业以及繁荣的学问、体魄："无论学问和武术特别在行，盛行炮术训练，除此之外培育制造便利蒸汽机车人手之师辈，以为平日之用。"[3]

《唐人往来》在表达了欧美为上等国后，紧接着阐述了对亚洲的认识："亚细亚洲乃面积庞大之洲，人口众多，产物、山泽及精细工物闻名遐迩，贩卖于世界，学问亦杰出精粹，亚非利加、澳大利所不能类比，然拙于改革，前年抑或二千年竭力遵守古人之言，不知临机应变。"[4]福泽谕吉认为亚洲国家虽然人口众多、资源丰富，学术也达到了繁盛局面，但最大的弊病在于食古不化，最终在面对危机的时候还遵循古人教诲，这实际上暗指中国在面对列强侵略时依然恪守古制，不思进取导致一败再败。福泽谕吉接着以北宋和明朝为例，强化了他所主张的亚洲国家不改革不进取难以应对危机的观点："唐土宋代之时，常称北方所踞契丹或金为夷狄，不知以其为师，时常败阵，遂愈加视彼方与畜生同列，未做任何改革即备敌之计……遂竟被夷狄之国所夺取，其后亦代代更替，至明朝时，今之清朝盘踞北国，明朝亦如先代视其为鞑夷，散散轻蔑，又被鞑夷之国所夺。"[5]他从历史回到现实，指出清在面对西洋列强时依然没有改变这种居高自大和不愿变法的习惯，从而导致丧权辱国："今之清朝云本国近傍皆为夷狄，却不知自身早年亦被称为夷狄，而今

---

① 福沢諭吉：《唐人往来》，第14页。
② 福沢諭吉：《唐人往来》，第14页。
③ 福沢諭吉：《唐人往来》，第14页。
④ 福沢諭吉：《唐人往来》，第14页。
⑤ 福沢諭吉：《唐人往来》，第14页。

逢西洋诸国之事亦倡为夷狄夷匪，以犬猫对待，至道光年中，经阿片始末，受英吉利痛击，出偿金而渐失中央大国之位。"①福泽谕吉认为，鸦片战争失利只是导致清朝国力衰弱的第一步，更为严重的在于咸丰帝在位期间依然没有进行及时改革和有效调整："英吉利佛兰西共举大兵攻入北京，咸丰帝出奔軷軴，世人不知饿死多少，上国之姿既失，依然不知见习他国之风而蓄意改革，恍惚获病，言语道断。"②福泽谕吉批判中国不知改革，指出欧美诸强已经处于上国位置，但中国却依然认为欧美为夷狄没有向其学习，从而导致其进一步衰败，这也提醒幕府和各藩放弃锁国和盲目攘夷的做法及时向欧美学习。

《唐人往来》还看到了西洋在全世界各大洲之中，已经通过缔结条约完成了商品互换和资源互通，故倡议日本也应该放弃对于与外国缔结条约进行贸易的成见："与外国缔结条约交易，其后遇天灾之时，可从外国进口米谷，五六十年前，英吉利爆发饥馑，诸民艰难，亚米利加官府派遣数搜上传至英国官府赠予麦粉，救其国人。万一之时，假使日本不受外国之惠，亦可以金银买取米谷，可消除饥馑、饿死之担心……日本交易一旦开始，将润泽一般世人。"③而福泽谕吉在《唐人往来》中以清朝作为反面教材痛陈改革和开国的必要性，在篇末又将论述的重心转到本国，他认为日本无论是国土面积还是资源矿产都严重不足，无法和当时的欧美列强对抗："日本仅世界三百分之一，乃毫无影响的小国，若将全世界分为三十分，亦仅有其中一分之姿，何况产物、山泽、食物、金银铜铁其中任何一项都不足，无法与世界之中富有之国相匹敌。"④而他指出攘夷者和锁国者都因为不知道海外情势，不了解西洋列强科技、军事的发达，所以盲目自信，而一旦与列强开战，恪守汉学和刀剑是难以招架的："然久浸泰平，独锁牢笼，与世界隔绝，不知外国之事，亦不知发明蒸汽车、蒸汽船、大炮、枪支等，仅读唐土之书，依仗木刀和枪剑，自然落后于外国。"⑤福泽最终呼吁要放置汉学和刀剑，改向欧洲

---

① 福沢谕吉：《唐人往来》，第15页。
② 福沢谕吉：《唐人往来》，第15页。
③ 福沢谕吉：《唐人往来》，第20—21页。
④ 福沢谕吉：《唐人往来》，第26页。
⑤ 福沢谕吉：《唐人往来》，第26页。

学习蒸汽机和炮舰，并且在日本的各大城市都常年聘请欧美教师，通过与之接近的方式来真正达到攘夷目的："而今当务之急应先放置汉学、枪术，见习欧罗巴之风，制造大量蒸汽船及海陆皆备之大小炮，江户自不待言，大阪、京都、长崎、箱馆等地当常聘师匠，人数亦达到繁盛程度，万一外国寻衅滋事，除诉诸道理外，攘除与攻溃并举……大日本国之威势得以伸张。"①

1866年，福泽谕吉着力撰写《西洋事情》，系统地梳理英、美、法、俄、荷、葡、西和蒸蒸日上的普鲁士的历史、政治、经济、军事、科技等，开篇的小引就强调了分门别类全面介绍西洋诸国的重要性："余倾日阅读数本日、英、亚开版之历史地理志，抄译其中西洋列国条目，每条揽其要，分史记、政治、海陆军、钱货出纳四目，即以史记显时势之沿革，以政治明国体之得失，以海陆军知武备之强弱，以钱货出纳示政府之贫富，此四者若触世人之眼目，则可略了解情势。"②而福泽谕吉随即指出，在了解完情势之后，上至国家政要、下至平民百姓就都可以作出决断，与文明为友，与不文明为敌："可辨别敌视抑或友视，即相交者以文明处之，为敌者武备待之，文武两用交错，庶几余之目的是举。"③此时他再度否定了儒者所撰汉学的西洋著述，认为只有从洋学本身甚至习得西洋原文才能透彻、充分地理解列强："汉儒者流以顽孤固陋之鄙见致使误认原书之情实，实不可取，亦余甚厌之，方今文运隆盛、世人学习洋籍一日比一日增加，盖数年之后人皆可解原文……应读者希冀，余不拘泥文字之体，未失主意之大概，乃幸甚哉。"④

《西洋事情》对诸强历史沿革的叙述以政治经济史为主轴，开始逐渐脱离之前受儒学影响下的英雄传记和时势史观，它叙述美国建国历程突出的是美国商业、政治和民众需求逐渐与宗主国形成了矛盾，并没有按传统英雄史观叙事突出道德和统治者人格在其中起到的作用："1492年西班牙阁龙发现亚米利加国，而后欧罗巴各国政府竞相设商社，遣船舰探索诸方，发现便利地方便移居人民，变其为本国所领。今合众国之地，原属英国所辖十三州。

---

① 福沢諭吉：《唐人往来》，第27页。
② 福沢諭吉：《唐人往来》，第299页。
③ 福沢諭吉：《唐人往来》，第300页。
④ 福沢諭吉：《唐人往来》，第301页。

1765年英国议事院议定，下达凡十三州之内所用物品皆取印花税之法令，各州不服，迅速废弃，其后又立种种苛刻之法，收敛致州民不堪忍受，屡屡诉愁失望之余，洲内为谋一般之利益，各州推举人物于1774年9月4日组建费城会议。"[1] 而在阐述英国历史时，它也没有刻意夸大恺撒的功绩而更多地将罗马人对英国的开发视为进步："纪元前55年，罗马帝凯撒来英国，其后九十年间并未蒙受罗马之害，纪元后43年罗马帝克劳狄斯兴师征伐英国，其后四十年间其领土全境皆成押领，罗马押领此国后，传播诸学术，开文明之道，于国内设三十三都府，各所屯兵，作街道往来于诸府与屯所之间，为谋便利开拓草昧之第，而后二百年间渐次得以开拓。"[2] 而对于英国在19世纪达到繁荣的情况，福泽谕吉并不将原因归于战争，而是认为根本原因在于提高技术和学术水平："多年战争间英国国内官员征收贡税甚高，以至多处爆发骚乱……每岁提高税额之外，国债增加至六亿英镑，国用莫大如斯，然1803年至1815年间，国内达到最为富饶之境，其原因一在国民皆止罹乱之祸后勤于工业，一在骚乱之前蒸汽机关等学术迅速进步，制造工夫大为便利。"[3] 在《西洋事情》初编中，福泽谕吉通过对西洋列强历史、政治、军事和经济的详细考察、阐述，基本上确定了文明之国的标准，那就是商业贸易兴盛、工业制造发达、学术技艺高超、军事武备强大、财政生产雄厚，达到这些标准者，无论是古老悠久还是新兴崛起，都值得敬畏和学习。虽然在《西洋事情》中他很少论及中国和日本，但已经默认其皆处于文明之下的位置。

到了1867年明治维新前夕，福泽谕吉撰成《西洋事情》外编，专列出"世界的文明开化"一章，对文明开化进行了更为详细的诠释和解读。福泽谕吉将已经文明开化从西洋列强的个别历史沿革上升到人类普遍经历的阶段："查诸历史，人生之始皆处于莽昧阶段，渐次奔赴文明开化，在莽昧不文之世礼义之道未行，人人不制血气、弗抑情欲，能者以大犯小，以强虐弱……世人相信之意淡薄，交际之道甚狭。"[4] 按照这个标准，历史上的中国接受文

---

[1] 福沢諭吉：《唐人往来》，第341页。
[2] 福沢諭吉：《唐人往来》，第341页。
[3] 福沢諭吉：《唐人往来》，第401页。
[4] 福沢諭吉：《西洋事情：外编卷之1》，慶応義塾出版局，1870年，第10—11页。

教开蒙很早，但是福泽谕吉并未将中国放置到文明开化的进程之中。"野鄙草昧之人必天然为人所使役，此乃大之误解，某国驱使野民，易其风俗，以低头为贵……又支那与文明之教未洽，谓为半开化之国，观其风俗。妇人以细小之足为美，生女子之后即着窄小铁履，失天然之形，是等皆认为还天然之举，今真倡文明开化之国，未见害天然之举也。"①

他首次在文明、野蛮之间分出了一个半开化的阶段，而由于受到基佐等人的文明史书写的影响，他认为虽然中国文教发达，但由于西方文明史认为中国戕害自然、天性，故将中国放置到了半开化的位置。而什么样的国度才算得上进入文明阶段呢？福泽谕吉专门以英国为例，再度强化了满足达到文明国家的条件。"文明之国，劝耕作，励畜牧，勤营业，其人口逐次增加，平均一里四方达二百五十人之数量，而草昧之人不知养老扶幼之法，其生活艰难霸凌者多，故人多短命，随文明开化推进，人之生命亦得以长寿，英国百年以来人国人平均生命逐次增加。"②

不过，这一时期的福泽谕吉也看到了西方工业和资本主义发展背后存在的贫富差距和社会问题，他认为这是文明的弊端："文明之教盛行，致世间富饶，煽动贪人之心，重蹈恶事，此乃文明之弊……旧来工商一时失去产业者，衣食穷困者不在少数，此亦文明之弊。"③而要克服该弊端，福泽谕吉认为一方面政府应引导新的致富和发展路径，一方面还需社会恪守公序良俗："欲救此弊害，世人当了解一般形势，劳其心役其力，除引导求新衣食之方向之外，当劳心力恪守义气廉洁，此举无疑为相竞相争世道的活计之路，亦文明世界中求活计之路。"④在这里，福泽谕吉又看到了东方世界道义廉洁传统的必要性，这说明他并未有完全抛弃儒家社会倡导的义利之辨价值观。

在列强纷纷迫使日本签订条约的西力东渐外部危机之下，福泽谕吉既没有加入幕政核心决策层一心周旋在列强与强藩之间，也没有像强藩的尊皇攘夷志士那样恐怖暗杀、激进排外和拥立皇室另谋决策，而是主动三度奔赴西

---

① 福沢谕吉：《西洋事情：外编卷之1》，第13頁。
② 福沢谕吉：《西洋事情：外编卷之1》，第13頁。
③ 福沢谕吉：《西洋事情：外编卷之1》，第15頁。
④ 福沢谕吉：《西洋事情：外编卷之1》，第15頁。

洋诸国。在直接接触英美列国，见证了资本主义工业、文教和军事的力量之后，他迫切地提出放弃夷狄成见、主动向文明世界靠拢的主张，要求举国上下抓紧时机蓄力改革，以文明开化促进国家独立和发展。而到了明治初年，在历经倒幕运动、大政奉还、废藩置县、有司专制和士族骚乱后，日本依然未确定国家的发展方向，故福泽谕吉在这一时段基再度撰写了《文明论概略》和《劝学篇》，将全力向西洋文明学习上升到保护国体迫切之举的高度。此时的文明论虽然已经具有了文明与野蛮对立、欧洲与亚洲对立的意识，但只停留在通商、航海、技术、工业和军事等物质领域，还没有上升到《文明论概略》以智德等精神才是文明精髓的高度，但视中国、日本旧习为落后，而视西洋为先进的"脱亚入欧"思想雏形已在幕末的情势下形成。这使得幕末日本在向西洋寻求文明论这剂药方时，又陷入切断传统和打破与亚洲连带性的认同危机之中，也为明治后期国粹主义、国权主义的抬头和反弹埋下了伏笔。

四、结语

19世纪是西力东渐和殖民主义盛行的世纪，西洋列强日趋加剧的殖民步伐直接打破了印度、中国、日本安枕无忧于小农经济、等级社会和闭锁的对外意识的状态。在沙俄等多方要求开国通商、鸦片战争、黑船来航与安政条约等背景下，幕府与各藩志士从海防攘夷、开国通商、富国强兵和保全"国体"等各角度，整合历史资源为现实政治所用。儒学者、洋学者在探究鸦片战争国惨败英国的远因近因，甚至借鉴《海国图志》筹海篇主张海防攘夷时，站在汲取西洋文明的角度又进一步得出中国不思进取、自古以来傲慢自大的"新蔑华论"。福泽谕吉甚至在《唐人往来》《西洋纪闻》中将西洋列入文明，将中国等亚洲国家列入半开化之列，这成为明治时代脱亚入欧主张的先声。

到了明治时代，"求知识于世界"仅是面向西洋文明，它视中国的知识和传统为旧物，由此而衍化出日本的近代文明史，仅是凭借各国力量的强弱，而划分出野蛮、半开化、开化的阶段，以文明征伐野蛮为理所当然的借口，实质上则是要统合万邦。明治国粹主义的代表三宅雪岭在《同时代史》中，回忆当时朝野上下看待世界的态度："只是教授地理知识的先生们，在不知不觉中就形成了轻蔑支那，重视欧美的风潮。"[1]同样，在《米欧回览实记》中，不仅对比了"西洋""东洋""南洋"，还从文明史的角度，分析了东洋世界中日本走向"文明化"的可能性，同时还指出"南洋诸国，土地虽沃，然民怠惰"，[2]否定了热带地方自我实现"文明化"的可能，"今日本之民，以外航为绪，受西洋人所诱启，争赴欧洲，而印度南洋之国，从眼孔中脱去便可"。[3]尽管19世纪日本的史学变革为倒幕维新提供了精神动力，但它绝对主义的尊皇论消解了制约天皇和拥护天皇者的道德标尺，而文明论又只是沦为了富国强兵的工具，发展到明治时代，正如赵德宇教授所言，其"文明"实现了与西洋列强的对接和进步，但在"文化"上却因尊皇复古反而走向了倒退。[4]

（瞿亮，湘潭大学哲学与历史文化学院副教授）

---

[1]　三宅雪嶺：《同時代史》，田中章、宫地正人等编：《近代日本思想大系：歴史認識》，岩波書店，1991年，第524頁。
[2]　久米邦武、田中章编：《米欧回覧実記》，田中章、宫地正人等编：《近代日本思想大系：歴史認識》，第505頁。
[3]　久米邦武、田中章编：《米欧回覧実記》，第505頁。
[4]　赵德宇等著：《日本近现代文化史》，世界知识出版社，2010年，第192—196頁。

海上丝绸之路与东南亚华人 *

陈博翼

摘　要：传统中国人对南洋的理解就是南中国海，但实际上流动人群主要集中在几个重要的港口城市。中国人下南洋的时间很早，那么，中国人是如何开始进入南洋、了解南洋的呢？中国人与印尼和马来地区的伊斯兰化有何关系？在南洋从事贸易的中国商人所见的东南亚社会是怎样的？欧洲人的到来又带来了怎样的影响呢？本文简要讲述这些问题。

关键词：东南亚社会　郑和下西洋　海上丝绸之路　荷兰　葡萄牙

一、中国人的"下南洋"

　　传统上，中国人对南洋的理解就是南中国海，东南亚就是南洋。但也不是说，东南亚所有的地区都感觉上像南洋。基本上流动人群以南海为中心，集中在几个据点：比如说越南中部的港口会安、晚近一些的西贡（胡志明市）；泰国晚近一点的曼谷、早期的阿瑜陀耶——中国人叫大城府。泰国近代早期改朝换代后，其首都南迁至暹罗湾附近，也就是现在的曼谷（5—10世纪时阿瑜陀耶尚在水上，就别说曼谷了，所以这其实也是一个海岸线

* 本文根据天书广播对陈博翼的访谈改编而成，对话人张湛、王夕越，原稿整理人方圆、张磊、王正华、出埃及记。

变迁和曼谷成陆的历史过程）。再往南，早期泰国南部有北大年。当然，最重要的是苏门答腊以及爪哇上的港口：如巨港，它位于苏门答腊东部，马来半岛南部；如万丹，在爪哇岛西部。还有早一点的新加坡和马六甲，均位于马来半岛的西侧，这些地方后来连同槟城（槟榔屿）都被合成英国的海峡殖民地。爪哇上的核心就是今天的雅加达，荷兰占据的时候称它为巴达维亚。东面地方的大港市是马尼拉，时代再往前，苏禄兴盛的时候华人也会去。

中国人下南洋的时间很早，秦汉时期的材料就有中国人下南洋的记载了，但比较少。秦汉至南北朝有一个很不一样的地方。比如说，法显在斯里兰卡、印度转船去马来半岛。据他说，在西面的这条航路上，没有看到什么中国人。他乘坐印度、波斯的船只回到马来半岛，在马来半岛乘坐马来人、占婆人的船到越南中部、占不劳山、昆仑岛这些地方，再乘坐中国的小船回来。早期航路的一个比较明显的特点就是一直在转船，分段航行。

7世纪的义净，海路去，海路回，他也到过巨港。巨港在马六甲另外一侧，在印尼苏门答腊的东边，刚好跟马来半岛斜跨海峡，正对着新加坡。义净在巨港学习梵文，从印度回来的时候也在巨港停留了几年。当时从马来回广州的船还是很多的。

从马来到广州的航路一直比较繁荣且稳定，义净去的时候可能乘坐大船，大船的载客量超过300人。这些商船可能是阿拉伯人运营的到广州的航线。大概到了宋代以后，南海的航线就被中国商人夺取了主导权。葡萄牙人到了马六甲后就发现，已经有了稳定的到中国的航线，有150—200名中国商人住在马六甲。

中国商人中，泉州蒲氏家族很有名。其实很多人可能不知道，穆罕穆德的舅舅赛义德·本·阿比·瓦卡斯（Sàd ibn Abi Waqqas）很有可能曾经随使团到了广州（对于他在中国停留的年份，阿拉伯史家也有争议）。在当时某些穆斯林的心目中，广州是仅次于麦加、麦地那的圣城。因为他们认为使节团到了广州，并且有些早期的"圣伴"和级别很高的人士葬在广州。那个地方即现在的清真先贤古墓，不让一般人随意游览。广州还有中国最早、最大的穆斯林圣地——怀圣寺，它就是赛义德创建的，里面有很多碑刻。按照科大卫的说法，广州早期只有府治所在地是官府在管治，出了城则是一个"獠蛮"的世界。府治周边好些地方是阿拉伯人、波斯人的世界。广州在唐代之前的状况相当值得研究。

那么，中国人是不是在郑和下西洋之后才开始更多地了解南洋呢？其实，郑和在到达南洋的时候，发现当地已经有很多中国人了。比如说印尼的锦石，中国人叫它新村，很显然有很多中国人到那里聚居，那里就变成一个新的村子了，大概也是相对于"旧港"而言的。这个地方大概有超过2 000人。此外，像杜板也有超过1 000人，最夸张的是巨港（旧港），有个叫施进卿的人在那里皈依了伊斯兰教。郑和来巨港的时候，施进卿就把小孩留在巨港，他自己到中国朝觐。他死后，他的儿子施济孙向永乐皇帝申请继承父亲的家业，永乐皇帝批准了。实际上真正有势力的是施进卿的女儿施二姐。后来，郑和再次到巨港的时候就发现了这个问题，予以修正，承认了施二姐的领导地位。施济孙又跑到日本寻求承认，当然没有成功。

郑和祖上据说是被蒙古人从布哈拉强制迁来的穆斯林，有中亚的血统。整个云南都有很深厚的波斯阿拉伯文化和宗教传统。据说郑和下西洋的私人目的也是去麦加朝圣（不过他本人并未亲到，几位得力干将则成功前往）。郑和六世祖赛典赤·瞻思丁以下的世系比较明确（虽然不一定是圣裔家族），而他波斯系的伊斯兰背景和他与南洋的接触关系很大。南洋在那个时候还没有全面伊斯兰化，所以现在学者的研究分为两派意见，一派认为这个地方的伊斯兰化就是西边过来的，另一派认为是中国人带来的。如果按爪哇的情况看，认为是中国人带来的这一派在材料上占据优势（按苏门答腊的情况，则是从南印度线传播而来比较明确）。就因为中国人到的时间很早，并且他们留有一些记录（不过该记录也被一些人认为是非常晚近的创造，或者至少掺入了19世纪和20世纪的内容），介绍了中国人怎么在当地建清真寺然后帮助当地人皈依伊斯兰教的过程。哈纳菲社区兴盛的过程大概持续了20年到40年。到第50年的时候，就明显开始渐渐衰落。到80年后，那些清真寺都已经衰败掉了。但这个时候才是海岛真正重新大规模伊斯兰化的时期。

这个时候的伊斯兰教就是从西边传来的，人们从印度以及阿拉伯那里接受传播。但在此之前，如果按照《三宝垄与井里汶编年史》，华人传教是有很强力的证据的，就在三宝垄的寺庙留下了记录。这个事情一直不为人知。直到1925年，荷兰殖民地的一个官员去三宝垄华人寺庙里面发现了这些档案。然后他就找了个借口把它们没收了。他大概拿了几袋档案，然后就开始翻译研究，把这些内容介绍到西方学界，于是引起了轰动。当然这个故事也有不少疑点，细节还可以再讨论。不过，如果这些材料确实是经社区口述记录流传下来的话，那么它反映的是很吊诡的事情，因为后来有说法称华人没有办法被伊斯兰化，就成为他者，但其实一开始反而是很多穆斯林华人在帮助本地人皈依。

二、多元的东南亚社会

早期的东南亚，也就是现在的印尼和马来地区的伊斯兰化可能跟来自中国的穆斯林传教有很大的关系。那么，在明朝郑和以后，乃至海禁以后，中国沿海地区和东南亚的交流大概是什么状态的？郑和下西洋一开始是在杜板、锦石、泗水、三宝垄这些地方进行，还有雅加达，后来慢慢往西和往东扩，但是力度就变弱了。力度变弱之后，郑和船队就开始去得少，后来甚至就不去了。这样的话，穆斯林社区因为没有国家力量的依托，向外扩展出现了乏力的状况。然后，因为大量的广东人、福建人也开始不断地往那里去，所以就出现了非穆斯林占主导的局面，毕竟去那里的中国人大多数还是非穆斯林。但是我要强调的是，有一些穆斯林还是有优势的。比如大概到1400年，一些君主开始信仰穆斯林之后，地方政权开始转成苏丹国，这样的话它们就很愿意任用一些穆斯林来管理国家的事务。

比如说像一个叫林六哥的人，他是从福建过去的回民，到当地后变成一个强有力的首领，管理的事务众多。苏丹又很信任他。但是你也可以看到很多不是穆斯林的人，像广东人梁道明，他在巨港活动。在三佛齐衰落之后（跟印度注辇王国打了很多年，衰落后被南面的满者伯夷攻灭），梁道明就夺取了巨港主导权。那时候的文献称"华人流寓者往往起而据之"，就是拥戴梁道明当首领，据说这期间有超过数万广东军民浮海过去投奔，帮助他建国或者说确立领导优势。又比如称霸一方、袭击郑和船队的潮州人陈祖义，都是非穆斯林。所以说就文献看，我们看不出明显的穆斯林占多的情况。但是，穆斯林在领导上还是有一些优势的。比如有一些爪哇人认为中国人皈依是为了利益，是为了做买卖更顺利或者获得特许权。所以我们依据文献看，后面还是慢慢变成非穆斯林主导。

如果我们回到历史当中，作为一个来自中国的在南洋做生意的商人，你看到的南洋会是一个什么样的状态呢？是否是"多元主义"的？当然，如果放到17世纪去看，其实南洋是一个很多元的地方，这涉及一种非西方中心的解释。早期研究东南亚的西方学者通常认为，在葡萄牙人16世纪初占据马六甲之后，这个地方迅速处于欧洲的控制之下，然后慢慢发展出殖民体系。但是大概几十年前的研究指出了这不是事实。欧洲人占据的只是马六甲，马六甲以北的半岛、以东的广阔海岛世界都是当地人包括许多穆斯林的。他们的首要目的是驱逐原来印度教和其他的势力，而且他们成功了。就在1500年以后的四个世纪里，我们可以看到这个地方的穆斯林取得了多大的成功。对他们来说，这才是他们的主业，那些欧洲人不是主要的问题。这就是不同的历史解释、观点、视角所造成的不同感受。如果一个17世纪的华人到那里，他首先会觉得确实非常多元，他要打交道的人很多，那么他可能就要根据利益行事，会跟苏丹有一些合作，然后获得港口等地区的管理权、征税权。有时候他会跟西方人合作，获得贸易特许权。那时候他还是能看到很多波斯人、印度人等各种人群的聚集，像亚齐特别是东面那些港口都是可以看到的。

印度尼西亚这个词拆开来看，"印度"就是印度，"尼西亚"是岛屿的意思，所以印度尼西亚实际上指的是处在所谓的印度文化影响之下的一堆岛。比如在太平洋上的波利尼西亚，波利是"多"，波利尼西亚意思是"很多岛"。密克罗是"小"，密克罗尼西亚的意思是"小小的岛"。印度尼西亚其实以前是印度教的势力范围，像现在的巴厘岛，主要是印度教的遗迹，后来才慢慢有了伊斯兰化的过程。印度尼西亚是世界上人口最多的伊斯兰国家。其实葡萄牙人占据马六甲跟日本的英文叫法Japan还有关系，据说葡萄牙人占领马六甲后听当地人管日本叫Japan，然后才把这个名字以讹传讹地传到西方。

三、欧洲人到来以后：葡萄牙与荷兰的影响

葡萄牙人是什么时候占领马六甲的呢？我们先从福建人的活动讲起。闽南人去到那里，葡萄牙人就问他们叫什么，他们自称福建人，叫Fukien、Hokkien，葡萄牙人于是把这个名字定型化，然后传到西方社会去。所以一群居住在南部的人变成了福建人的代称。葡萄牙的船队是在16世纪初的时候来到马六甲的，1511年，葡萄牙占领了这里。

后来基督教新教兴起，马丁·路德在德国北部起事。天主教为了应对，也建立了耶稣会，并向东方传教，像葡萄牙的巴斯克，就顺着东风来到了南洋的马六甲。他以此为中转站，先去了澳门，希冀进入中国传教，但没有成功。然后去了日本，并将天主教带到了日本，同时带去了被日本称为铁炮的火枪。在15—16世纪之后，马六甲区域可以说是多方势力角逐，有马来人、亚齐人、米南加保人、华人、日本人、葡萄牙人、荷兰人，呈现出一种国际化的热闹场景。

葡萄牙人夺取马六甲的过程，和华人是有很大关系的。因为当时他们是雇用了华人的，然后用了华人的计策。这些故事和传说就如突厥人攻占君士坦丁堡一样，他们寻找内应，用商人的计策，用了浮桥、火烧之类的办法。对此有很多说法，但其中有多少真实成分则需要斟酌，但这两者肯定是有关系的。

在葡萄牙人之后，荷兰人来得比较晚，他们走的是南半球纬度比较高的地方，所以过了好望角之后，顺着洋流就到了印尼这边，不用再往北走了。到了之后，他们在17世纪初就谋求在这里建立一个据点。到1641年，他们占据了马六甲，但是他们并没有把马六甲作为最重要的运输中心。在苏门答腊东面爪哇岛西部有个地方叫万丹，他们之前想的是在万丹立足。但是万丹的土酋比较厉害，他们打不过，就被迫跑到雅加达。然后在侨民首领的帮助下，招募了一批华人建城，次年改叫巴达维亚。他们以巴达维亚为据点，打败了万丹。1641年，他们把葡萄牙人的据点马六甲占领了。当时主要是联合了当地原来的柔佛苏丹，也就是马来的统治者。

但是，荷兰还没有控制整个南洋地区，主要就是控制这一带的一些香料，垄断生产和运输。在东边的香料群岛那边，它还是无法完全切断葡萄牙人的香料供应线路。它只是把香料供应限制得比较厉害，然后自己占了很大的份额。

说到香料群岛，其实是印度尼西亚群岛中一处非常小的群岛，可以说是在世界地图上根本"看不到"的几个小点。但是这些小岛是当时世界桂皮、丁香、肉豆蔻唯一的产地。欧洲大航海的目的就是寻找香料，其实香料的来源非常有限，在很大的地图上就看到那么一小点。哥伦布去了美洲，获得了一些树皮，以为那就是桂皮。荷兰在印尼的殖民，给今天的南洋世界留下了什么痕迹呢？

今天印度尼西亚能够成为一个民族国家，在很大程度上有荷兰人的原因。印尼本土思想里有这种联结意识，但如果没有荷兰人，他们不会最终整合成这种形态。古爪哇语中有个词叫努山塔拉（Nusantara），是一种表达群岛环绕在一起的本土化的意思。这是作为一个整体，但又是非中心的观念，有点类似海上马来世界的意思，但又有所不同。后来印尼人就用这个词来代指他们心中的印度尼西亚。

在殖民者到来之前，真正意义上的马来人大概只有4%。但是后来武吉斯人、米南加保人移到马来半岛上来，占据统治地位，他们也马来化了，也会觉得自己就是马来人。这是一个漫长的过程。但是，如果没有英国殖民和荷兰殖民的关系，这个地区不会这么快会被整合起来，也不会出现马来西亚和印度尼西亚这两个国家，然后又出现马来语和印尼语这样有微小差异但是又在政治上必须分立的语言。

印尼语的问题就很明显。原来说印度语的人口主要在爪哇岛。但是爪哇语和印尼语是不一样的。印尼语是Bahasa Indonesia，爪哇语是Javanese，大量古梵文词汇进入爪哇语和语言等级化也导致两者相当不同，互相之间其实是不能沟通的。但是爪哇岛又是地位最突出的，所以后来印尼人作了妥协，用通用语作为国语。他们经历了曲折的国语化运动。这一点其实和中国也很像，只不过中国最后采用的普通话，其使用范围正好和它后来确立的政治中心是重合的。

　　荷兰人在台湾岛建立据点的进程也是如此。荷兰人在南面以巴达维亚为主，在北面其实想占据一个类似澳门的据点，但他们一直打不过葡萄牙人，而且明朝和清朝都没同意过他们的请求。他们曾经尝试攻打澳门，但没成功。于是就扩张到福建，往东占领了澎湖。明朝就一直将其往东赶。荷兰人跑到大员，也就是台湾南部，之后安居了一段时间。但是他们遇到了明清易代，郑成功将他们赶跑了。其实这一开始是荷兰人一个南北的布局。他们想在北面建立一个据点，拓展中国市场。后来基于各种原因，包括成本核算和商品需求，他们就放弃了北部据点的计划，专营巴达维亚。

　　另外，我想说到日本，荷兰人也进入日本（就在长崎）。在德川幕府锁国之后，日本唯一允许进入的外国人就是荷兰人。因为荷兰人信仰新教，只是做生意，不像葡萄牙人信仰天主教，热衷于传教。所以在日本，"西学"又叫"兰学"。日本人以前学习西方语言都是学荷兰语，后来才学英语。

　　日本"兰学"的书籍注释都很好，都是标荷兰语的，早期都是荷兰语、日语互译这种对着看的。但荷兰人主要被限制在出岛（离岛），位于平户，出不去。他们的商区和中国人是对着的，中国人也获准在那里的一片区域活动。中国人和荷兰人是日本最大的两群所谓"外国人"。

　　荷兰在16、17世纪的时候相当强，那个时候的它真的可以用船坚炮利来形容。但是它有一些不足。首先，它确实缺少腹地，没办法很好地应对外面的威胁；其次，它的金融结算系统后来落后于英国人，所以等于被压制住。但是前期荷兰面对葡萄牙还是占据优势的。它在军事上还是很强的，只不过工作重心后来发生了变化。它也不再谋求在北面建立据点，后来就在印度尼西亚安心拓展了。但是一般人可能不知道，荷属东印度那么多岛，真正全部纳入荷兰的管理是相当晚的。直到20世纪，荷兰人才上了某些岛，设立了行政据点。这个过程相当缓慢，荷兰一开始就是控制巴达维亚周边，主要就是爪哇岛和苏门答腊的一些地方。它在其他地方的活动主要就是控制航路，垄断胡椒、肉豆蔻、桂皮和丁香。它其实对真正控制岛的那些腹地也没什么意愿。

　　所以到拿破仑战争的时候，英国人接管了爪哇之后，才无意中发现了处在爪哇岛中心腹地日惹的上千年遗迹婆罗浮屠。从这一点就能看出来，荷兰人从来没有深入到腹地去。

余　论

最后说一说海禁政策下的中国与东南亚的贸易，以及南洋华人的生活的问题。海禁只能说是遏制南海贸易，没法完全打压。沿海地区居民的生活习惯一直保留着，这些禁海令对他们影响不大。受影响大的是那些公开做大的生意，因为三桅帆、双桅帆要被销毁。但商人后来都跑到东南亚造船去了，不在内地造船，内地木头又贵又"矬"，不能做龙骨。他们后来在越南、泰国取木，再后来越来越往南。英国人对此有很详细的记录，每个地方造船多少钱都有记载。比如比起福建造船的费用，中南半岛少一半，马来只有三分之一。

南洋华人在东南亚有很多社区，最典型的是巴达维亚，它就和唐人街一样。这里有专门的行政管理和诉讼机构，生活基本不受殖民当局的影响。虽然没有建立政府，但有很多行使不同权力和保障性的组织，诸如会馆、会社、寺庙网络、宗亲和同乡网络。从长期来看，华人在巴达维亚发展下去还是和这些组织有关的，基本的资金、人力支持都不缺乏。

有一些地方形成了现代学者所称的"非经典政权"，如在越南南部与柬埔寨接界的一个叫河仙的地方，形成了一个城市国家系统，也发展出官僚系统、军队。后来婆罗洲的公司其实也是这种国家形态，都有武装力量支撑，如兰芳共和国，客家人在婆罗洲开矿，都需要这种组织，但曾经有很多家公司有过血腥的争斗。这是18世纪的事情，后来19世纪发展到鼎盛期，荷兰人才利用这些公司的矛盾加上军事征伐一个一个除掉。当然，缺乏传统政权仍然是当地人不时会面临屠杀威胁的主要原因，但从长期来看，这些群体仍能繁衍发展，还有大量人口涌入，并且有证据表明，这些流动人口的生活也还能过得很不错。

（陈博翼，厦门大学历史与文化遗产学院教授）

英文摘要

Guangqi Forum

Looking for Resistance in All the Wrong Places? Chibber, Chakrabarty, and a Tale of Two Histories

Viren Murthy

Abstract: This study rethinks Dipesh Chakrabarty's engagement with Marx and Vivek Chibber's recent critique of postcolonialism in order to offer a new reading of the state of postcolonial studies. It explores the Hegelian dimension of Chakrabarty's Provincializing Europe and interprets Chibber's critique of postcolonialism as an attempt to save the Enlightenment from capitalism. The study draws on a number of Marxist theorists to synthesize these two positions, ultimately proposing a class-oriented politics that points beyond capitalism. By accounting for the unevenness capital produces, the article explores the possibilities for a politics of history that is oriented not toward the past but toward the future, in particular, a future beyond capitalism.

Articles

1. Japanese Medieval Society and Exoteric & Esoteric Buddhism

Taira Masayuki

Abstract : This article aims to clarify the impact of Exoteric & Esoteric Buddhism on the medieval society by focusing on the mutual normativity between secularism and monasticism. Throughout history, the discussion of the Exoteric & Esoteric system theory has always revolved around national religious policies, and here it is discussed as a medieval social theory. What is the mutual regulation between medieval society and Exoteric & Esoteric Buddhism? In medieval Japan, the mutual infiltration between the secular world and the monastic world has reached an exceptionally profound level, constantly developing without boundaries. The mutual infiltration between secularism and monasticism can be divided into two processes. On the one hand, Buddhism infiltrates into secular society and promotes the secularization of Buddhism; On the other hand, the principles of secular society flow backwards into the world of monasticism, deepening the secularization of temples. This article mainly focuses on clarifying the former, and in the final part, it discusses the latter and the mutual provisions between the two.

2. Re-examination of the Status of "Funan(or Phù Nam)" in Maritime Asia: A New Approach Based on Chinese World and Chinese Historical Materials

Momoki Shiro

Abstract : This article attempts to use Chinese historical materials from the Three Kingdoms, Southern and Northern Dynasties to the Sui and Tang Dynasties as the main materials to review the position and role of Funan in the vast history of the Indian Ocean to Southeast Asia and Northeast Asia. The paper is based on the formation of port cities and early states in recent years, the impact of international trade and religious exchanges on them, as well as China's (especially the Southern Dynasties) worldview and international policy understanding, and clarifies the position of Funan as an intermediary (transit) between the Chinese world and the Southern world. The paper also emphasizes the issue of information and literature, such as who provided the information that forms the basis of Chinese archival records; Who recorded this information and what concept (knowledge framework) it was based on.

3. The Ethics of Guilt: Natsume Soseki and Lee Kwang Soo

Seo Young Chae

Abstract : From the general path of emotional changes, the first to appear is the sense of shame of ethnic units, followed by a sense of guilt that operates at the level of reflection. Only beyond this stage will the universal emotion of modernity, namely the sense of shame at the individual level, emerge. The specific description will be elaborated later, while the sense of guilt that appears in the works of Natsume Soseki and Lee Kwang Soo belongs to the second stage. Natsume Soseki has already stepped into the next stage with one foot (it can be said that he has not completely escaped from this stage), while Lee Kwang Soo is deeply immersed in the excessive ethics of guilt with both feet.

4. Between land and Sea: Central Asia at the Crossroads of Eurasia

Huang Dayuan, Song Qiran

Abstract : Central Asia, as the center of various power games, is intricately intertwined with internal and external forces, making it extremely complex. If we use a social science discourse system to express it, the greatest geopolitical significance of Central Asia at the crossroads of Europe and Asia is to maintain a balance of power and equilibrium among various forces in the east, west, north, and south.

5. The Opium War and the Transformation of Overseas Historical and Geographical Knowledge in the Late Edo Shogunate of Japan

Qu Liang

Abstract : After the Opium War, with the accelerated involvement of Western powers such as Britain and the United States in East Asian trade and colonization, both the Japanese government and opposition were compelled to devise proactive countermeasures. With tacit approval from the shogunate, intellectuals of that time took initiative in seeking overseas historical knowledge through Chinese texts and writings by Westerners. Initially dedicated to personal academic interests in Buddhism and Confucianism, these translations and writings gradually transformed into military and political directions emphasizing coastal defense strategies and understanding foreign affairs. In contrast to the complex and contentious historical writing prevalent in the 18th century, Japanese historiography during the 19th century faced dual pressures: colonial crises alongside a collapsing shogunate system. Consequently, it consistently focused on realistic themes such as nation-building efforts, resistance against foreigners, reverence for Emperor Meiji while overthrowing the shogunate rule; thus integrating diverse schools of thought, positions, and social classes into two main lines: enlightenment movement (bunmei kaika)and imperial center (tennōsei).

6. The Maritime Silk Road and Southeast Asian Chinese

Chen Boyi

Abstract : The traditional Chinese understanding of Nanyang is the South China Sea, but in fact, the floating population is mainly concentrated in several important port cities. The Chinese went to Nanyang very early, so how did the Chinese begin to enter and understand Nanyang? What is the relationship between the Chinese and the Islamization of Indonesia and Malaysia Area? What is the Southeast Asian society seen by Chinese merchants trading in Southeast Asia? What impact did the arrival of Europeans bring? This interview briefly discusses these issues.

征稿启事

在今天全球化、人工智能（AI）技术不断发展推进的大背景下，究竟应如何依托新时代、新技术阐释亚洲在世界中的定位，如何去除"中心—边缘"的固定思考范式，如何从学理角度论述亚洲文明的价值及其意义，如何分析亚洲各国各地区之间的多元共生关系等，已成为需要去进一步思考、研讨的重要课题。鉴于此，上海师范大学亚洲文明研究中心，于2024年9月创办新刊《亚洲文明》（*Journal of Asian Civilizations*），以期为相关论学提供学术平台，进一步推进我国学界在亚洲及亚洲文明方面的跨学科、多学科交叉研究，为亚洲研究的学术共同体建设作出贡献。

《亚洲文明》将重视新时代、新技术、新视角、新资料等方面的学术研究，征稿范围广泛覆盖亚洲政治、经济、历史、文化、社会等各领域，致力于深入思考亚洲文明的交流互鉴和多元共生，积极鼓励学术争鸣和学术讨论，努力推动亚洲研究的守正创新，为建设具有新时代中国特色的学科体系、学术体系、话语体系贡献智慧和力量。在此，我们竭诚欢迎学界同仁赐稿，文章题材不限、论证风格不拘，唯以学术价值和专业规范为基本之准绳。惠赐大作前，提请您垂注：

1. 本刊电子投稿信箱为：yzwm2024@126.com。
2. 大作请附上300—400字中英文对照的内容提要和3—5个关键词。
3. 请在文末附上作者信息和联系方式。
4. 所有来稿一律实行匿名评审，不论刊用与否，均在1个月内予以答复。
5. 注释和引文格式：注释均采用脚注方式，如①、②……的形式，word默认每页重新编号。引用的外文论著，皆不必翻译为中文。

编辑部联系方式：
电子邮件：yzwm2024@126.com
通信地址：上海市徐汇区桂林路100号上海师范大学东部文苑楼
　　　　　光启书局《亚洲文明》编辑部（200234）

守望思想　　逐光启航

光启
LUMINAIRE

亚洲文明（第一辑）

刘　峰　主编

责任编辑　肖　峰
营销编辑　池　淼　赵宇迪
装帧设计　翁　一

出版：上海光启书局有限公司
地址：上海市闵行区号景路 159 弄 C 座 2 楼 201 室　201101
发行：上海人民出版社发行中心
印刷：上海新华印刷有限公司
制版：南京展望文化发展有限公司

开本：720mm×1000mm　　1/16
印张：12.875　　字数：214,000　　插页：2
2024 年 9 月第 1 版　　2024 年 9 月第 1 次印刷
定价：68.00 元
ISBN：978-7-5452-2014-8/K·19

图书在版编目（CIP）数据

亚洲文明 . 第一辑 / 刘峰主编 . -- 上海：光启书
局 , 2024. -- ISBN 978-7-5452-2014-8
Ⅰ . K300.3
中国国家版本馆 CIP 数据核字第 2024QT2300 号